Knaur

Über die Autorin:

Jahrelang drohte Eileen Campbell ihrer Familie, *Heimweg nach Kilmoran* zu schreiben. Dann hatte ihr Ehemann ihre leeren Drohungen satt und kaufte ihr einen Computer. Sie setzte sich hin und schrieb diesen wundervollen Roman.

Eileen Campbell

Heimweg nach Kilmoran

Roman

Aus dem Englischen von
Petra Hrabak und Rita Seuß

Knaur

Die englische Originalausgabe erschien 1997 unter dem Titel
»The Company of Strangers«
bei Fourth Estate Ltd., London

Besuchen Sie uns im Internet:
www.droemer-knaur.de

Vollständige Taschenbuchausgabe November 1999
Droemersche Verlagsanstalt Th. Knaur Nachf., München

Umschlaggestaltung: Agentur Zero, München
Gesamtherstellung: Elsnerdruck, Berlin
Printed in Germany
ISBN 3-426-61145-7
4 5

WIDMUNG

Dieses Buch widme ich meinen Eltern.

Meinem verstorbenen Vater
Alex Campbell,
der ein geräuschvolles, von Musik, Lachen und
Freude erfülltes Leben geführt hat.

Und meiner Mutter und Freundin
Ina Campbell,
eine Mutter, die allen Müttern
dieser Welt als Vorbild dienen kann.

DANKSAGUNG

Mein Dank gilt den Zeitschriften *Writers News* und *Writing Magazine* für ihre hervorragenden Artikel und Interviews, von denen eins zur Veröffentlichung des vorliegenden Buches geführt hat.

Ich danke meinen großartigen Lektoren Caroline Upcher und Jan Boxshall, mit deren Hilfe aus meinem Manuskript ein richtiges Buch geworden ist. Sie haben mir Mut gemacht und mich zum Weitermachen ermuntert.

Ich danke meiner Mutter und meiner Schwester Liz, meinem »Lesekomittee«, die Kapitel für Kapitel gelesen und meine Zweifel an dem Projekt zerstreut haben. Sie halfen mir Ruhe zu bewahren. (Mein besonderer Dank gilt Liz, die meine mitternächtlichen Anrufe so gelassen hinnahm.)

Ich danke meiner wunderbaren Tochter Laura für ihren unerschütterlichen Glauben an mich und ihre Gabe mich zum Lachen zu bringen. Mein Stolz auf sie übertrifft bei weitem ihren Stolz auf mich.

Ich danke meinem Mann Robert, der mir, meiner Androhung »ein Buch zu schreiben« überdrüssig, als Weihnachtsgeschenk einen Computer kaufte. Ich danke ihm auch dafür, dass er – viel zu oft – für die »Verpflegung« sorgte, damit ich weiterschreiben konnte. Vor allem bin ich dankbar dafür, dass er in mein Leben getreten ist und ich stets auf ihn bauen kann. Falls ich vergessen habe es dir zu sagen, Robert: Etwas Besseres als dich kennen zu lernen hätte mir nicht passieren können.

Schließlich danke ich meinen Lesern, die ihre Zeit – und ihr Geld – in dieses Buch investieren. Ich hoffe, es macht ihnen Freude, denn ohne Leser gäbe es verdammt wenige Schriftsteller.

PROLOG

Wer auf die Zeit seiner Kindheit zurückblickt, erinnert sich angeblich nur an die sonnigen Tage.

Bei mir ist das anders.

In meiner Kindheit gab es unzählige trübe Tage, an denen ich ängstlich den Regen erwartete, voller Furcht, meine Mutter werde wieder in den Tiefen ihrer Schwermut versinken.

Selbstverständlich gab es – selbst in Kilmoran – auch heiterere Augenblicke: die Stunden, die ich bei Janet, meiner besten und einzigen Freundin, verbringen durfte. Auch diese Stunden waren nicht immer frei von Ängsten, ahnten wir bei aller unbändigen Vorfreude auf das aufregende Leben als Teenager doch auch die damit verbundenen Gefahren voraus, mit denen wir zu kämpfen haben würden.

Jener Sommer des Jahres 1959 begann wie üblich mit Regen. Einem Regen, der Dads frisch gewaschene Hemden ruinierte, meine Kindheit hinwegschwemmte und mir in den zwei darauf folgenden Wochen – in denen zugleich mein elftes Lebensjahr zu Ende ging – eine Welt außerhalb von Kilmoran eröffnete, die sich Inchbrae nannte.

Inchbrae, ein kleines Dorf in den Highlands, wurde zu meinem Exil – ein skurriler, beeindruckender Ort mit ebenso skurrilen, beeindruckenden Bewohnern, allen voran meine Großmutter Dot Fairbairn. In Inchbrae fand ich Geborgenheit, war ich umhegt von Dots Wärme und Lebensweisheit. In Inchbrae begab ich mich auf die Suche nach Johnny Starling. Und in Inchbrae ging ich im Sonnenschein spazieren, begleitet von einem Hund, der Hooligan hieß.

KAPITEL 1

»Kann ich jetzt zu Janet gehen?«

Dad legte Messer und Gabel beiseite und sah mich über seine »betenden« Hände hinweg an. (Mir kamen sie stets vor wie betende Hände – diese langen, dünnen Finger, die er jedes Mal faltete, wenn er einen Grund sah, mich rügen zu müssen.)

Inzwischen gelang es mir besser, ihm zuvorzukommen. »Entschuldigung, *darf* ich jetzt zu Janet gehen?«

Er nickte. »Hast du denn fertig gegessen?«

»Ja, danke.« Ich legte meine Gabel so hin, dass sie die übrig gebliebene Soße bedeckte. Wie üblich hatte ich mir zu viel auf den Teller geladen. Nie gelang es mir, die Menge richtig einzuschätzen.

»Mutter?« Dad sah zu Mum hinüber.

Sie nickte. »Um neun bist du wieder hier«, meinte sie. Ihre Stimme war zu leise, als dass ich ihre Worte verstand, aber ich kannte die Antwort ohnehin. Es war das, was sie für gewöhnlich sagte.

»Soll sie dir noch helfen, bevor sie geht?«, fragte Dad.

Ich hielt die Luft an. Mum zu helfen konnte den ganzen Abend in Anspruch nehmen.

Sie schüttelte den Kopf. »Nein danke, Adam.« Sie bedankte sich bei ihm für etwas, das *ich* hätte tun sollen. Fair war das zwar nicht, aber man gewöhnte sich daran. Ich glitt vom Stuhl. Obwohl ich bald zwölf wurde, war ich die Kleinste in der Klasse. Aber da ich auch die Jüngste war, war es grundfalsch, mich deshalb als unterentwickelt zu bezeichnen. Nur ungebildete Leute nannten einen unterentwickelt, das war eine Tatsache.

Ungebildete Leute gab es in Kilmoran genug. Dad meinte, das liege daran, dass Kilmoran nur eine Kleinstadt in den Highlands sei, dabei war es mittlerweile fast so groß wie Inverness. Außerdem gab es bei uns seit zwei Jahren eine neue Schule, sodass wir nicht woanders auf die höhere Schule zu gehen brauchten. Janet und ich hatten die Aufnahmeprüfung bestanden und würden nach den Sommerferien dorthin wechseln. Wir konnten es kaum abwarten, hatten gleichzeitig aber auch etwas Angst davor.

»Nimm deine Jacke mit, es sieht nach Regen aus«, sagte Mum.

»Schwarzmalerei, Sylvia«, wies Dad sie zurecht, wie er es auch zuweilen mit mir machte. Da er dabei aber lächelte, hätte sie die Bemerkung nicht falsch zu verstehen brauchen. Doch immer bekam Mum alles in den falschen Hals und man musste sich schrecklich vorsichtig ausdrücken um sie nicht aus der Fassung zu bringen. Ich gab mir immer große Mühe. Manchmal war es jedoch zwecklos.

»Das ist keine Schwarzmalerei, Adam. Ich möchte nur nicht, dass sie sich erkältet. Sie ist empfindlich.«

Dads Miene versteinerte sich. Ich setzte mich wieder auf meinen Stuhl. So begann es oft und dann war es ratsam, ihre Gesichter genau zu beobachten um abzuschätzen, wie es weitergehen mochte. Vielleicht wurde aus meinem Besuch bei Janet doch nichts.

»Empfindlichkeit ist eine Frage der Einstellung, Sylvia, es sei denn, man siecht in einem Krankenhausbett vor sich hin«, sagte Dad. »Eleanor ist nicht empfindlich.«

Er hatte Recht. Ich war nicht empfindlich. Aber Mum

behauptete unaufhörlich, dass alle in ihrer Familie sehr empfindlich seien. Das stimmte allerdings nicht ganz. Meine Großmutter, die Mutter von Mum, war alles andere als empfindlich. Sie muss im Gegenteil äußerst robust gewesen sein. Sie war dreimal verheiratet gewesen und hatte sich nach Neuseeland abgesetzt, als Mum neunzehn Jahre alt war, »so mir nichts dir nichts«. Neunzehn schien mir ziemlich alt, doch Mum meinte, das sei viel zu jung um sich selbst überlassen zu werden. Sie wollte nicht nach Neuseeland und nahm sich stattdessen ein möbliertes Zimmer.

»Sie erkältet sich leicht.« Ich war seit Weihnachten nicht krank gewesen, aber Mum fing immer wieder damit an. »Sie ist längst nicht so robust, wie du gerne glauben möchtest, Adam – nicht wie deine Familie.«

Dad war keineswegs so widerstandsfähig. Er war weit öfter erkältet als ich oder Mum. Aber kein einziges Mal war er deshalb der Arbeit ferngeblieben. In der Schule nahm ich mir ein Beispiel an ihm. Doch als ich zu Weihnachten erkältet war, ließ Mum mich nicht aus dem Haus und machte damit alles zunichte. Stets sagte sie, meine andere Großmutter sei eine robuste Frau.

Seit ich fünf war, hatten wir meine andere Großmutter nicht mehr besucht und soweit ich weiß, war sie nie bei uns zu Hause gewesen. Ich erinnerte mich so gut wie gar nicht an unseren Besuch bei ihr. Mum meinte, es habe einen »Meinungsverschiedenheit« gegeben, bei dem Dad und seine Mum sich überworfen hätten. Mum sagte nie, dass *sie* sich mit meiner Oma Fairbairn überworfen hätte. Im Gegenteil, sie lächelte sogar, wenn sie von ihr sprach – und das tat sie sonst nicht sehr oft. Jedenfalls bekam ich Jahr für Jahr von Oma Fairbairn eine Karte zum Geburtstag, obwohl sie meinem Dad nie eine schickte. Auch wenn die Karte für gewöhnlich ein paar Tage zu früh oder zu spät ankam, war es doch schön, eine zu bekommen. Und ich fühlte mich wie die anderen Kinder, weil ich wenigstens eine Oma hatte.

Als ich Janet die letzte Geburtstagskarte zeigte, fragte sie mich, warum mir nicht meine Großmutter und mein Großvater geschrieben hätten. Darüber hatte ich mir bisher nie Gedanken gemacht, aber jetzt fing ich an zu überlegen und beschloss Mum danach zu fragen. Kaum hatte ich den Mund aufgemacht, wurde sie nervös, aber ich fand, ich hatte ein Recht darauf, es zu wissen. Es war nicht fair, überhaupt keinen Großvater zu haben, während alle anderen mindestens einen hatten.

Mum zitterte von Kopf bis Fuß, was ich hasste, und erklärte mir, ich dürfe Dad niemals auf »diesen Mann« ansprechen. Sollte mich jemand fragen, müsse ich sagen, mein Großvater sei schon tot gewesen, bevor ich auf die Welt gekommen sei. Ich verstand nicht, weshalb es Dad die Laune verderben würde, wenn ich ihn nach meinem Großvater fragte, aber da es bei uns zu Hause nichts Schlimmeres gab, als Dad in schlechte Laune zu versetzen, willigte ich ein und hörte auf zu fragen. Aber die Sache ging mir nicht aus dem Kopf.

Wahrscheinlich hing es mit dem »Aufruhr« zusammen. Vielleicht hatte man meinen Großvater ins Gefängnis gesteckt, weil er ein schreckliches Verbrechen begangen hatte. Oder er war auf eine einsame Insel durchgebrannt und lebte dort als der weiße Gott bei den Eingeborenen und hatte einen Sklaven und dunkelhäutige Dienerinnen, die ihm mit Palmwedeln Luft zufächelten. Von solchen Geschehnissen las man doch immer wieder, wenn auch im *Kilmoran Courier* eher selten.

»Mach es, wie du es für richtig hältst, Sylvia«, sagte Dad und riss mich aus meinen Träumereien von einsamen Inseln. Er sah müde aus, obwohl es erst Donnerstag war.

Erst freitags gab er zu müde zu sein; »ich möchte mich gerne erholen, Sylvia«, sagte er fast jeden Freitagabend.

Ich kletterte wieder von meinem Stuhl. Mum stand ebenfalls auf, räumte das Geschirr ab und ging langsam in die Küche. Dort war es immer kalt. Sogar im Juli. Dad hatte einen Mann beauftragt das Spülbecken mit blauem Resopal zu verkleiden, damit es zum Tisch und den Stühlen passte. Es sah sehr geschmackvoll und fröhlich aus, doch das viele Blau tat den Augen weh und wenn man jetzt das Spülbecken berührte, fühlte es sich kalt an. Mir hatte es besser gefallen, als man die alten Rohre noch sah. Und wenn heißes Wasser durchfloss, konnte man sich wenigstens die Hände an ihnen wärmen.

»Ich helf dir mit dem Geschirr, bevor ich gehe«, bot ich Mum an.

»Nein, Ellie. Geh du nur ..., lauf zu deinen Freundinnen«, seufzte Mum. »Ich komme schon zurecht.«

Dad hatte das Radio eingeschaltet. Ich hätte durch die Hintertür hinausgehen können, ging aber absichtlich durchs Wohnzimmer. Dad sollte merken, dass ich Mum meine Hilfe angeboten hatte, bevor ich wegging.

»Punkt neun bin ich wieder da«, versprach ich.

Er sah mich zwar an, nahm mich dabei aber gar nicht wahr. Mir war die Lust vergangen zu Janet zu gehen, zu Hause wollte ich allerdings auch nicht bleiben. Der Himmel war bewölkt und es roch nach Regen. Ich bedauerte, dass ich meine Jacke nicht mitgenommen hatte.

Unsere Doppelhaushälfte lag an einer Straßenecke. An das schmiedeeiserne Tor schloss sich rechts und links eine Mauer an, auf die Dad mächtig stolz war. Schließlich hatte er dem Maurer viel Geld dafür bezahlt, dass er es richtig machte. Die Mauer war nicht übel, sah aber etwas blöd aus zwischen all den Zäunen und hölzernen Gartentoren der anderen Häuser. Dafür hatten wir wunderschöne Blumenbeete in Rautenform, genau in der Mitte der Rasenflächen zu beiden Seiten des Wegs. Dad meinte zwar, es sei schwierig, drumherum zu mähen, aber sie sahen richtig edel aus, und Dad gefielen sie besonders dann, wenn er die Ränder mit der Rasenschere gestutzt hatte. Mum mochte sie auch. Für die Blumen nahm sie sich viel Zeit. Sie holte sie aus der Erde und pflanzte sie in einer bestimmten farblichen Reihenfolge wieder ein – dieses Jahr zauberte sie ein Band aus violetten, weißen und roten Blüten. Es gefiel mir, wenn Mum und Dad sich über die Blumenrabatten unterhielten. Sie waren dann miteinander so zufrieden.

Hinter dem Haus war es nicht sonderlich aufregend. Dort gab es nur eine Grasfläche und den Weg zum Schuppen. Auf beiden Seiten des Weges hing je eine Wäscheleine. Allerdings war der Schuppen etwas Bedeutendes. Mum betonte immer wieder, wie ordentlich Dad ihn hielt. (Ich durfte nicht hineingehen, weil ich womöglich dem Terpentin zu nahe gekommen wäre oder etwas durcheinander gebracht hätte. Es machte mir nichts aus. Aber der Schuppen war wirklich aufgeräumt, das musste man schon zugeben.)

Mrs Anderson, die nebenan wohnte, hatte nicht einmal einen. Aber sie brauchte auch keinen. Jedes Jahr im Sommer fuhr sie zu ihrer Schwester und Mum und Dad kümmerten sich dann um ihr Haus. Dad mähte den Rasen. Doch das tat er ohnehin immer, weil Mrs Anderson Rheuma hatte und schon alt war. Mum hatte Mrs Anderson gern, weil sie sehr still war und sich in nichts einmischte. Hin und wieder besuchte sie uns und hielt mit Mum ein Schwätzchen. Es war offensichtlich, dass sie keine Kinder mochte, aber sie bemühte sich es vor Mum zu verbergen. Ich hasste es, wenn sie bei uns war.

Und noch etwas gefiel mir nicht an ihr: Immerzu sagte sie zu Mum: »Ich fühle mit Ihnen«, und das brachte Mum noch mehr durcheinander. Trotzdem beteuerte Mum hartnäckig, was für ein verständnisvoller Mensch Mrs Anderson sei, die keine Familie hatte, auf die sie zählen konnte. In meinen Augen war sie eine alte Hexe, aber das sagte ich nur zu Janet. Es machte uns manchmal Spaß, Schimpfworte zu gebrauchen. Janet allerdings mehr als mir.

In unserer Straße gab es nur Doppelhäuser. Das war schöner als in der Straße, in der Janet wohnte, denn dort stand ein Reihenhaus neben dem andern. Wir sparten um aus der Gemeindesiedlung wegziehen zu können, sagte Dad. Deshalb würde er so hart arbeiten. Eines der Häuser, die gerade neben der großen Schule gebaut wurden, hatte er bereits für uns »ausgeguckt«. Sonst drückte er sich nie so salopp aus, aber er freute sich selbst so sehr auf das Haus, dass er das wahrscheinlich völlig vergessen hatte.

Mum fing an zu weinen und meinte, das wäre so, wie wenn man in eine andere Stadt ziehen würde. Dad sparte trotzdem weiter. Man könne ihm nicht übel nehmen, dass er, wenn er schon so hart arbeitete, auch etwas davon haben wollte. Das sagte er ihr, nachdem er sie dazu gebracht hatte, mit dem Weinen aufzuhören. Und mir leuchtete es völlig ein. Natürlich fing sie wenig später wieder an zu weinen.

Es war kurz vor halb sieben, als ich bei Janet ankam. Sie wohnte drei Straßen weiter, gegenüber vom Park (der lediglich aus vier Schaukeln und einem Planschbecken bestand, in dem nie Wasser war).

Wir aßen immer um Viertel nach fünf zu Abend, wenn Dad nach Hause kam. In Janets Familie wurde es aber manchmal sieben Uhr. Das konnte man nie vorhersagen. Ich war gern bei ihr zu Hause. Dort war es unaufgeräumt und nicht so sauber wie bei uns – und immer recht laut. Janets Vater war zwar nur ein Dienstmann bei der Eisenbahn, aber sie hatten bereits ein Fernsehgerät und jeder in der Familie besaß ein Fahrrad.

Ich rechnete mit einem neuen Fahrrad zu meinem Geburtstag am 23. Juli. Es würde bestimmt ein größeres Geschenk werden, denn ich hatte die Prüfung für die höhere Schule bestanden. Ein Geschenk, für das es sich lohnte, geduldig zu warten. Das hoffte ich zumindest.

Janet hatte bereits eine neue Uhr bekommen.

»Magst du etwas Pie?«, fragte Mrs Cuthbert, kaum dass ich im Haus war. »Ein Stück ist noch übrig.« Im selben Augenblick schnappte es sich Janets jüngster Bruder Craig und rannte damit nach draußen.

»Du kleiner Schelm, das hättest du dem Mädel doch lassen können«, rief Mrs Cuthbert ihm nach.

»Vielen Dank, aber ich habe schon zu Abend gegessen«, versicherte ich ihr, aber sie war bereits wieder in der Küche und es kümmerte sie nicht mehr, bei wem das Stück gelandet war.

»Los, komm mit rauf«, sagte Janet und zog mich am Arm.

Wir rannten hinauf in ihr Zimmer, das sie mit ihrer Schwester teilte. Marie war fast vierzehn und so gut wie nie da. Mr Cuthbert ermahnte sie jedes Mal, sie solle sich »anständig benehmen«, woraufhin Marie nur lachte, ihn auf die stoppelige Backe küsste und verschwand. Auch Mrs Cuthbert küsste ihn häufig. Die beiden waren irgendwie seltsam, aber sehr nett.

Janet und ich hatten das Bett für uns, aber wir durften nicht mit den Schuhen draufsteigen und mussten die Tagesdecke glatt ziehen sowie dem Kissen in der Mitte einen Knick verpassen, wenn wir wieder runtergestiegen waren. Das war eines der »Gesetze des Dschungels«, an die sich alle Cuthberts ziemlich streng hielten und auch gut damit zurecht kamen – mit Ausnahme von Craig. Mrs Cuthbert sagte oft, er sei »ein verflixter Lümmel, der mich noch ins Grab bringt«.

Janet machte die Tür zu und warf sich aufs Bett. »Marie hat ihre Periode«, flüsterte sie aufgeregt. »Mum hat ihr ein Buch gegeben.« Sie nahm es aus dem oberen Fach ihres Kleiderschranks. »Marie sagt, wir dürfen es uns ansehen. Sie behauptet schon alles zu wissen, was da drin steht. Aber das nehme ich ihr nicht ab. Sie hat sich fast übergeben, als sie sich die Bilder angesehen hat.«

Ich war mächtig gespannt darauf, aber Janet kramte weiter im Schrank. »Sieh mal«, sagte sie und hielt mir ein braunes Päckchen mit Binden und einen kleinen Umschlag entgegen, in dem sich ein elastischer Gürtel mit zwei Strapsen befand. Kathy Munro hatte damals als Einzige in unserer Klasse bereits ihre Periode. Sie war ein Jahr älter als wir, da sie die siebte Klasse wiederholen musste, nachdem ihre Familie aus Kenia wieder hierher gezogen war. Das mit ihrer Periode hatten wir nur mitbekommen, weil sie zwei Atteste für Sport dabei hatte und neben Janet saß, die den Grund dafür natürlich ahnte. Aber Janet war keine Klatschbase und Kathy konnte sich darauf verlassen, dass sie niemandem davon erzählen würde – außer mir natürlich. Janet war immerhin meine dickste Freundin. Schließlich willigte Kathy ein Janet und mir eine Binde zu zeigen. Wir hatten Kathy in der Toilette abgepasst, doch es war ihr reichlich peinlich, als Janet sie danach fragte. Das war typisch Janet, man musste ihr einfach nachgeben, selbst wenn man es nicht wollte.

»Das hier sind Ersatzbinden«, klärte Janet mich auf. »Ersatzbinden sind wichtig.« Wir bestaunten sie eine Weile, dann sagte Janet, Marie habe ihr erzählt, man brauche ziemlich große Sicherheitsnadeln um die Binden an den

Haken befestigen zu können. »Sie wollte nicht die aus dem Nähkasten nehmen, sondern hat neue gekauft.«

Als wir unsere Neugierde nicht länger zurückhalten konnten, schlugen wir das Buch auf. Die Bilder waren grandios. Auf einem konnte man das Baby im Bauch der Mutter erkennen und all die anderen Dinge. Es war mit »Gebärmutter« bezeichnet. Wir sprachen das Wort laut aus: »Gebä-ä-ärmutter.«

Auf der gegenüberliegenden Seite war eine Geburt abgebildet. Wie sie vor sich ging, wussten wir längst, nur war uns nicht ganz klar, wie das Baby tatsächlich herauskam. Das Kind sah nicht echt aus. Vielleicht hatte jemand, der nicht zeichnen konnte, die Bilder angefertigt. Das Kapitel über das männliche Glied war richtig abstoßend. Zwar lachten wir uns halb tot darüber, aber das Bild machte uns auch Angst – ein bisschen jedenfalls.

Noch vor mir gestand Janet ihre Angst ein und wir beschlossen, dass wir niemals im Leben S-E-X haben würden, und falls doch (das heißt, wenn wir heiraten würden und es tun *mussten*), würden wir mit Sicherheit keine Babys wollen. Um keine zu kriegen brauchte man »Pariser«, erklärte Janet, aber uns war nicht ganz klar, ob man sie im Geschäft kaufen konnte oder ob man sie irgendwo bestellen musste.

»Nancy Mackillop hat das anscheinend nicht gewusst. Da sieht man mal, wie erwachsen *wir* sind«, meinte Janet. »Wir wissen wenigstens, dass es so was gibt.« Allerdings nicht, wo.

Nancy Mackillop hatte ein Baby bekommen, obwohl sie gar nicht verheiratet war. Man durfte nicht darüber sprechen, dabei ging sie jeden zweiten Tag mit dem Kinderwagen bei *Lipton's* einkaufen. Manchen Leuten machte es nichts aus, nicht mehr mit ihr zu reden. Ich hatte sie selbst mit dem Kinderwagen gesehen, in dem ihr kleiner Junge saß. Er war wirklich niedlich, aber ich hätte es nicht gewagt, sie anzusprechen. Janet hatte mitbekommen, wie ihre Mutter Marie gewarnt hatte, dass man ein Baby selbst dann kriegen konnte, wenn man unverheiratet war – so wie Kinderlähmung oder eine andere Krankheit. Janet versprach Marie deswegen auszuquetschen, allerdings hatte Marie die Prüfung für die höhere Schule nicht bestanden und besuchte jetzt den Hauswirtschaftskurs. Demnach war sie wohl nicht intelligent genug um es zu wissen.

Mrs Cuthbert platzte herein und brachte uns etwas zu trinken und Teegebäck. Janet schob sich das Buch unter den Rock, doch die Packung mit den Binden lag noch auf dem Bett. »Leg sie lieber wieder an ihren Platz«, riet Mrs Cuthbert. »Marie wird wütend sein, wenn sie merkt, dass du bei ihr rumgestöbert hast.« Sie stellte das Tablett ab und schloss die Tür hinter sich. Wir legten die Binden und den Gürtel zurück in den Kleiderschrank.

»Kommst du morgen zu mir?«, fragte Janet zwischen zwei Bissen.

»Morgen Nachmittag gehe ich mit Mum in die Stadt«, erwiderte ich. Es war der erste Freitag der Sommerferien und ich freute mich schon darauf. »Aber abends geht es wahrscheinlich.«

»Wir könnten uns in der Stadt treffen.«

»Nein, äh, nein, Janet. Mum geht es nicht sehr gut. Sie würde ...«

»Himmel, geht es ihr jemals gut? Was ist denn überhaupt los mit ihr? Und weshalb kann ich dich nicht mal bei euch daheim besuchen?«

»Es tut mir Leid«, entschuldigte ich mich zum soundsovielten Mal. Wenn ich fragte, dürfte Janet mich ja vielleicht besuchen kommen, aber eigentlich wollte ich nicht, dass sie zu mir nach Hause kam. Ich wollte niemanden bei mir zu Hause. Dabei wusste ich nicht recht weshalb, vielleicht war es nur eine schlechte Angewohnheit. Dad sagte, schlechte Angewohnheiten könne man rasch annehmen.

Eine Weile waren wir uns uneins, aber dann hatte Janet es bereits vergessen. Sie war wirklich eine tolle Freundin. Die einzige, die ich hatte, und eigentlich brauchte man auch nicht mehr als eine.

Um zehn vor neun machte ich mich auf den Heimweg, damit ich wie versprochen Punkt neun Uhr zu Hause war. Mum hatte Recht gehabt. Es hatte angefangen zu regnen. Würden wir doch in Hawaii wohnen, wo ständig die Sonne schien und man wie Dorothy Lamour im Sarong herumlaufen konnte. Oder dort in Amerika, wo Doris Day wohnte. Sie trug immer nur Sommerkleider, meistens welche mit kurzen Ärmeln.

Leise öffnete ich die Hintertür, da Dad nicht durch Lärm gestört werden wollte, wenn er Nachrichten hörte. Nicht einmal Gute Nacht durfte ich ihm sagen, bevor sie zu Ende waren. Dann küsste er mich auf den Scheitel. Dazu musste ich den Kopf senken – brav wie ein Baby, aber ich hatte keine Wahl. Ich freute mich schon darauf, so groß zu sein, dass er mich auf die Wange küssen konnte.

Mir fiel Maries Buch ein, als ich durch die Tür trat. Das Küssen war der Anfang – das wusste jeder. Ich wollte nicht daran denken, dass Dad und Mum sich womöglich küssten und außerdem diese anderen abstoßenden Dinge miteinander machten. Bestimmt taten sie es nicht. Es ließ sich sicherlich umgehen.

Dad hörte keine Nachrichten. Er stand in der Küche, trocknete das Geschirr und räumte es weg. Das hätte Mum bereits vor Stunden tun sollen. Ich zitterte, weil ich naß geworden war und jetzt wieder Angst bekam.

»Wo ist Mum?«

»Im Bett, Eleanor. Sie war zu müde um aufzuräumen. Aber wir können schließlich nicht in einem schmutzigen Haus wohnen, oder?« Er lächelte mich an, sah aber müder aus, als Mum es jemals tat.

»Ich hätte das doch machen können, Dad. Ich wäre nicht weggegangen ...«

Er schüttelte den Kopf. »Nein Eleanor, du bist noch zu jung um diese ... Pflichten zu übernehmen.«

Ich traute meinen Ohren nicht. Dad trichterte uns doch unaufhörlich ein, dass wir lernen müssten Pflichten zu übernehmen. Pflichten – das war eines seiner Lieblingsthemen.

»Wir gehen morgen in die Stadt«, sagte ich. »Mum hat es mir versprochen.«

»Morgen geht es ihr wieder gut. Sie muss sich nur etwas ausruhen.«

Mum hatte sich doch schon ausgeruht. Manchmal musste ich Stunden warten, bis sie endlich aufstand, besonders wenn ich Ferien hatte. »Wie gut, dass du bei mir bist«, sagte sie, während sie die Treppe hinaufstieg. »Ich lege mich ein Weilchen hin.«

Mum legte sich immer ins Bett und in ihrem Zimmer war es so dunkel, dass ich nicht hineingehen mochte. Sie hatte eine Vorliebe für die Dunkelheit. Wenn sie sich wohl fühlte, ging sie mit mir ins Kino und wir saßen im Dunkeln nebeneinander. Das hatte ich mit ihr gemeinsam: die Leidenschaft fürs Kino.

Nachdem ich Dad geholfen hatte den Rest wegzuräumen, ging ich nach oben. Ich hatte keine Lust mich großartig zu waschen und verabscheute es zutiefst, mich im Bad auszuziehen. Irgendwie fühlte man sich dort nackter, als wenn man sich im eigenen Zimmer auszog. Aber angezogen durfte ich mich nicht waschen, die Anziehsachen könnten ja nasse Flecken bekommen. Egal wie sorgfältig ich sie im Bad hinlegte, stets fiel etwas auf den Boden. Diesmal war es mein Schlüpfer. Ich hob ihn auf.

Immer die gleiche Leier. Zähne putzen, das Gesicht waschen, den Hals, hinter den Ohren, die Arme bis zu den Ellbogen, gründlich abtrocknen, Schlafanzug anziehen. Unordnung beseitigen. Ich gab mir nicht allzu große Mühe. Es war mir einerlei. Dann ging ich in mein Zimmer und legte mich ins Bett, zog mir die Decke bis zum Kinn und lauschte dem Regen. Ich hoffte, er werde am nächsten Tag aufhören. Er hörte auf.

Doch dann setzte er wieder ein und veränderte mein Leben von Grund auf – und das nur wegen der rußbefleckten Wäsche.

KAPITEL 2

»Es ist nicht meine Schuld«, schluchzte Mum.

Sie saß auf der Hintertreppe, den Kopf in den Armen vergraben. Ich versicherte ihr unablässig, dass sie nichts dafür könne, aber sie hörte mich offenbar nicht. Das jagte mir immer am meisten Angst ein – nicht wahrgenommen zu werden.

Wir hatten eben in die Stadt gehen wollen. Mum hatte sich sogar ihr neues Kleid angezogen. Das mit den roten Rosen und den großen schwarzen Knöpfen vorne, die aussahen wie die Lakritzschnecken, die es bei *McColl* gab. Dazu trug sie ein passendes langärmeliges Bolerojäckchen, von dem ich ganz hingerissen war.

Gerade als wir zur Bushaltestelle an der Sutherland Street gehen wollten, merkte Mum, dass es erneut zu regnen begonnen hatte. Sie lief zum Fenster, das zum Hof zeigte, und da standen sie. Zwei große Fahrräder lehnten an dem Zaun, der uns von unseren Nachbarn, den Murchisons, trennte. Sie gehörten Peter, der den Spitznamen »der Kamin« trug, und dessen Sohn, der ebenfalls so genannt wurde. Sie führten die Sommerreinigung des Schornsteins der Murchisons durch. Unseren fegten sie erst im August, vor Schulbeginn. Dad fand das vernünftiger.

Dad besaß vier weiße Hemden; drei davon hingen auf der Leine, allerdings waren sie jetzt nicht mehr ganz so weiß. Und der Regen sorgte dafür, dass sich die Rußteilchen noch besser verteilten. Vielleicht konnte ich sie retten, bevor sie noch mehr abbekamen. Doch sie waren bereits tropfnass, als ich mit dem Korb ins Freie lief und die Stützstange herunterzog. Ich stellte sie wieder auf und setzte mich neben Mum. Nasse Wäsche abzunehmen machte wahrlich keinen Sinn.

»Es ist nicht meine Schuld«, jammerte Mum in einem fort. »Es ist nicht meine Schuld. Und wieder fing sie an zu weinen. Der Regen hörte zeitweise auf, setzte dann aber erneut ein, sodass wir den ganzen Nachmittag auf der Stufe zur Hintertür verbrachten. Ich redete auf Mum ein, doch sie blieb regungslos sitzen. Nach einer Weile gab ich es auf.

Einmal erspähte ich Mrs Murchison hinter dem Küchenfenster. Als sie es bemerkte, trat sie vom Fenster zurück. Sie hatte zwei Söhne und drei Töchter. Dad wies uns ständig darauf hin, wie tüchtig Mrs Murchison war und wie sehr sie darauf achtete, dass sich ihre Kinder tadellos sauber hielten. Dabei machten sie sich genauso schmutzig wie wir anderen auch. Aber Dad war zu dem Zeitpunkt immer im Büro und bekam es deshalb nicht mit.

Mum mied den Kontakt zu Mrs Murchison und es war offensichtlich, dass sie es nicht gern hörte, wenn Dad sich bewundernd über Mrs Murchison äußerte. Als Dad sie wieder einmal über den grünen Klee lobte, war Mum in der Küche und sagte leise »dumme Kuh«. Sie merkte nicht, dass ich es gehört hatte.

Bald würde Dad nach Hause kommen. Ich versuchte an Gene Kelly zu denken. Den Text von »Singing in the Rain« kannte ich auswendig, er war leicht zu behalten. Ich stellte mir vor, wie Dad uns mit einem großen Regenschirm singend die Straße entgegentanzte und Mum in seinen

Gesang einfallen würde, bis wir drei schließlich gemeinsam durch die Pfützen tanzten. Als könnte Mum Gedanken lesen, schaukelte sie im Rhythmus dieser Melodie.

»Sylvia?«

Ich zuckte zusammen. Dad hielt zwar einen Schirm in der Hand, klappte ihn aber in diesem Augenblick zu. Er ähnelte Gene Kelly in keinster Weise.

»Sylvia!«

»Die Wäsche ist schwarz. Deine Hemden ...«, flüsterte Mum. Dann gab sie einen erstickten Laut von sich, als kämpfte sie mit einem zu großen Bissen, der nicht runterrutschen wollte.

»Geh rein, Eleanor«, befahl Dad, ohne mich dabei anzusehen. Ich stand auf. Mein Po schmerzte und war kalt von der Stufe und mein nasser Rock blieb an ihr kleben. Erst wollte ich ihn glatt streichen, ließ es dann aber sein. Dad nahm Mum beim Arm und sie folgten mir ins Haus.

Ich mochte es nicht, wenn der Arzt kam. Vor allem, weil er aussah wie Charles Laughton und ungern Treppen stieg. Außerdem fand ich, dass er nicht nett war zu Mum. Beim letzten Mal ging es ihr nach seinem Besuch nur noch schlechter und sie war anschließend furchtbar lange völlig teilnahmslos. Erst nach ganzen zwei Wochen sind wir gemeinsam ins Kino gegangen. Aber Dad hatte offenbar nichts gegen ihn. Sie tuschelten viel und gaben sich die Hand.

Nachdem er Doktor Stewart hinausbegleitet hatte, kam Dad ins Wohnzimmer. Obwohl ich den Tränen nahe war wegen der ganzen Warterei und des Geflüsters, setzte ich mich aufrecht hin um zu hören, was er zu sagen hatte.

»Deine Mutter braucht Ruhe und Erholung, Eleanor«, begann Dad.

»Was hat sie denn?«

»Nichts Ernstes.« Das sagte Dad immer. Nie sagte er, Mum hätte es mit »den Nerven«. Iona Murchison hatte sich einmal am Zaun so ausgedrückt, als hätte sie Mitleid mit mir. Sie war fast fünfzehn und ich konnte sie nicht leiden, obwohl sie eigentlich ganz nett war. Sie sagte, dass sie ihre Geschwister nicht mochte und ihre Mutter sie wie eine Sklavin behandelte. Deshalb verstehe sie nur zu gut, durch welche Hölle ich ginge. Ich erklärte ihr, dass ich durch nichts ging, außer gleich durch den Zaun, wenn sie noch mehr über Mum schwatzte.

Iona lachte und erzählte es Tom, dem Jüngsten der Murchisons – er war jünger als ich –, der zufällig in der Nähe war. Sie brachten mich so weit, dass ich weinen musste. Aber ohne dass sie es sahen und erst als ich wieder im Haus war.

»Sie muss eine Zeit lang das Bett hüten und sich schonen«, sagte Dad.

»Ich kann mich um sie kümmern, wenn du zur Arbeit gehen musst, Dad. Und ich werde auch keinen Lärm machen. Du wirst kaum merken, dass ich da bin.« Er duldete keinen Lärm. Ich wusste, dass er im Haus Ruhe haben wollte. Ich hatte die Bemerkung gemacht um ihm zu zeigen, dass ich die Situation begriffen hatte. Das hatte man uns in der Schule beigebracht – die Lage richtig einzuschätzen. Hitler hatte das nicht getan.

Dad lächelte. Er hatte schöne Zähne – alle regelmäßig und gerade, nur etwas klein. Meine dagegen waren eher groß, oder besser, auffallend, so wie die von Mum. Sie mochte ihre Zähne nicht und bedeckte den Mund oft mit den Händen. Ich auch, wenn ich daran dachte.

»Nein, Eleanor. Das geht nicht. Du bist noch zu klein um den ganzen Tag allein hier zu bleiben, tut mir Leid.«

»Aber ich wäre doch gar nicht allein! Mum ...«

»Keine Diskussion!« Er senkte die Stimme und gab einem damit zu verstehen, dass es ihm ernst war mit dem, was er sagte. Dabei war das gar nicht nötig. Ihm war es immer ernst mit dem, was er sagte.

»Zum Glück bin ich übers Wochenende zu Hause und unter der Woche kann ich deine Mutter versorgen, bevor ich zur Arbeit gehe. Du verstehst sicher, dass ich nicht den ganzen Tag bei dir bleiben kann ... Und deine Mutter soll sich auch keine Sorgen um dich machen müssen, während sie sich erholt.«

Auch das war typisch für ihn: Nie nannte er sie Mum. Manchmal wäre es ihm fast herausgerutscht, aber dann wurde doch wieder »Mutter« draus. Doch im Algemeinen nannte er sie Sylvia. Da sie so heißt, hätte es mich nicht zu ärgern brauchen, aber es erweckte in mir immer ein Gefühl von ... ich weiß nicht was, schwer zu erklären. So wie er mich immer Eleanor nannte, obwohl mich alle Ellie riefen, seitdem ich klein war.

Einmal wollte ich es ausprobieren und sagte auch Sylvia zu ihr. »Wie wärs mit einem Happen zu essen, Ellie?« Ich half gerade beim Staubwischen. Der Tag war gut verlaufen. Sie hatte gebacken, was so gut wie nie vorkam, und aus dem Backofen duftete es köstlich. Mir war einerlei was sie backte – ich liebte einfach den Duft. »Ich würde gern ein Plätzchen essen, wenn sie fertig sind ... Sylvia«, erwiderte ich.

Sie lächelte zwar, sah gleichzeitig aber irgendwie peinlich berührt aus. Das war mir unangenehm und daher nannte ich sie nie wieder beim Vornamen, zumindest nicht laut. Sie reagierte allerdings nicht verärgert oder betroffen, wie sie es manchmal bei Dad tat, wenn er sie mit »Sylvia« ansprach und in seiner Stimme ein seltsamer Unterton mitschwang, was ihm aber gar nicht bewusst war.

Dad redete immer noch. »Im Augenblick ist es uns am wichtigsten, dass du versorgt bist, Eleanor, deshalb werde ich mich erkundigen, ob deine Großmutter dich ein paar Wochen zu sich nimmt.« Er wollte mir einreden, dass Mum mich nicht brauchte und sie mich wegschickten, damit es ihnen *beiden* besser ging.

Im ersten Augenblick dachte ich, er meinte meine Großmutter in Neuseeland. Ebenso gut hätte ich als Astronaut zum Mond geschossen werden können, ohne ein Wörtchen mitzureden zu haben.

»Ich will nicht nach Neuseeland«, sagte ich. Es gelang mir nur ein Flüstern.

Dad zog die Stirn kraus, als würde ich bewusst so tun, als wäre ich schwer von Begriff. Eine Miene, die ich mehr als verabscheute.

»Inchbrae, Eleanor. Nicht Neuseeland.«

In Inchbrae, wusste ich, wohnte meine Oma Fairbairn (offenbar kein großer Ort, denn Mum sprach dabei immer von »Provinz«). Nein, unter keinen Umständen würde ich dorthin gehen und bei ihr wohnen und Mum gerade dann verlassen, wenn sie mich brauchte. Dad schien das überhaupt nicht zu begreifen. Und was sollte ich mutterseelenallein bei einer Großmutter, die ich kaum kannte.

»Ich rufe sie an«, sagte Dad und ging in den Flur. Unser Telefon stand auf dem Tisch gegenüber der Garderobe. Wir waren nahezu die Einzigen, die ein Telefon besaßen. Dad arbeitete als Beamter und war ein sehr wichtiger und viel beschäftigter Mann. Das Telefon brauchte er für seine Arbeit. Allerdings riefen nicht viele Leute an und Mum und ich durften es lediglich in Notfällen benutzen.

Als Tommy Murchison vom Dach des Schuppens gefallen war und sich dabei fast den Schädel gebrochen hatte, rannte Mrs Murchison bis zur Green Street vor und rief von einer Telefonzelle aus den Notarzt an. Mum blieb unterdessen bei Tommy. Ihr guter Kamelhaarrock war voller Blut, aber mit keiner Silbe hatte sie erwähnt, dass wir ein

Telefon für Notfälle besaßen. Tommy war in Ordnung, wie sich herausstellte, aber ich fand trotzdem, wir hätten sagen sollen, dass wir ein Telefon besaßen.

Ich folgte Dad in die Diele. »Zurück ins Zimmer, Eleanor.« Er deutete zum Wohnzimmer. Ich gehorchte. Es war weit nach unserer normalen Abendessenszeit und ich hatte jetzt wirklich einen Bärenhunger. Als Dad zu Ende telefoniert hatte, ging er in die Küche und machte Omeletts, die ich hasse. Gerade als ich meines in gleich große Stücke zerteilte, klingelte das Telefon und ich zuckte zusammen. Das ging mir immer so.

»Das wird deine Großmutter sein«, verkündete Dad. Sie besaß kein Telefon. Dad hatte jemanden in der Nachbarschaft angerufen, der die Nachricht an sie weitergegeben hatte. Ich habe keine Ahnung, wie sie die Nachricht bekam und auch nicht, wie Dad die Nachbarn kennen konnte, wo wir doch nur einmal in Inchbrae gewesen waren. Aber da sie seine Mutter war, hatte er sich gewiss die Zeit genommen diese Dinge in Erfahrung zu bringen.

Das Telefongespräch war kurz. Erst als Dad die Stimme hob – er sprach selten laut – bekam ich einen Satz mit. »Hätten wir jemand anderen, würde ich nicht fragen.«

Aha! Meine Großmutter wollte mich offenbar nicht in Inchbrae haben. Meine Kehle schmerzte, so stark musste ich gegen die Tränen ankämpfen und gleichzeitig das grässliche Omelett hinunterwürgen.

»Alles in Ordnung«, sagte Dad auf dem Weg zurück in die Küche. An der Wohnzimmertür blieb er stehen und strich den Teppich glatt, der sich am Türrahmen zusammengeschoben hatte. In dem Rahmen konnte man sich selbst sehen und den Linoleumfußboden der Küche. Mum gab mir immer etwas Geld, damit ich den Rahmen samstags polierte. Wer würde das nun erledigen?

»Morgen früh packen wir deine Sachen«, meinte Dad und setzte sich wieder an den Tisch. Er rieb sich die Stirn, als hätte er Kopfschmerzen. »Samstag fährt der Bus um zwölf Uhr Mittag. Um zwei kommst du dann an.«

»Ich würde gerne meinen Hula-Hoop-Reifen mitnehmen.« Weshalb hatte ich das bloß gesagt? Ich wusste nicht einmal mehr, wo er war.

»Dass du den noch hast. Du spielst doch nie damit.«

Das stimmte. »Ich möchte ihn gerne mitnehmen.«

Dad schüttelte den Kopf. »Lieber nicht, Eleanor, er nimmt zu viel Platz weg. Pack ein paar Bücher ein.« Er sah auf die Uhr auf der Fensterbank. »Zeit zum Schlafengehen.«

»Darf ich noch mal zu Mum?«

Er seufzte. Bestimmt sagte er nein.

»Bitte.«

Er nickte. »Aber nur einen Augenblick. Sie ist ... müde.«

Ich stieß die Tür weit auf. Ich mochte sie nicht im Bett liegen sehen, vor allem nicht von der Tür aus. Das Bett stand so weit weg. Ich sah nur ihre schwarzen Haare, die über das weiße Kissen fielen. Ich bekam Angst und machte kurz die Augen zu. Ich wollte das Bild rasch aus meinem Gedächtnis vertreiben, damit ich nicht womöglich noch Albträume davon bekam. Albträume waren entsetzlich. Ich machte die Augen wieder auf, konnte aber nicht erkennen, ob Mum sich bewegte. Wahrscheinlich schlief sie. Zunächst näherte ich mich ihrem Bett auf Zehenspitzen, aber eigentlich wollte ich, dass sie aufwachte und mich sah, und trat deshalb stärker auf die Bodendielen, damit sie knarrten.

Manchmal taten sie es, manchmal nicht. Als eine knarzte, trat ich noch einmal darauf. Mum wandte den Kopf und richtete sich ein wenig auf.

»Komm her, Ellie. Es geht mir gut.« Dad hatte Recht – ihre Stimme klang müde.

»Du besuchst deine Großmutter?« Sie legte sich wieder zurück. »Das wird eine Abwechslung für dich sein.«

»Nein, bestimmt nicht.«

»Bitte, Ellie. Sie ist ... nett. Wirklich ... ich mag sie.«

»Dad sagte, für zwei Wochen.«

»Höchstens ... Das ist nicht besonders lange«, erwiderte sie. Ihre Augen waren eigenartig. Ein bisschen feucht, aber ohne Tränen. Als würden sie nichts wahrnehmen. Offenbar wurde Mum langsam blind.

»Kannst du mich sehen, Mum?« Ich war irgendwie atemlos. Ich hatte das gleiche Gefühl, als ginge man mit der Klasse ins Schwimmbad und die ganze Zeit läuft jemand am Beckenrand auf und ab und ist der Meinung, man könne die Schwimmflügel jetzt abnehmen. Dann geht er zum Lehrer und sie beschließen, was das Beste für einen ist, dabei möchte man doch gar nicht, dass sie einem die Flügel abnehmen. Aber sie tun es trotzdem. Genau so fühlte ich mich. Aber sie sollte nicht merken, dass ich das Gefühl hatte, sie würde blind werden, daher versuchte ich es ganz unbeteiligt zu sagen. »Natürlich, Ellie. Ich kann dich gut sehen.« Sie machte eine Bewegung, die wie Kopfschütteln aussah. »Mach dir keine Sorgen um mich. Doktor Stewart hat mir etwas gegeben, das mich schläfrig macht. Ich kann kaum die Augen offen halten.«

»Ach so«, sagte ich erleichtert. »Dann lass ich dich jetzt besser schlafen.«

»Komm näher. Drück mich mal.«

Ich versuchte es. Ich legte meinen Kopf an ihren, konnte aber nur meine Arme über die Decke breiten und sie drücken. Es war kein richtiges Kuscheln und Mum reagierte auch nicht. »Sei ein braves Mädchen, wenn du bei deiner Großmutter bist, und vergiss nicht zu beten.«

Manchmal vergaß ich es, sogar zu Hause, aber ich versprach es. Früher hatte ich die ganzen Gebete aufgesagt. Vom »Vaterunser« bis zum Ende. Ich hatte um Segen für alle gebetet, auch für die Tiere, die nicht selber beten können. Aber jetzt, wo ich älter wurde, hatte ich das Ganze ziemlich abgekürzt. In einem Buch hatte ich ein Gebet gelesen, das mir gut gefiel und das betete ich jetzt meistens.

An jenem Abend sagte ich es vor dem Einschlafen auf.

Behalte mich lieb.

Behüte mich.

Lass mich hierbleiben.

Ich wiederholte den Vers ein ums andere Mal.

Ich wünschte es mir so sehr. Aber mein Wunsch ging nicht in Erfüllung.

KAPITEL 3

Dad packte meine Sachen und ließ den Koffer offen, damit ich noch etwas hineintun konnte. Da ich mich aber nicht recht entscheiden konnte, zog er die Gurte fest und ließ die Verschlüsse einschnappen. Es regnete den ganzen Vormittag. Ich wollte meinen guten Mantel anziehen. Den blauen, der von der Taille abwärts so weit ausschwang.

Mum hatte mir einmal zwei leere Kosmetiktöpfchen geschenkt – eine Puderdose und einen Lippenstift, an dessen Boden ein Rest klebte, den ich mit meinem kleinen Finger gerade noch erreichen konnte. Sie hatte mir auch aus einer wunderschönen Flasche einen winzigen Tropfen Parfüm hinter die Ohren getupft. Es trug den Namen *Evening in Paris*. Sollte ich jemals meine Pläne ändern und nicht nach Hollywood gehen, würde ich Paris wählen. Ich zog meine blau gestreifte Bluse an, die genauso aussah wie die, die Doris Day auf der Titelseite des *Photoplay* trug. Dann schlug ich meinen Mantel in der Mitte einmal um, schlang mir die Ärmel um die Taille und band sie zu einem Knoten. Der Knoten stand so weit vor wie bei einem Ballkleid.

Mum hörte sich im Radio »Mrs Dales Tagebuch« an (Mrs Dale machte sich offensichtlich immer schreckliche Sorgen um Jim, der, glaube ich, ihr Mann war) und tat so, als bemerkte sie mich nicht. Aber diese Art von Nichtwahrgenommen-Werden flößte mir keine Angst ein. Immer wieder schritt ich die Treppe hinauf und wieder herunter, wie bei einem Bühnenauftritt. Ich spielte Bette Davis und Joan Crawford und noch eine Reihe anderer Filmstars. Sie waren alle gut. Ich konnte nicht sagen, wer von ihnen am besten war.

Dad erlaubte mir nicht meinen guten Mantel zu tragen. Ich musste den Regenmantel anziehen, den mit der hässlichen Kapuze, in die es seitlich hineinregnete, sodass der Hals nass wurde und manchmal auch der Rücken. In mein Krimskramsköfferchen, in dem ich bereits die Max-Factor-Töpfchen verstaut hatte, legte ich zwei Fünf-Freunde-Bücher und mein Poesiealbum. Außerdem eine Banane, einen Apfel und *Fry's Cream*, meine Lieblingsschokolade.

Dann ging ich mit Dad nach oben um Mum Auf Wiedersehen zu sagen. Aber sie schlief wieder. Obwohl ich dagegen ankämpfte, ärgerte ich mich, dass sie mich gehen ließ, und war froh, nicht mit ihr reden zu müssen.

Dad hielt den Schirm über mich und nahm mich an der Hand, was etwas kindisch war, aber doch auch ganz schön. Um zum Busbahnhof zu gelangen mussten wir am Rathaus aussteigen und das Northgate entlanggehen. Vielleicht stand gar kein Bus dort und wir konnten wieder umkehren. Ich war auch nicht mehr böse auf Mum.

Obwohl es in Strömen regnete, ging ich extra etwas langsam um so den Abschied hinauszuzögern. »Ich kenne sie nicht einmal«, sagte ich und sah zu Dad auf. Er zog mich hinter sich her. »Dad, ich kenne meine Großmutter doch gar nicht.«

»Na, dann ist das doch eine gute Gelegenheit, dem abzuhelfen, Eleanor. Vielleicht ist es an der Zeit sie ... etwas näher kennen zu lernen.«

»Wieso eigentlich erst jetzt, Dad?«

Er ging schneller, sodass ich fast stolperte.

»Zwischen uns hat es eine Meinungsverschiedenheit gegeben, Eleanor. Deine Großmutter ... trinkt ein wenig. Du weißt, dass ich das missbillige.«

Darüber hatte ich noch nie nachgedacht, aber als er es jetzt sagte, fiel mir ein, dass ich ihn noch nie Alkohol hatte trinken sehen, außer ein Glas Glenfiddich zu Weihnachten und zu Silvester. Mum rührte selbst an diesen Tagen nichts an. Wir beide tranken immer Himbeersaft.

Dabei hatte Mum nichts gegen Alkohol. Vor nicht allzu langer Zeit hatte ein Betrunkener Janet und mich in Angst und Schrecken versetzt. Er schrie hinter uns her, als wir ihm am Eingang von *Boots* begegneten. Für uns war er ein Saufbruder, von denen es in Kilmoran nicht wenige gab. Aber meistens trafen sie sich hinter dem Gaswerk und um das machten wir immer einen großen Bogen. Als ich Mum davon erzählte, meinte sie, dass man noch lange kein Saufbruder sein musste, wenn man sich hin und wieder mal ein Gläschen gönnte. Daher wusste ich, dass Mum nichts gegen das Trinken hatte. Wahrscheinlich schmeckte Himbeersaft ihr einfach besser.

»Betrinkt sie sich?« Mein Herz klopfte zum Zerspringen, so schnell musste ich hinter Dad herlaufen und so sehr fürchtete ich mich davor, bei einer alten Frau zu wohnen, die trank. Außerdem musste ich Dad hinterherschreien und der Regen klatschte mir ins Gesicht und lief mir dazu noch in den Mund.

»Nein ... natürlich nicht ... Jetzt komm schon, Eleanor!«

Ich hätte doch wissen müssen, dass Dad mich nicht zu seiner Mutter schickte, wenn sie nicht in der Lage wäre auf mich aufzupassen. Das wäre sehr verantwortungslos gewesen.

»Vielleicht hat sie das Trinken von deinem Vater.«

Dad blieb so abrupt stehen, dass ich fast vom Bürgersteig fiel.

»Ich verbiete dir jemals wieder von meinem ... von diesem Menschen zu reden, Eleanor. Ist das ab-so-lut klar?«

Ich nickte. Gleich würde ich weinen. Ich wußte nicht, weshalb ich es gesagt hatte oder weshalb es mir in den Sinn gekommen war. Manchmal spricht man einen Gedanken einfach aus und bringt sich dann wegen seiner eigenen Dummheit in Schwierigkeiten. Das hatte ich bereits früher erlebt. Jetzt, wo ich älter und erfahrener war, lernte ich allmählich bestimmte Dinge für mich zu behalten. (Zwar sagte Mum oft, ich sei für mein Alter zu weit, aber ich glaube, sie war froh darum.) Doch nun hatte ich alles kaputt gemacht – als sei nicht schon genug kaputt gegangen.

Und jetzt kullerten mir wirklich die Tränen übers Gesicht und ich konnte sie nicht aufhalten. Zum Teil weinte ich, weil ich mich über Dad ärgerte. Es war doch nur natürlich, dass ich nach meinem Großvater fragte, aber niemand erzählte mir etwas über ihn. Dann würde ich eben meine Großmutter fragen und sie so lange löchern, bis ich das große Geheimnis gelüftet hatte. Dad würde gar nichts davon erfahren und das würde ihm recht geschehen – punktum!

Ach, ich wollte nicht wegfahren.

Vier Busse warteten da. Lauter Eindecker. Wir steuerten auf den zweiten zu. Der Fahrer stand vorne im Bus und drehte eine Kurbel über der Windschutzscheibe, damit die Leute oben ablesen konnten, wohin die Reise ging. Der Mann trug eine marineblaue Jacke und schien nicht gerade erfreut über den Regen.

Dad hob mich in den Bus. Mit dem Ärmel, der mindestens so nass war wie mein Gesicht, wischte ich mir die Tränen fort. Dad stieg hinter mir ein, drehte sich aber noch einmal um und schüttelte den Schirm aus. Nachdem er ihn unter die Stufen geschoben hatte, deutete er auf einen Doppelsitz im mittleren Teil des Busses. Ich nahm den Fensterplatz. Dad stellte den Koffer neben mich. Er sagte, ich müsse ihn auf die Knie nehmen, wenn sich jemand setzen wollte, und ich solle nicht vergessen aufzustehen und älteren Passagieren Platz zu machen. Das hätte ich ohnehin getan.

Dad ging nach vorn und sprach mit dem Fahrer, der auch die Fahrkarten kontrollierte, weil es ein Überlandbus war. Ich hörte auf zu weinen. Ich kam mir ziemlich erwachsen vor, wie ich so ganz allein auf meinem Sitz saß und darauf wartete, dass es losging. Ich wollte es mir gut gehen lassen. Es würde ein Abenteuer werden. Doch als der Fahrer den Motor anließ, bekam ich ein flaues Gefühl in der Magengegend. Was, wenn ich meine Haltestelle verpasste oder falsch ausstieg und mitten in der Wildnis landete? Und was, wenn meine Großmutter bei meiner Ankunft nicht da stünde? Und wenn sie da stand? Wie sollte ich sie erkennen?

Dad kam noch mal zu mir nach hinten, die Geldbörse immer noch in der Hand. Er gab mir zwei Half Crowns, mehr als mein Taschengeld für zwei Wochen. Normalerweise erhielt ich freitags zwei Shilling – ein Shilling sechs Pence als Taschengeld und sechs Pence dafür, dass ich Mum half. Jede Woche wies Dad mich darauf hin, dass das mehr war, als so manch einer bekam. Meine zwei Shilling von letzter Woche hatte ich mir für meinen Stadtbummel mit Mum zurückgelegt. Somit besaß ich jetzt sieben Shilling.

»Dein Feriengeld«, sagte Dad. »Verlier es nicht.« Ich steckte es in meine Rocktasche unter dem Mantel. »Der Fahrer weiß, wo du aussteigen musst. Deine Großmutter holt dich ab.« Dann beugte er sich zu mir herab und küsste mich auf den Scheitel.

»Sei brav, Eleanor. Bis bald.« Er stieg aus dem Bus und

fing an zu rennen, was er sonst nie tat. Der Regen strömte in breiten Rinnsalen das Fenster hinunter, sodass ich Dad kaum sehen konnte. Wie gerne wäre ich ihm nachgelaufen.

Der Bus hielt häufig. Leute stiegen ein und aus. Die meisten kannten sich und alle schimpften über das Wetter. Vor mir saßen ein Bauer und seine Frau. Er war der Einzige, dem der Regen nichts ausmachte, aber der Fahrer rief ihm von seinem Platz aus zu, er kenne keinen Bauern, der darüber lange glücklich sei. Der Bauer antwortete nur: »Halt's Maul«, woraufhin seine Frau meinte: »Reiß dich zusammen, hinter dir sitzt 'n Kind.« Sie drehte sich zu mir um und lächelte mich an. Abgesehen davon, dass sie einen Damenbart hatte, sah sie ganz nett aus.

Ich brauchte meinen Koffer nicht auf die Knie zu nehmen. Niemand wollte sich neben mich setzen. An einer Haltestelle vor einer Stadt blieben wir recht lange stehen. Der Fahrer zog aus einer Jackentasche eine Zeitung und aus der anderen eine Pflaume. Er las und aß dabei die Pflaume. Das machte mir Appetit auf meine Süßigkeiten, aber gerade als ich sie ausgepackt hatte, faltete der Fahrer die Zeitung zusammen und schob sie wieder in seine Tasche. Den Stein spuckte er aus dem Fenster. Jemand rief aus dem hinteren Teil des Busses: »Mach hin, Archie, bei diesem Wetter is' außer uns Idioten eh niemand unterwegs.«

Der Fahrer startete den Motor. »Da haste Recht, Bob.« Wir nahmen nicht den Weg durch die Stadt, sondern fuhren irgendwie um sie herum. Zuerst lutschte ich den Schokoladenüberzug von jeder Rippe, anschließend aß ich die Creme. Das war die leckerste Methode.

Als es zu regnen aufhörte, wurde es heiß im Bus. Es roch entsetzlich nach den Ausdünstungen der vielen Leute. Außerdem klebte dem Bauern offensichtlich Hundedreck oder Dung oder sonst etwas in der Art an den Sohlen, wodurch alles nur noch schlimmer wurde. Obwohl ich mich bemühte durch den Mund zu atmen, konnte ich es immer noch riechen. Man konnte überhaupt nicht mehr aus den Fenstern sehen. Ich malte auf meine Scheibe Herzen und Donald Duck (das konnte ich sehr gut) und zweimal schrieb ich meinen Namen – einmal in Druckschrift und einmal in Schreibschrift. Dann wischte ich alles weg, wartete, bis die Fenster wieder beschlagen waren, und spielte Schiffe versenken. Aber allein macht das keinen Spaß, weil man seinen nächsten Schritt kennt.

Ich leckte am Fenster. Es schmeckte wie die Fenster der Stadtbusse, wenn sie nass waren, nur stärker nach Blech. Die Sonne kam heraus, aber der Ausblick lohnte sich nicht. Nur ein paar Felder und Kühe an einem Fluss. Eine Zeit lang fuhren wir den Fluss entlang und ich entdeckte zwei Schwäne. Die waren sehr schön. Ich träumte davon, im *Sadler's Wells* den »Sterbenden Schwan« zu tanzen, nicht schlechter als die Markova. Das machte mich traurig. Und wenn ich traurig war, wurde ich gleich müde.

»He, Kleine, hier musst du aussteigen«, rief der Fahrer. Ich schlief zwar nicht richtig, sondern döste nur, musste aber doch geweckt werden. Dort, wo ich mich an die Metallkante meiner Rückenlehne gelehnt hatte, tat mir der Kopf weh. Archie hielt den Bus an und kam zu mir nach hinten um mir mit meinem Koffer zu helfen. Da er nicht allzu groß war, hatte ich den Koffer eigentlich selber tragen wollen.

Wenn meine Großmutter mich so sah, durchnässt und mit einem Koffer in der Hand, und den Eindruck bekam, ich sähe aus wie ein Waisenkind, würde sie vielleicht Mitleid mit mir haben und mich gleich heimschicken zu meinen wunderbaren Eltern, die bereits krank vor Sehnsucht nach mir waren. Archie packte den Koffer und nahm mich am Arm. Als ich an der Frau des Bauern vorbeiging, rief sie mir zu: »Tschüss, Kleine.«

Archie stieg vor mir die Stufe hinunter und stellte den Koffer ab. Dann streckte er mir die Arme entgegen, hob mich herunter und stellte mich mit einem Schwung neben meinen Koffer. Mir war richtig ein bisschen schwindlig. Als ich aufschaute, stand niemand da. Das heißt, nicht ganz. In der Nähe waren Leute, aber niemand, der wartete. Wenig später lehnte eine Frau ihr Fahrrad an das Fenster eines Metzgerladens und kam herüber. Archie stieg wieder in den Bus und winkte. »Hier ist sie«, rief er und fuhr davon.

»Du also bist Eleanor«, sagte die Frau. Ich nickte, obwohl es gar keine Frage gewesen war. Sie trug eine grüne Kordhose und einen grünen Pullover. Um ihr Haar, das fast ganz grau war, hatte sie einen roten Turban aus Chiffon geschlungen. Sie drückte ihre Zigarette aus und steckte sie sich hinter das Ohr. Das tat sie offenbar häufiger, denn in dem Chiffon waren eine Menge Löcher.

Ihr Gesicht war gebräunt und ziemlich runzelig und ihre Augen waren so blau wie mein Lieblingseierbecher. Wenn sie lachte, sah sie ein wenig furchterregend aus, fand ich. Sie hatte die gleichen Zähne wie Dad, nur waren ihre hübscher. Aber vielleicht lag das einfach an ihrer Art zu lächeln. Ich lächelte zurück. Bestimmt würde sie gleich sagen, wie sehr ich gewachsen sei, seitdem sie mich das letzte Mal gesehen hatte.

»Kannst du Rad fahren?«, fragte sie mich.

»Ja.«

»Gut. Wir wohnen ein paar Kilometer weit weg von hier. Ich hab für dich ein altes Rad von den Cameron-Jungs geliehen. Es steht im Schuppen. Wir probieren es heute mal aus … oder stört dich die Stange?«

Ich betrachtete ihr Rad. Es war ein Herrenrad und hatte vorne einen Korb. Ich schüttelte den Kopf, was bedeuten sollte, dass mich die Stange nicht störte, ich sie aber auch nicht besonders toll fand.

»Leg deinen Mantel in den Korb. Der Himmel hat sich aufgeklärt.«

Ich zog den Mantel aus. Sie machte keine Anstalten mir zu helfen, aber als ich ihn zusammenfalten wollte, legte sie ihn sich über den Arm. Dann gingen wir zu ihrem Fahrrad, wo sie den Mantel einfach in den Korb warf. Ich strich ihn glatt, während sie meinen Koffer holte. Der Korb roch zugleich süß und nach Holz und irgendwie heimelig.

»Na, wo du jetzt hier bist, will ich dich ein bisschen herumzeigen«, meinte sie. Das freute mich. Man würde mich also nicht links liegen lassen. Sie sah mich an, streckte überraschend die Hände aus und packte meinen Kopf. Angst durchfuhr mich, bis hinunter in die Knie.

Sie drehte meinen Kopf hin und her. »Was für ein hübsches Mädchen du bist. Du schlägst meiner Familie nach.« Ich zitterte, als sie mich losließ. Da lachte sie dröhnend, so laut wie ein Mann. Mum hätte es vulgär genannt.

»Ich wollte dich nicht erschrecken, Kleines. Ich bin einfach nicht an Kinder gewöhnt.«

»Ist schon in Ordnung ...« Ich konnte das Wort *Oma* nicht aussprechen.

»Nenn mich Dot«, schlug sie ganz unbefangen vor.

Ich versuchte es. »Also gut ... Dot.« Ich kam mir etwas komisch vor, aber Dot war besser als Oma.

»Und dich nenn ich Ellie«, entschied Dot. »Eleanor klingt für Leute wie uns zu förmlich, findest du nicht auch?«

Ich lächelte. Ich hätte nie gedacht, dass wir uns schon nach so kurzer Zeit so gut verstehen würden. Die Tür des

Metzgerladens ging auf und eine Frau trat heraus. Sie hielt den Kopf gesenkt und sah uns nicht an, aber als sie an uns vorüberging, nickte sie Dot zu. »Guten Tag, Miss Fairbairn.« Dot nickte zurück. »Es hat aufgehört zu regnen, Mrs Fishbein.«

Mrs Fishbein eilte in den Lebensmittelladen. »Die arme Seele«, meinte Dot ohne weitere Erklärung. Ich sah mich um. Es gab nur eine Straße und ein paar Häuser. Natürlich kannten sich da alle. Wir gingen in das Haus nebenan. An der Hausmauer hing ein Schild, auf dem ein Mann im Kilt ein Schwert schwang und das die Aufschrift trug *The Jacobite*.

Drinnen war es dunkel. Vor uns war eine Treppe, an deren Fuß ein Sofa stand und daneben eine große Pflanze, die ziemlich vertrocknet aussah. Vor die Couch hatte man einen Tisch mit ein paar Zeitschriften gestellt und auf der anderen Seite der Treppe befand sich in einer Art Nische ein Tresen, die Bar.

Wir gingen hinüber. Vor dem Tresen standen drei Barhocker und vier kleine Tische mit jeweils zwei Stühlen, die man vom Eingangsbereich aus jedoch nicht sehen konnte. Beleuchtet wurde der Raum hauptsächlich durch die offene Tür. Ich war noch gar nicht richtig in Inchbrae angekommen, da hatte Dot mich bereits in eine Bar gelotst. Ich fand es hier richtig interessant und fürchtete mich kein bisschen. Wenn Dad das wüsste, wäre er ziemlich aufgebracht.

Bisher hatte ich immer gedacht, Leute, die Bars besuchen, seien ziemlich alt und nicht besonders hell im Kopf und würden halb tot vor Alkohol in der Gegend herumliegen. Aber im *Jacobite* war das überhaupt nicht so. Es roch nach Scheuermittel und Bohnerwachs und wer an einem der Tische saß, konnte sich durchaus als ehrbarer Mensch fühlen. Alles war ganz ... normal.

Kaum hatte Dot auf die Messingklingel geschlagen, die auf der Theke stand, erschien auch schon ein Mann. Da ich zuvor in das helle Licht geschaut hatte, das von der Tür hereinfiel, konnte ich ihn erst nicht richtig sehen. Er klang gereizt.

»Ich hätte es ahnen müssen. Lil sagte, du würdest heute vorbeikommen.«

»Und da bin ich, Eck«, sagte Dot. »Einen Doppelten für mich und einen für dich.«

»Ich hab geschlossen«, entgegnete er.

»Hast du nicht«, erwiderte Dot.

Er grummelte und schüttelte den Kopf. Inzwischen konnte ich ihn sehen. Er hatte buschige rote Augenbrauen und sah so gereizt aus, wie er klang.

»Du hetzt mir noch die Polizei auf den Hals«, meinte er missbilligend.

»Auf dieser Seite von Locheirnan gibt es nicht einen Polizisten«, gab Dot zurück. Sie drehte sich um und winkte mir näher zu kommen. Sie lächelte wieder. »Das ist Ellie – Adams Tochter.«

Eck stellte ein Glas vor Dot auf den Tresen und goss auch sich selbst eines ein. Dann sah er mich an. »Hoffentlich hast du nicht zu großen Appetit, Ellie«, warnte er mich. »Sie kocht nämlich nicht, musst du wissen.«

»Hör nicht auf ihn, Ellie«, warf Dot ein. »Ich kann so gut kochen wie andere – wenn ich Lust dazu habe.« Sie zog die Zigarette hinter ihrem Ohr hervor und strich ein Zündholz an der Unterseite des Tresens an.

»Typisch Dot. Alles nur, wenn *du* Lust dazu hast. Magst du Limonade, Ellie?«, fragte er. Jetzt sah er nicht mehr so mürrisch aus.

Ich nickte.

»Und was trinkst du am liebsten?«

»Haben Sie Mandarine?«

»Du bist hier in Inchbrae! Entweder Orangenlimo oder Saft. Entscheide dich.«

»Orangenlimonade, bitte.« Es war ganz schön viel Kohlensäure drin. Ich ließ das Glas ein Weilchen stehen, weil ich nicht wollte, dass es in der Nase kitzelte.

»Wo ist Lil?«, fragte Dot.

»Sie macht ein Nickerchen. Den ganzen Vormittag hat sie sich mit Hugh beschäftigt und heute Abend haben wir alle Hände voll zu tun. Wullie Mackenzies Tochter hat in Locheirnan geheiratet und die Hochzeitsgesellschaft beschließt den großen Tag bei uns.«

»Wie ich höre, hast du ein Zimmer vermietet.«

»Ja. Wir sind halb voll oder halb leer – je nachdem, von welcher Warte aus man es betrachtet.«

»Und für wie lange?«

»Nur für Montag Nacht und dann noch einmal am Mittwoch. Nicht lang genug um in den Ruhestand gehen zu können. Irgend so ein Kerl aus Newcastle, der Fotos für einen Kalender schießt.«

»Immerhin, Eck! Was kriegst du von mir?«

»Nichts. Geht auf Kosten des Hauses. Die Hochzeitsgesellschaft bringt das wieder herein. Die Kerle versaufen ihren letzten Penny.«

»Gut für dich«, lachte Dot.

»Bis bald, Kleines«, sagte Eck und sammelte die Gläser ein. »Lass dich nicht einschüchtern von ihr.«

Als wir das Lokal verließen, schien die Sonne. Es gab kaum Menschen und nur ein Auto. Es stand weiter oben in der Straße, vor einem Kleidergeschäft, über dessen Schaufenster sich eine Sonnenmarkise spannte. Die gleiche wie beim Metzger. Dabei lag diese Straßenseite mehr im Schatten.

»Komm, lass uns rüber gehen. Da ist es sonniger«, schlug Dot vor. Sie sang die Worte richtiggehend. Wir standen vor einem Zeitschriftenladen. Als Dot die Tür öffnete, ertönte eine Glocke. Hinter dem Ladentisch stand eine Frau, die ziemlich alt aussah. Sie hatte weißes Haar und die Brille saß ihr mitten auf der Nase. Aber sie sah nett aus. Genauso wie man sich eine Oma vorstellte. Ganz anders als Dot.

»Hereinspaziert«, rief die Frau.

In dem gemütlichen, warmen Laden roch es nach der roten Politur, mit der Mum immer die Treppenstufen einrieb. Staubpartikelchen tanzten im Sonnenlicht, das durch das Fenster hereinfiel. Aber in dem Laden war es nicht schmutzig, im Gegenteil. Die Frau saß auf einem Stuhl und strickte. Seitlich vom Ladentisch schauten ihre Füße heraus. Sie trug dicke Strümpfe und glänzende braune Schnürschuhe mit einem kleinem Absatz. Ich wandte den Blick auf den Boden um zu sehen, was für Schuhe Dot trug. Es waren schwarze, abgenutzte Strandschuhe.

»Nicht viel los bei dir, Jessie?«, fragte Dot.

»Ja, viele sind auf der Hochzeit, und dazu noch das Wetter – man weiß nie, wie es im nächsten Augenblick sein wird.« Nachdem sie ihr Strickzeug in einer Tasche mit Paisley-Muster und Holzgriffen verstaut hatte, stand sie auf.

»Wer ist denn dieses hübsche kleine Mädchen, das du da mitgebracht hast?« Lächelnd verschränkte sie die Arme vor der Brust.

»Ich heiße Ellie«, sagte ich ohne abzuwarten, dass Dot mich vorstellte, was etwas unhöflich war.

»Schön dich kennen zu lernen, Ellie. Ich bin Mrs Alexander. Du kannst mich besuchen, wann immer du Lust hast. Hier in Inchbrae gibt es kaum noch andere Kinder.« Sie wandte sich Dot zu. »Sie sieht Adam ziemlich ähnlich«, sagte sie. »Zumindest, so weit ich ihn noch in Erinnerung habe.«

Dot nickte. Sie trat von einem Fuß auf den andern. »Ich platze gleich, Jessie. Kann ich vielleicht auf dein ...?«

»Nur zu.« Mrs Alexander ließ sie gar nicht ausreden. Dot verschwand nach rechts durch eine Tür hinter dem Ding, das so aussah wie ein Schalter im Postamt, und ich erhaschte einen Blick in eine kleine Küche. Ich musste genauso dringend aufs Klo wie Dot, war mir aber unschlüssig, ob ich ihr folgen sollte oder nicht.

»Geh mit, Schätzchen«, nickte Mrs Alexander, als hätte sie meine Gedanken gelesen.

Dot hatte die Tür hinter sich geschlossen. Ich war gerade hinter dem Postschalter angelangt, als die Ladenglocke ging und jemand hereinpolterte. Ich erstarrte.

Der Mann brüllte etwas und sein Kopf rollte von einer Seite auf die andere. Er drückte sein Gesicht an die Scheibe. Dieser kahlköpfige, sabbernde Kerl grinste mich an. Er sah aus wie ein Spastiker und hatte ein komisches Gesicht – jung und alt zugleich.

»Hugh, bitte, du machst dem Mädel doch Angst.« Mrs Alexander nahm ihn beim Arm und zog ihn von der Scheibe weg. »Hör auf. Ist schon gut. Du solltest nicht ohne Mütze in die Sonne gehen. Wo hast du sie, Hugh?«

Hugh wedelte mit den Armen in die Richtung der Kneipe, aus der wir gerade gekommen waren. »Komm mit, wir holen sie. Komm mit, mein Schatz.« Mrs Alexander führte ihn aus dem Laden. Er krakeelte immer noch ein bisschen, war aber offensichtlich zufrieden.

Dot kam von der Toilette zurück. »Du hast also Hugh kennen gelernt?«, fragte sie, als sei es das Natürlichste auf der Welt, von einem sabbernden Irren zu Tode erschreckt zu werden. »Musst du auch auf die Toilette oder willst du warten, bis wir daheim sind?«

Daheim ... gleich würde ich wieder in Tränen ausbrechen. Dot sah mich eine Weile an. Dann beugte sie sich zu mir hinunter und legte den Arm um mich. Sie kam mir ziemlich nahe.

»Es ist gar nicht einfach, Kleines, unter lauter fremden Leuten zu sein. Aber wir schaffen das schon .... ich verspreche es dir.« Sie war mir so nahe, dass mich ein Geruch von Whisky, Zigaretten und Fahrradöl umwehte.

Ich durchquerte die Küche, ging in die Toilette und schloss die Tür ab. Dann fing ich an zu weinen.

KAPITEL 4

»Wir schauen noch eben bei Rita vorbei und dann geht's nach Hause. Du hast bestimmt allmählich Hunger.« Dot merkte offenbar nicht, dass ich geweint hatte. Wir verließen den Zeitschriftenladen. Kein Mensch war mehr drin und auch Mrs Alexander war nirgends zu sehen.

Die Tür zum Kleidergeschäft stand offen. Ein schwerer Eisenstopper hielt sie fest. Eine Frau machte sich an einem Kleiderständer zu schaffen. Ihre kurz geschnittenen Haare waren vor den Ohren zu zwei Ringellöckchen gedreht. Sie nahm kaum Notiz von uns. Sie hatte eine schwarz-weiß karierte Bluse an, die um die Taille von einem schwarzen Stretchgürtel mit einer großen Schließe zusammengehalten wurde und sich unten wie eine Rüsche bauschte. Dazu trug sie eine enge rote Hose, die ihr bis zu den Waden reichte, und rote Schuhe mit hohen Absätzen.

Während sie sich wieder den Kleidern zuwandte, sagte die Frau: »Ich muss ein paar davon rausschmeißen. In dieser Stadt gibt es nicht *eine* Frau mit Geschmack. Es wäre einträglicher, Strickmuster zu verkaufen.« Sie klang verärgert. »Ist das deine Enkelin?«, fragte sie. Dabei war ihr völlig egal, wer ich war. »Ja, Rita. Und sie würde sich freuen, wenn du für sie eine Minute Zeit hättest – *falls* du sie erübrigen kannst.«

»Entschuldige, Dot. Mir geht so viel im Kopf herum ...« Sie sah mich an. »Wie heißt du?«

»Ellie.«

»Magst du ein Kleid kaufen, Ellie?« Ich war ihr völlig egal. Sie widmete sich wieder dem Kleiderständer.

»Gut, dann gehen wir besser«, sagte Dot und packte mich am Arm. Jetzt klang ihre Stimme auch verärgert.

Seufzend wandte Rita sich wieder uns zu. »Sei doch nicht gleich eingeschnappt, Dot. Wenn du noch was zu erledigen hast, bring ich das Mädchen nach Hause, wenn ich zumache.«

»Wir möchten dich nicht belästigen. Wir sehen uns morgen, vielleicht bist du dann besser gelaunt. Komm bloß nicht auf den Gedanken mich in dieser Missstimmung zu besuchen«, warnte Dot sie. Wir gingen zurück zu den Fahrrädern. »Magst du Wurst?«, fragte sie.

»Ja.« Ich mochte sie sogar sehr.

»Wir kaufen welche bei Pat. Vielleicht ist sein Junge in der Nähe. Er ist ungefähr so alt wie du.« Auf dem Fenster über Dots Fahrrad war eine halbkreisförmige Aufschrift in goldenen, schwarz umrahmten Buchstaben: *P. Conroy, ff. Fleisch- und Wurstwaren.*

»Was ist denn *ff.*?«

»Hochfein. Er selbst ist der reinste Schmeichler. Aber er hat gutes Fleisch.« Sie stieß die Tür auf. Noch bevor ich den Laden betreten hatte, stieg mir der Geruch von Sägemehl in die Nase und verstärkte mein Heimweh. Ich wusste gar nicht warum.

»Zwei schöne Damen auf einen Schlag – welch Balsam für schmerzende Augen«, empfing uns der Metzger. Er hatte schwarzes Haar und wunderschöne Augen. Ein gut aussehender Mann. Ich lächelte ihn an.

»Lass die Komplimente«, sagte Dot. »Ich will nur Wurst kaufen, Mister Conroy.«

»Nichts lieber als das, werte Mademoiselle.«

Dot schüttete sich aus vor Lachen. Ihr Lachen schmerzte mir in der Kehle. »Schenk diesem Schmeichler keine Beachtung, Ellie. Er ist über Schottland nie hinausgekommen.«

»Ach, und doch schlägt mein Herz für die Ferne, Dot.«

»Eher für ein Mietshaus in Glasgow.« Dot grinste ihn an. »Wo ist dein Sohn?«

Er machte eine Kopfbewegung nach hinten. »Joseph!«, rief er.

»Was ist?« Joseph erschien grummelnd. Aber vielleicht war er auch nur schüchtern. Zuerst sah er mich gar nicht.

»Joe, das ist meine Enkelin. Vielleicht habt ihr Lust gemeinsam etwas zu unternehmen«, sagte Dot.

»Doch nicht mit einem *Mädchen*!«, antwortete Joseph und wollte wieder kehrtmachen.

Jetzt lächelte der Vater nicht mehr. »Wir wollen doch unsere guten Manieren nicht vergessen, oder?«, wies er seinen Sohn mit warnendem Unterton zurecht.

»Nett, dich kennen zu lernen«, murmelte der Junge. Aber es stimmte nicht. Sonst hätte er nicht so mit den Füßen im Sägemehl gescharrt.

»Wirklich nett«, fügte Mr Conroy hinzu. »Wir sind sogar entzückt. Also, aufgeschnitten oder am Stück?«

Dot sah mich fragend an.

»Am Stück«, sagte ich.

Dot kaufte noch Blutwurst und sechs Eier, dann verließen wir das Geschäft. Sie nahm ihr Fahrrad und drehte es herum. »Magst du laufen oder auf der Stange sitzen?«

»Vielleicht können wir ein wenig laufen ...«

»*Vielleicht* gibt es nicht. Entweder das eine oder das andere. Wir laufen.« Sie steckte zwei Finger in den Mund und ließ einen grandiosen Pfiff ertönen. Wir standen da und warteten, aber mir war nicht klar, worauf. Bis ich ihn sah.

Er kam vom anderen Ende der Straße auf uns zugerannt, fast so groß wie ein Collie und nahezu ganz schwarz. Die Ohren waren verschieden. Als wären sie unterschiedlich groß. Vielleicht sah es aber auch nur so aus, weil er das eine nach oben und das andere nach unten geklappt hatte. Die eigentlich weißen Flecken in seinem Fell waren schmutzig und er wedelte wie verrückt mit dem Schwanz, einem langen, buschigen Schwanz, der im Vergleich zu seinem Körper viel zu groß schien. Allein sein Anblick machte einen fröhlich.

»Wie heisst er?«, fragte ich.

»Hooligan. Er gehört mir nicht.«

»Wem gehört er denn?«

»Eigentlich niemandem. Aber meistens ist er mit Dreep zusammen. Dreep ist ein alter Saufbruder. Er füttert Hooligan nicht besonders gut, deshalb kommt der Hund abends meistens zu mir. Ich gebe ihm was zu fressen – und dann verschwindet er wieder. Ich versuche gar nicht ein Haustier aus ihm zu machen, er ist einer von der unabhängigen Sorte.«

Ich war enttäuscht. Ich hatte mir schon immer ein Haustier gewünscht. Zweimal hatte ich auf einer Ausstellung einen Goldfisch bekommen, aber beide waren eingegangen; es ist ja bekannt, dass sie nicht lange leben. Dad meinte, es sei nicht verwunderlich, dass sie gestorben seien, schließlich waren sie bereits halb tot, als ich sie bekam. Trotzdem war ich traurig darüber.

Hooligan ließ sich von Dot die Ohren kraulen und ich durfte ihn tätscheln. Sein Fell war warm und weich. Er grinste mich an. Sein üblicher Gesichtsausdruck, wie Dot mir erklärte. Dann machten wir uns auf den Weg.

Die Straße war staubig und die Pfützen am Straßenrand waren fast schon wieder trocken. Es gab kaum Verkehr – zwei, drei Traktoren – und ein Paar auf einem Tandem. Dot winkte ihnen zu, als sie vorüberfuhren, und sie winkten zurück. Sie machten einen sehr vergnügten Eindruck. Die Frau erinnerte mich an Mum, allerdings konnte ich mir Mum und Dad nicht auf einem Tandem vorstellen, nicht einmal auf dem Land.

Zwischendurch verschwand Hooligan im Gebüsch, zwängte sich unter Stacheldrahtzäunen durch und an anderen gefährlichen Hindernissen vorbei. Dot ließ ihn nicht aus den Augen, drängte ihn aber auch nicht, neben uns herzulaufen. Nach einer Weile kamen wir an einen Fluss. Ich fragte Dot, ob es der sei, den ich vom Bus aus gesehen hatte.

»Ja, das ist der Eirnan. Er fließt in die Bucht.«

»Wohnst du weit weg vom Fluss?«

»Nein, überhaupt nicht. Sogar so nahe, dass die verflixten Seemöwen meine Wäsche bekleckern.«

Ich wollte nicht an verschmutzte Wäsche denken.

»Du bist ein stilles Kind. Bist du zu Hause auch so?«

»Ja, ich bin ziemlich ruhig. Dad mag keinen Lärm.«

»Hat er noch nie gemocht. Eine fröhliche Runde ist ihm ein Gräuel. Ich bin da anders. Ich brauche mein Gläschen und meine Musik und ich bin daran gewöhnt, dass Freunde vorbeikommen. Ein vergnüglicher Abend dann und wann hält einen in Schwung.«

»Findet so etwas morgen statt?«

Verdutzt sah sie mich an. »Morgen?«

»Du hast mit der Dame aus dem Kleidergeschäft über morgen geredet ...«

»Ach so, ja, es ist so was in der Art. Im Allgemeinen besuchen Rita und Lil mich sonntagnachmittags für ein paar Stündchen. Bei Rita hat es die letzten Male nicht geklappt – nicht ohne Grund, da bin ich mir sicher.« Wieder eine dieser Bemerkungen, die Erwachsene mit Vorliebe fallen ließen, damit man sich den Kopf darüber zerbrach. Sie hatten keine Ahnung, wie nervig das war.

»Aber Lil liebt diese Abwechslung«, fuhr Dot fort. »Es bedeutet, dass sie ein paar Stunden lang nicht auf Hugh aufpassen muss. Sie braucht diese Pause.«

»Was ist denn mit ihm?«

»Das weiß niemand so genau. Er ist schon so auf die Welt gekommen und es hieß, er würde höchstens zwölf Jahre alt werden ... Aber unsere gute Lil wollte sich damit nicht abfinden. Mittlerweile ist er siebenunddreißig und immer noch quicklebendig – wie du ja selbst erlebt hast. Allerdings nur ein Strich in der Landschaft.«

Siebenunddreißig! Fast so alt wie Dad und älter als Mum. Kaum zu glauben. »Er hat mir furchtbare Angst eingejagt.«

»Ja, so ist er eben. Aber er meint es nicht so. Er möchte nur mit jedem gut Freund sein.«

Dass er Freunde hatte, hätte ich nicht gedacht. Ich versuchte mir vorzustellen, wie es sein mochte, aber es gelang mir nicht. »Armer Hugh«, sagte ich.

»Nee, brauchst kein Mitleid mit ihm zu haben, Kleines. Er lebt in seiner eigenen Welt und ist glücklicher als die meisten von uns.«

Dot schob ihr Fahrrad von der Straße. Es gab keine Zäune und der Boden war steinig und von kleinen Ästen übersät. Sie bahnte sich den Weg durchs Gebüsch und ich folgte ihr. Mittlerweile hatten wir den Fluss erreicht. Es war tatsächlich eine kleine Bucht mit Muscheln, Treibholz und Seetang. Dot legte das Rad auf die Erde und setzt sich auf einen Felsen. Ich hockte mich neben sie. Sie rutschte ein Stückchen zur Seite um mir Platz zu machen. Eigentlich mochte ich nicht so nahe bei ihr sitzen, aber ich wollte auch nicht ihre Gefühle verletzen.

Sie zog eine Schachtel Streichhölzer und ein Päckchen *Swan Vestas* aus der Hosentasche. Bevor sie die Zigarette in den Mund steckte, klopfte sie damit ein paarmal auf ihren Handrücken und das Zündholz rieb sie nicht an der Streichholzschachtel, sondern strich es am Felsen an. Sie legte die Hand schützend um die Zigarette, bis sie brannte. Aus Dots Nasenlöchern kam Rauch. Kein Zweifel, sie war eine geübte Raucherin.

»Hier gefällt es mir«, sagte sie. »Du schaust auf das Wasser und die Hügel und weißt, es gibt keinen anderen Platz auf der Welt, der dein Herz auf diese Weise erfüllt.« Sie fing an zu summen und sang dann »Gott behüte das Kind, dei-di-dei-dei«.

Ob sie betrunken war? Sie sah nicht so aus. Mir wurde wieder ein wenig komisch zu Mute.

»Eleanora!« Es war ein richtiger Schrei. Ich schreckte auf und fiel dabei von dem Felsen, sodass ich mir fast die Hand an einer Muschel verletzt hätte.

»So heißt sie in Wirklichkeit – Eleanora. Hast du sie schon einmal singen gehört?«

»Wen?«

»Billie Holiday. Lady Day.«

»Lady wer?«

Wieder lachte sie. Aber diesmal gottlob verhaltener. »Nein, offenbar nicht. Die beste Jazzsängerin aller Zeiten. Aus einer Handvoll Noten macht sie einen Song, dass dir die Spucke wegbleibt. An sich heißt sie Eleanora. Ihr habt also etwas miteinander gemein. Ich wusste, dass ich dich mögen würde, Ellie, ich wusste es.«

Die eigene Großmutter musste einen doch mögen. Ich war etwas enttäuscht, dass ihr überhaupt in den Sinn gekommen war, mich vielleicht nicht zu mögen. Aber als ich darüber nachdachte, fiel mir wieder ein, dass ich beschlossen hatte, sie nur dann zu mögen, wenn sie mich auch mochte. Damit waren wir eigentlich quitt und ich freute mich mit jemandem etwas gemein zu haben, den Dot so sehr bewunderte.

»Ich werde mir auch einen anderen Namen zulegen, wenn ich nach Hollywood gehe.« Jetzt war es also heraus. Keiner Menschenseele hatte ich es bisher erzählt. Nicht einmal Janet – und jetzt erzählte ich es meiner Großmutter, die zu mögen ich mich in dieser Minute entschlossen hatte. Vielleicht hatte ich es auch »mit den Nerven«.

»Und wie wirst du dich nennen?« Sie drückte ihre Zigarette aus. Es war eine echte Frage, nicht so eine, wie Erwachsene sie stellen um den Eindruck zu erwecken, sie hörten zu.

»Tja, ich hab mir überlegt ... ich lasse das ›El‹ weg und häng ein ›a‹ dran. ›Lenora‹. Und das ›bairn‹ streiche ich ganz. ›Lenora Fair‹.«

»Das klingt wie ein richtiger Hollywood-Name ... und hat gleichzeitig so viel Ähnlichkeit mit deinem ursprünglichen Namen, dass du dir selbst nicht fremd wirst.«

»Genau das finde ich auch«, stimmte ich zu.

»Du hast keine Lust John Wayne zu sein, wenn dein richtiger Name Marion ist, oder? Für ihn ist es wahrscheinlich zehnmal schöner, John gerufen zu werden.«

Dot kannte sich also mit Filmstars aus!

Sie stand auf. »Wenn wir zu Hause sind, spiele ich dir meine Platten vor. Sie gefallen dir sicher.«

»Ganz bestimmt, Dot«, sagte ich. Sie pfiff erneut. Hier in der freien Natur klang es sogar noch beeindruckender. Doch Hooligan tauchte erst auf, als wir wieder die Straße erreicht hatten. Er erwartete uns am Fahrbahnrand und folgte uns, nachdem wir ihn überholt hatten. Er hatte sich in etwas Nassem und Stinkendem gewälzt, sah aber dennoch umwerfend aus.

»Noch ein knapper Kilometer, dann sind wir da. Möchtest du dich jetzt auf die Stange setzen?«

Ich nickte. Dot half mir beim Aufsteigen. Es war nicht gerade bequem, aber das hatte ich auch nicht erwartet.

Wir fuhren an einem einzeln stehenden Haus vorbei. Es war ziemlich niedrig und sehr modern. »Hier wohnt Rita«, sagte Dot.

»Sie jammert gern, dabei hat sie wirklich keine Geldsorgen. Wir sind seit langer Zeit Nachbarinnen.« Ich betrachtete immer noch bewundernd das Haus, als wir in einen Feldweg einbogen. »Du steigst jetzt lieber ab, meine Kleine. Hier ist es etwas zu holperig.«

Ich stieg ab und wir gingen zu Fuß weiter. Zum ersten Mal rannte Hooligan voraus. Man sah Dots Haus bereits, es lag nicht sehr weit weg von der Straße. Den Lastwagen hörten wir noch bevor wir ihn sehen konnten. Hooligan fing sofort an zu bellen. Dann hörte er auf und lief zurück, dem Auto entgegen, das auf der Ladefläche Kohlensäcke transportierte. Wir mussten uns in die Fliederbüsche drängen um dem Lastwagen Platz zu machen. Aus dem Fenster lehnte sich ein Mann mit einer Kappe, deren Schirm nach hinten zeigte und den Nacken des Mannes bedeckte. Über seinen Schultern lag ein Lederumhang, so schwarz wie sein Gesicht.

»Bei Ihnen im Keller liegt ein Zentner Kohlen, Miss Fairbairn. Tommuck konnte gestern nicht liefern. Bei seiner Frau haben die Wehen eingesetzt und der Notarzt aus Locheirnan musste kommen. Wieder ein Junge .... um zehn Uhr heute morgen. Ihr erstes Kind, das im Krankenhaus geboren wurde ... Eine Schande für Tommuck.«

»Er sollte sich was schämen. Fünf Kinder in vier Jahren. Der gehört selbst ins Krankenhaus. Gott im Himmel, ich würde das nicht so einfach hinnehmen ...«

»Müssen Sie ja auch nicht«, unterbrach sie der Mann. »Nächste Woche ist Tommuck wieder da. Er kriegt das Geld. Ich bin nur eingesprungen.«

»Er weiß, dass er bezahlt wird. Sonst wären Sie nicht hier.«

»Ach, jetzt gehen Sie doch bitte nicht auch noch auf mich los.« Er tippte an seine Kappe und fuhr davon.

»Nennen dich alle *Miss* Fairbairn?«

Dot sah mich stirnrunzelnd an. »Warum nicht? Das bin ich doch. Und falls man dir was anderes erzählt hat, stelle ich das hiermit klar.«

»Aber ... bist du denn nicht ... warst du denn nicht ...?«

»Verheiratet? Nein. Ich war nie verheiratet.«

Wie Nancy Mackillop. Dot hatte einen Kinderwagen durch die Gegend geschoben und war nie verheiratet gewesen! Und das Baby in dem Kinderwagen war *Dad* gewesen! Kein Wunder, dass ich nicht über meinen Großvater sprechen durfte.

Was sollte ich bloß davon halten? Das war also das Geheimnis, das bei uns zu Hause so streng gehütet wurde, und Dot sprach davon, als wäre es das Natürlichste auf der Welt und als gäbe es nicht den geringsten Grund es zu verschweigen.

»Was ist aus meinem Großvater geworden?«

»Wer weiß?«, sagte Dot. »Wen interessiert es? Und weshalb sollen wir unsere Zeit verschwenden wegen so eines Menschen?«

Ich sollte jetzt wohl besser den Mund halten. Darauf verstand ich mich ja. Schließlich musste man diese Kunst beherrschen, wenn man eine gute Schauspielerin werden wollte. Etwas Wichtiges hatte ich bereits gelernt und ich wusste, dass ich noch dazulernen konnte. Ich musste Geduld haben. Darauf verstand ich mich auch.

KAPITEL 5

Dots Haus war zur einen Seite hin einstöckig, zur anderen hin ebenerdig. Es hatte winzige Fenster und war braun angestrichen, wie die Häuser in den Klappbilderbüchern. Aufgeräumt konnte man es nicht gerade nennen. Stapelweise lagen Bücher und Zeitschriften herum und in einem Korb neben dem Kamin steckten alte Zeitungen. Der Kohleneimer war gefüllt und das Feuer vorbereitet, obwohl Sommer war.

Auf dem Kaminsims standen eine Uhr aus Holz – fast wie unsere zu Hause – und eine kleine Figur: eine sich nach hinten neigende Frau, die einen runden Spiegel in den Armen hielt. Ihr Oberkörper war nackt und um ihre Beine war lediglich ein Tuch geschlungen. Dot bemerkte, dass mein Blick an ihr hängen blieb.

»Ich nenne sie Isadora«, sagte Dot. Wer Isadora war, wusste ich nicht. Vielleicht ein Filmstar, den ich nicht kannte.

Die beiden Sessel passten nicht so recht zusammen. An der Wand stand ein zusammengeklappter Spieltisch, rechts und links davon ein Küchenstuhl. Zwischen den Wohnzimmerfenstern hatte eine Musiktruhe ihren Platz und die Nischen zu beiden Seiten des Kamins waren vollgestopft mit lauter Krimskrams, den Mum als Müll bezeichnet hätte.

Hooligan blieb draußen. Dot ging in die Küche und öffnete die Hintertür. Dann holte sie etwas aus dem Schrank hinter dem alten Holztisch. In der Nähe der Tür standen zwei Blechnäpfe. In einen kippte sie Hundefutter, den anderen füllte sie mit Leitungswasser. Ich wartete, bis Hooligan gefressen hatte und kniete mich dann neben ihn. Ich durfte ihm ein paarmal übers Fell streichen, dann lief er aus der Tür und hob an Dots Hausmauer das Bein.

»Brav, Hooligan«, sagte Dot lächelnd. »Bevor er hier auftauchte, ist an dieser Mauer nichts gewachsen. Sieh sie dir jetzt einmal an.« Ich ging nach draußen. Eine prächtige, purpurrot blühende Pflanze rankte an der Wand hoch. Hooligan war bereits um die Hausecke verschwunden und die halbe Straße hinuntergerannt. Ich wünschte, er hätte bei uns bleiben können.

Inzwischen hatte Dot eine Bratpfanne hervorgeholt und schnitt ein Stück Bratfett ab. Es zischte, als es in die Pfanne glitt. Ich hatte einen Bärenhunger. Sie tat die Würste hinein und ging dann ins Wohnzimmer um eine Schallplatte aufzulegen. Eine Frau sang von der Liebe zu einem Mann. Sie hatte eine ungewöhnliche, aber hübsche Stimme. Dot schüttelte den Kopf und hörte eine Weile zu.

Wir aßen unser Abendbrot am Küchentisch, der ziemlich verkratzt war. Dot benutzte kein Tischtuch und auch keine Servietten, aber das Essen schmeckte köstlich. Anschließend öffnete sie eine Dose Pfirsiche, dazu gab es Kondensmilch. Ich fragte sie, woher sie wisse, dass das mein Lieblingsnachtisch sei. Ihrer sei es auch, meinte sie. Das freute mich. Nach dem Essen füllte sie das Spülbecken mit Wasser und ließ etwas Waschpulver hineinrieseln. Sie legte das Geschirr einfach in das Wasser ohne es abzuwaschen.

Danach zeigte sie mir das Obergeschoss. Die Stufen waren in der Mitte ganz ausgetreten, sodass man Angst bekam gleich zu stolpern. Aber Dot meinte, es könne nichts passieren, solange man sich am Geländer festhielt. Im Flur befand sich eine Toilette, aber kein Bad. Da fiel mir ein, dass Mum vor langer Zeit einmal gesagt hatte: »Sie hat nicht mal ein Bad.« Ich fand nicht, dass ein Bad so wichtig war.

In beiden Schlafzimmern roch es nach alten Kleidern, aber ansonsten waren sie ganz in Ordnung. Als wir meine Sachen in einem großen Holzschrank verstauten, entdeckte ich auf meinem Nachttisch eine Untertasse mit Smarties. Sehr aufmerksam von Dot.

Als wir wieder unten waren, legte Dot eine neue Schallplatte auf und ging anschließend wieder in die Küche. Sie kam mit einem Glas Milch zurück, das sie vor mich auf den Kaminsims stellte, sowie mit einem kleinen Glas Whisky für sich selbst. Auf meinem Glas war ein blaues Segelboot. Nach einer Weile hatte ich das Gefühl, Dot sei eingenickt. Ich sah mir die Regale genau an, aber Dot hatte keine Fotos aufgestellt, nur Muscheln und Holzschnitzereien und Schachteln verschiedenster Art. Ich sah immer wieder auf die Uhr. Als es neun war, sagte ich: »Jetzt ist es Zeit, mich zu waschen und ins Bett zu gehen«. Ich konnte nicht feststellen, ob Dot schlief oder nicht.

Plötzlich stand sie auf, ging erneut in die Küche und kam mit einem gefüllten Glas zurück.

»Bist du denn schmutzig?«, fragte sie.

»Natürlich nicht«, antwortete ich. »Ich bin sehr sauber.«

»Dann bist du also müde?«

»Nein.«

»Na, dann brauchst du dich doch auch nicht zu waschen und ins Bett zu gehen. Oder?«

Das stimmte. Eine großartige Idee.

Billie Holiday sang gerade ein Lied über jemanden, den sie offenbar aufregend fand. Dot lehnte sich in ihrem Sessel zurück. Ich zählte die Kacheln am Kamin. Erst die an der linken Seite von unten nach oben, dann die waagerechten und dann die auf der rechten Seite von oben nach unten. Anschließend multiplizierte ich die senkrechten mit den waagerechten.

Ich wollte heim.

»Jetzt bin ich müde.«

»In Ordnung, Liebes. Du kannst dich am Spülbecken waschen, wenn du magst.«

Ich schüttelte den Kopf.

»Soll ich mit nach oben gehen?«

»Es geht schon. Ich komme schon zurecht.« Ich wollte nicht wieder weinen.

»Bis morgen, Ellie.«

Behüte mich.

Behalte mich lieb.

Bitte, lieber Gott, bitte, bitte, lass mich heim.

Ich war mir nicht sicher, ob Dot überhaupt ins Bett gegangen war. Am nächsten Morgen saß sie jedenfalls immer noch im Sessel. Sie stand auf und zündete sich eine Zigarette an. Danach musste sie eine ganze Weile husten.

»Ich mach dir was zum Frühstück, Ellie. Würstchen gibt's keine mehr, aber du kannst Pfirsiche mit Kondensmilch haben.«

Sie waren immer noch gut, schmeckten zum Frühstück aber anders. Ohne mich zu fragen goss Dot uns beiden Kaffee ein. Ich sagte ihr, ich dürfe keinen Kaffee trinken.

»Warum nicht?«

»Dad meint, es sei nicht gesund. Er sagt, Beatniks gingen in Cafés und gewöhnten sich dann so sehr an Kaffee, dass sie immer mehr haben wollten.« Ich erinnerte mich nicht, was er genau gesagt hatte, nur, dass er Beatniks nicht leiden konnte.

»Was für ein gottverdammter Unsinn!«

Ich war froh, dass ich meine Tasse noch nicht in der Hand hielt, so erschrak ich, als sie das sagte. Dad fluchte nie. Er sagte, Fluchen beweise lediglich, dass man einen beschränkten Wortschatz habe. Janet war da anderer Meinung. Sie sagte, man könne einen großen Wortschatz haben und trotzdem fluchen.

»Hier bist du in *meinem* Haus«, fügte Dot hinzu. Sie machte ein wütendes Gesicht und es klang beinahe, als wolle sie mich ausschimpfen. »Trink deinen Kaffee!«

Er schmeckte mir nicht besonders, aber ich war so durcheinander, dass ich ihn austrank, so schnell ich konnte.

Erst viel später fiel Dot ein, dass sie Eier hatte, und ich bekam ein gekochtes Ei und Toast zum Mittagessen. Dot meinte, das könne man zu jeder Tageszeit essen, aber Mum hätte mir zu Mittag nie ein gekochtes Ei hingestellt. Hoffentlich ging es Mum besser.

Heute würde Dad den ganzen Tag zu Hause bleiben. Sonntags las er viel und hörte Radio. Manchmal gingen wir spazieren, falls Mum zustimmte. Ich ging nicht gerne mit Dad spazieren, doch blieb mir nie etwas anderes übrig. Jedes Mal mussten wir uns beeilen mit ihm Schritt zu halten und ehe man sichs versah, war man wieder zu Hause.

Einmal fuhr er mit uns an den Strand. Mit unserem Auto, das in einer Garage am Ende der Straße untergestellt war. Wir benützten es nicht oft. Es war damit fast so wie mit dem Telefon, wobei der Wagen allerdings nicht nur für Notfälle da war.

Am Strand gab es einige Verkaufsstände und Mum kaufte mir einen blauen Eimer und eine Schaufel, von Dad bekam ich zum Schutz vor der Sonne eine gelbe Schirmkappe. Was aus dem Eimer und der Schippe wurde, weiß ich nicht mehr. Vielleicht habe ich sie dort liegen gelassen, was ich aber nicht glaube. Die Kappe hatte ich jedenfalls noch. Wir machten ein richtiges Picknick und Dad kaufte uns ein Eis. Dann ging Mum mit mir ans Wasser, während Dad sich einen Liegestuhl mietete. Er kam nicht mit. Von seinem Platz aus konnte er uns nicht einmal sehen.

Wir bauten eine wunderschöne Sandburg. Doch andere Leute ließen ihre Kinder einfach herumrennen; die passten überhaupt nicht auf und trampelten die Burg nieder. Ich wollte eine neue bauen, aber Mum wurde plötzlich ganz nervös, sodass ich vorschlug im Wasser zu plantschen. Wir hatten gerade das Wasser erreicht, als ich sah, wie Dad von uns weg auf die Bocciabahn zusteuerte. Es sah so aus, als ginge er zur Arbeit, als sei ihm überhaupt nicht bewusst, dass er am Strand war.

Mum hielt mich an der Hand, doch gleichzeitig schaute sie Dad nach. Ich kreischte wegen des kalten Wassers, damit sie aufhörte Dad nachzublicken. Sie lächelte mich an. Ich kreischte noch einmal und bemühte mich richtig laut zu lachen, aber als die Wellen kamen, sah sie sehr erschrocken aus. Da sagte ich, dass ich keine Lust mehr hätte zu plantschen und dass wir zu Dad sollten. Ich wusste, dass Mum das wollte.

Dot holte das Fahrrad der Cameron-Jungs aus dem Verschlag. Ich wusste nicht, wohin ich radeln sollte, und so fuhr ich nur ein paarmal die Straße rauf und runter. Das Rad war fürchterlich, aber ich würde mich schon daran gewöhnen, dachte ich. Es war schwierig, die Pedale zu erreichen. Im Stehen wollte ich nicht treten, denn ich hatte Angst den Sattel zu verfehlen und auf der Stange zu landen. Ich verstand sowieso nicht, weshalb Jungs eine Stange brauchten. Die war doch völlig überflüssig und für Jungs war es sicher noch schlimmer, auf der Stange zu landen. Doch das wollte ich mir lieber nicht ausmalen.

Glücklicherweise war ich wieder beim Haus, als Rita eintraf. So schnell, wie sie fuhr, hätte ich ihr nicht unbedingt in die Quere kommen wollen. Sie hatte noch jemanden dabei, Lil, Hughs Mutter, die sehr dick war und es kaum schaffte auszusteigen. Rita kümmerte sich nicht weiter um sie, sondern steuerte geradewegs aufs Haus zu. Als sie an mir vorüberging, lächelte sie mich an, als sei ich schon immer da gewesen. Ich beschloss ihr noch eine Chance zu geben.

»Kannst du mir behilflich sein?«, rief Lil mir zu.

Ich lief zu ihr, doch ich sollte ihr gar nicht aus dem Auto helfen, sondern nur ihre Einkaufstüten nehmen. Sie wirkte leicht gequält, als sie es endlich geschafft hatte, aber sie nahm mich in die Arme und sagte, sie sei Mrs Bryce und hätte mich gar nicht wiedererkannt, weil ich so groß geworden sei. Wir waren schon fast an der Tür, als sie hinzufügte, Hugh freue sich darauf, mich kennenzulernen. Da hätte ich beinahe die Sachen fallen lassen.

Trotz allem war sie nett. Sie hatte mir eine Tüte Sahnebonbons mitgebracht und eine Schachtel Fruchtgummis. Seltsam, dass die in der Schachtel immer besser schmeckten als die in der Rolle. Auch eine Flasche Mandarinenlimonade hatte sie dabei. »Er weiß nicht alles«, meinte sie. Ich fragte nicht nach.

Eine Tüte Äpfel hatte sie ebenfalls mitgebracht. Dot sollte darauf achten, dass ich jeden Tag einen aß. Doch die unterhielt sich gerade mit Rita und reagierte nicht weiter. Dann kramte Mrs Bryce noch einen Obstkuchen und eine blaue Emailschüssel mit Fleischpastete hervor.

»Das ist für dich zum Abendessen, Ellie. Ganz frisch zubereitet. Vergiß nicht es warm zu machen«, rief sie Dot zu und stellte die Schüssel in den Backofen. »Hast du Kartoffeln? Wahrscheinlich nicht. Ich habe Eck gesagt, ich müsste dir welche mitbringen, aber er meinte, du hättest sicher welche da.« Sie durchstöberte Dots Küchenschrank. Dot und Rita waren im Wohnzimmer.

»Sieh dir das hier an!«, sagte sie und hielt mir eine Papiertüte unter die Nase. Es waren vier Kartoffeln darin, die bereits lange Keime hatten. Mrs Bryce zog sich den Mantel aus und krempelte die Ärmel hoch.

»Ich hätte meine Schürze mitbringen sollen. Es ist Unsinn, dieses Haus gut angezogen zu betreten. Absoluter Unsinn.« In Windeseile hatte sie die Kartoffeln geschält und in eine Schüssel mit Wasser gelegt. Dann stellte sie den Wasserkessel auf den Herd. »Wir sehen am besten mal nach, was die zwei treiben«, sagte sie. Es klang, als wäre sie die Mutter.

Dot und Rita saßen am Spieltisch. Jede hatte einen Whisky vor sich und Rita redete.

»Also, was denkst du darüber?«

Dot zuckte die Achseln und hob ihr Glas.

»Was soll sie worüber denken?«, mischte Mrs Bryce sich ein.

Rita wandte sich zu ihr um. »Über den Laden. Was sonst?«

Mrs Bryce setzte sich in meinen Sessel. Na ja, es war eigentlich nicht mein Sessel, aber es war der, den Dot nicht benutzte. Dot ging hinüber zur Musiktruhe.

»Tu uns das nicht an«, bat Mrs Bryce. »Ich bin nicht in der Stimmung für das Gejaule von Billie Holiday, Dot, und ich kann die Geschichte mit deinem Laden nicht mehr hören, Rita. Ich habe auch eine schreckliche Woche hinter mir, aber beklage ich mich etwa? Nein.«

Rita zog hinter Mrs Bryces Rücken eine Grimasse. Ich saß auf dem Boden und lehnte an der Wand. Als Rita merkte, dass ich sie beobachtete, verzog sie ihr Gesicht erneut. Ich lächelte sie an, worauf sie mir zublinzelte.

»Bis Freitag muss ich mich entschieden haben«, sagte

Rita. »Ich hatte gehofft, dass ihr mir sagt, was ihr davon haltet.«

Wovon Rita auch sprechen mochte, es musste wichtig sein. Dot setzte sich wieder ohne eine Platte aufgelegt zu haben. Als der Kessel pfiff, schaute Mrs Bryce zu Dot hinüber.

»Bedient euch«, meinte Dot. »Lil, ich nehme Kaffee.«

Mrs Bryce mühte sich aus dem Sessel. »Bin ich deine Sklavin? Mal ehrlich, wenn ich hier nicht alles für dich täte, was würdest du …?« Ihre Stimme verebbte in der Küche. »So … oder anders, Dot? Ich weiß es wirklich nicht«, fuhr Rita fort.

»Was möchtest du denn am liebsten?«, fragte Dot. »Wenn du gehst, weißt du ja, was dich erwartet. Wenn nicht …, na ja …, dann ist es vielleicht an der Zeit zu heiraten.«

Rita warf den Kopf in den Nacken. »Ich *war* schon einmal verheiratet. Ich bin mir nicht sicher, ob ich …. Ach, Himmel nochmal!«

Dot lachte. Langsam gewöhnte ich mich daran. »Klingt in meinen Ohren nicht gerade, als wärst du scharf darauf, es ein zweites Mal zu probieren.«

»Das ist es nicht!«, entgegnete Rita aufgebracht. »Was wagst du es überhaupt, mir Ratschläge zu erteilen, Dot Fairbairn? An *deinem* Finger habe ich, solange ich denken kann, keinen Ehering gesehen!«

»Dafür danke ich dem Herrgott«, antwortete Dot, nicht im Mindesten erbost. Sie hätte wirklich allen Grund gehabt empört zu sein, doch sie war es nicht. Kein bisschen.

»Wofür dankst du dem Herrgott?«, fragte Mrs Bryce, die auf einem Tablett Tassen, eine Platte mit Obstkuchen und ein Glas Mandarinenlimonade hereintrug. »Setz dich woanders hin«, meinte sie und stellte das Glas neben mich auf den Boden. »Hier zieht es.«

»Dafür, dass ich unverheiratet bin«, antwortete Dot.

Mrs Bryce starrte Dot so lange an, bis Dot wegsah. »Bist du jemals auf den Gedanken gekommen, dass es mal einen Mann gegeben hat, der möglicherweise für dich bestimmt war?«, fragte Mrs Bryce.

»Nein«, erwiderte Dot, den Blick wütend auf Mrs Bryce gerichtet. »Aber bist *du* jemals auf den Gedanken gekommen, dass dich das nichts angeht?«

»Entschuldige, dass ich überhaupt auf der Welt bin«, sagte Mrs Bryce und ließ sich wieder in den Sessel plumpsen, nicht ohne sich etwas von dem Kuchen genommen zu haben. Rita träumte offensichtlich vor sich hin und hatte wohl gar nichts mitbekommen, ich aber fragte mich, wie viel Mrs Bryce denn über meinen Großvater wusste. Wenn er für Dot *bestimmt* war, weshalb *waren* sie dann nicht verheiratet?

»Wenn ich Pat heirate, sitze ich den Rest meines Lebens hier fest«, jammerte Rita.

»Und wenn du den Laden übernimmst? Glaubst du, dann bist du frei?«, fragte Mrs Bryce.

»Ich … ich habe mir bereits etwas mit dem Laden überlegt. Er hat eine gute Lage und in Locheirnan gibt es wenigstens Leute, die dort auch *leben.* Ich könnte meine gesamte Ware dorthin schaffen und was daraus machen … einen richtigen Laden.«

»Du *hast* doch einen richtigen Laden«, sagte Mrs Bryce. Sie hatte schon zwei Stück ihres mitgebrachten Kuchens verdrückt. »Den Laden hier könntest du weiterführen *und* verheiratet sein.«

»Genau das ist der Punkt, Lil! Es würde sich mein Lebtag nichts *ändern*!«

»Ich bin gegen Veränderungen«, sagte Mrs Bryce. »Es verändert sich ohnehin viel zu viel, wenn du mich fragst. Es wird auch wieder Krieg geben!«

Rita streckte den rechten Arm aus. »›Bella Donna‹«, seufzte sie.

»Bella was?«, fragte Mrs Bryce. Die Kuchenkrümel, die ihr dabei aus dem Mund fielen, wischte sie von ihrer Brust, damit sie schließlich doch auf ihrem Schoß landeten.

»›Bella Donna – Du streckst ihn nieder!‹ Das wäre ein Slogan. Ein Name und ein Slogan ..., eine Marketingstrategie.«

»Eine was?« Mrs Bryce kaute schon wieder.

»Marketing. Eine Strategie, wie im Krieg. Strategien.«

Dot nickte. »Bella Donna ... schöne Frau. Oder ...«

»*Ganz genau*«, sagte Rita. »Oder ... reines Gift. Ob so oder so – es würde ihn umhauen.«

»Kapier ich nicht«, meinte Mrs Bryce.

Sogar ich hatte es kapiert.

Rita zog erneut eine Grimasse. »Vergiss es, Lil, vergiss es einfach.«

»Nicht in diesem Ton, Rita. Kann ich dir etwa einen Rat geben, wenn ich deine ›Strategien‹ nicht verstehe? Nein, das kann ich nicht.«

Ritas Tee war kalt geworden. Sie trank ihren Whisky aus. »Ich muss gehen«, erklärte sie und stand auf. »Ich hole dich um fünf wieder ab, Lil. Sieh zu, dass du dann fertig bist.« Sie steuerte auf die Küche zu und rief über die Schulter zurück: »Wir reden heute Abend darüber. Ich bringe seinen Jungen mit, Dot. Er kann ein paar Stunden mit Ellie spielen, in Ordnung?«

»Ja, prima. Er kann was von Lils Pie abhaben«, antwortete Dot und deutete mit einer Kopfbewegung auf Lil, die ihr den Rücken zugedreht hatte. Mir war klar, dass da eine Reaktion folgen musste.

Mrs Bryce wirbelte herum, oder besser, sie drehte sich so rasch zu Dot um, wie es ihr – eingezwängt in ihrem

Sessel – möglich war. »Die Pie ist für dich und das arme Mädel.« Ich begriff – das ›arme Mädel‹, damit war ich gemeint. Gefiel mir recht gut. »Dieser Pat Conroy hat so viele Steaks, dass sich ein Pferd daran totfressen könnte, deshalb braucht sein Sohn nichts von meiner Pastete.« Sie setzte sich gerade hin und straffte den Busen. »Das soll nicht heissen, dass ich ihm nichts geben möchte, du verstehst schon.«

»Du wirst kaum ein Pferd finden, das sich an Steaks totfressen möchte«, sagte Dot nachdenklich.

Mrs Bryce sah sie wütend an.

Ich hätte gerne gewusst, wo Josephs Mutter war. Wenn er kam, wollte ich ihn danach fragen.

Mrs Bryce und Dot unterhielten sich über Gott und die Welt und einfach nur daneben zu sitzen war für mich ziemlich langweilig. Ich fragte, ob ich hinaufgehen dürfe zu meinen Büchern. Dot nickte. Mrs Bryce lächelte mir zu, als ich mich verabschiedete. Beim Hinausgehen hörte ich, wie sie sagte: »Sie ist wirklich ein kleiner Sonnenschein.«

Dot hatte mein Krimskramsköfferchen im Schrank neben dem Nachttisch verstaut. Der Schrank roch feucht, doch als ich ihn aufmachte, schien er ziemlich trocken und irgendwie staubig. Das Köfferchen stand auf mehreren Lagen Spitzendeckchen, die mit den Jahren vergilbt und fleckig geworden waren. Schade, eigentlich waren sie sehr hübsch.

Ich setzte mich aufs Bett und schlug mein Fünf-Freunde-Buch auf. Erst auf Seite neun merkte ich, dass ich vom Inhalt gar nichts mitbekommen hatte. Ich war mit den Gedanken ganz woanders gewesen und musste drei Seiten zurückblättern. Zu Hause war ich nie zerstreut beim Lesen. Meine Bücher waren mein ein und alles und manchmal ließ ich mich von ihnen ›viel zu stark gefangen nehmen‹, meinte Dad. Vielleicht konnte ich mich nicht konzentrieren, weil ich in einem fremden Zimmer war.

Ich sah mich um. Der Raum war wirklich ziemlich kahl. Ich aß ein paar Smarties und versuchte weiter zu lesen, aber es war zwecklos. Ich stand auf und öffnete den Kleiderschrank. Er enthielt nur meine Anziehsachen und einen alten Regenmantel. Außerdem lagen auf dem obersten Brett zwei Decken – wirklich nichts Aufregendes. Ich machte die Schranktür zu und beschloss wieder nach unten zu gehen. Da die Deckchen etwas verrutschten, als ich mein Köfferchen wieder zurückstellte, nahm ich sie heraus um sie glatt zu streichen. Dabei fiel mir ein Umschlag entgegen, so vergilbt wie die Deckchen. Er war adressiert an »Mr J. Starling, c/o Mrs Parkin, 20 Seaton Street, Newcastle«. Der Brief war nicht zugeklebt und die blaue Tinte war ausgeblichen, die Schrift krakelig. Dot hatte ihn offenbar schon vor langer Zeit geschrieben.

Ich legte den Brief dorthin zurück, wo ich ihn gefunden hatte und stellte sorgfältig mein Köfferchen darauf. Bevor ich wieder zu Dot und Mrs Bryce hinunterging, ging ich auf die Toilette. Auf dem Klo begann ich zu überlegen, wer Mr Starling war. Newcastle lag sehr weit entfernt von Inchbrae. Vermutlich war er ein Bekannter von Dot, vielleicht sogar ihr Freund.

Als ich an der Kette zog um die Spülung in Gang zu setzen, schossen mir die Worte von Mrs Bryce durch den Kopf. Ihr *Freund*! Mir stockte der Atem. Das war zu viel. Ich betrachtete mich im Spiegel und wies mich zurecht. Nie im Leben durfte ich den Brief eines anderen Menschen lesen. Das war etwas sehr Niederträchtiges.

Dann ging ich nach unten. Mrs Bryce blickte auf, als ich das Zimmer betrat. »Warst du gerade auf der Toilette, Schätzchen?«, fragte sie.

»Wer denn sonst?«, sagte Dot und lächelte mir zu. »Keine Lust mehr zu lesen?«

»Keine große«, antwortete ich.

»Tut mir Leid, aber wir sind einfach nur langweilige alte Weibsbilder«, sagte Dot. »Aber du darfst uns gerne Gesellschaft leisten, bis Rita zurückkommt.«

Mrs Bryce blieb der Mund offen. »Dot!«

»Na, warum denn nicht«, meinte Dot. »Himmel, Lil, es ist schon ewig her, dass wir aus Inchbrae rausgekommen sind. Was haben wir denn zu bereden, was ein Mädchen nicht hören sollte?«

Es wurde immer merkwürdiger. Wenn Dot kaum jemals Inchbrae verlassen hatte, weshalb hatte sie dann an einen Mann in Newcastle geschrieben? Und warum hatte sie den Brief nicht abgeschickt?

Hin und wieder dachten Janet und ich uns Liebesbriefe an berühmte Filmstars aus. Einmal schrieben wir einen ganz tollen an Tony Curtis, schickten ihn allerdings nie ab. Und die anderen ebenso wenig. Vielleicht war Dots Brief ja auch ein Liebesbrief. Höchstwahrscheinlich. Je länger ich drüber nachdachte, desto offensichtlicher schien es mir. Es war eindeutig ein Liebesbrief.

Ich wartete noch ein Weilchen um keinen Verdacht zu erregen. »Ich glaub, ich geh wieder nach oben, Dot«, verkündete ich seufzend und räkelte mich dabei.

»Willst du dich ein wenig hinlegen?«, fragte Dot.

»Vielleicht mache ich ein Nickerchen«, sagte ich. »Nur ein paar Minuten.«

»Na, dann ab die Post«, sagte Dot. »Ich rufe dich, wenn die Mannschaft eintrudelt.«

Ich blieb erst einmal eine ganze Weile auf dem Bett sitzen. Ich hatte Angst den Brief zu lesen, Angst erwischt zu werden. Aber schließlich war er ja nicht zugeklebt. Nie und nimmer hätte ich den Brief einer anderen Person *geöffnet*. Das mit dem Liebesbrief war ohnehin Blödsinn. Wahrscheinlich enthielt der Umschlag eine alte Rechnung oder so etwas, die Dot irgendeinem Mann in Newcastle hatte zurückschicken wollen, weil er sie an die falsche Person adressiert hatte. Dot hätte gewiss nichts dagegen, wenn ich mir eine alte Rechnung ansah.

Obwohl ich daran nicht im Geringsten zweifelte, schlug mein Herz zum Zerspringen, als ich den Brief aus dem Umschlag zog. Es war nur ein Blatt Papier, dessen Linien ebenso verblasst waren wie die Tinte. Die Handschrift war anfangs ganz ordentlich und am Ende vollkommen wirr.

Das Datum fehlte.

Lieber Johnny,

Du erschrickst bestimmt, wenn du diesen Brief liest. Wenn Jockie Falconer mir nicht erzählt hätte, er sei dir nach seiner Entlassung über den Weg gelaufen, als er sich nach einer neuen Arbeit umsah, hätte ich gar nicht erfahren, wo du steckst. Er sagte, er hätte mit dir eine Zeit lang unter dieser Adresse gewohnt, bevor er wieder in den Norden zurückging. (Er arbeitet noch nicht wieder. Es ist schwierig, wo er nur noch das eine Auge hat.)

Auf jeden Fall liegt der adressierte Umschlag schon eine ganze Weile hier. Vielleicht wohnst du ja gar nicht mehr dort und der Brief erreicht dich niemals. Vielleicht schicke ich ihn auch gar nicht ab.

Johnny, bestimmt wird es dich freuen zu hören, dass Lil dir anscheinend verziehen hat. Gut, nicht wahr? Obwohl du ihr das Herz gebrochen hast, als du wie ein Dieb in der Nacht abgehauen bist. Aber ich werde dir nicht böse sein. Ich auch (ausgestrichen) Auch ich habe deinen Weggang überwunden – und Lil weiss nichts von dem, was zwischen uns passiert ist.

(Ab hier rutschten die Buchstaben zwischen die Zeilen.)

Aber ich fürchte, sie wird bald dahinter kommen, da ich guter Hoffnung bin. Ich hoffe (ausgestrichen) Ich habe niemanden, der mir helfen könnte, außer dir. Ich bitte nicht. Ich gehöre nicht zu denen, die bitten, das weisst du. Ich hoffte nur, dass du (ausgestrichen), du würdest Was? (gekritzelt) WAS? (noch mal)

GOTT STEH MIR BEI.

Ich faltete den Brief zusammen und legte ihn wieder zwischen die Deckchen. Die Deckchen legte ich zurück in den Schrank und stellte mein Köfferchen darauf. Ich zitterte, dabei war mir überhaupt nicht kalt.

Johnny Starling. Schon der Name klang ganz nach einem Filmstar. Wenn Dot und Mrs Bryce beide in ihn verliebt gewesen waren, sah er bestimmt aus wie Tony Curtis. Und er war ganz schön mutig gewesen, wenn er sich wie ein Dieb in der Nacht aus dem Staub gemacht hatte. Da es eigentlich kein richtiger Liebesbrief war und ich ihn auch nicht ganz verstanden hatte, ging ich ihn in Gedanken immer wieder durch. Was war denn zwischen Dot und Mr Starling passiert? Und weshalb fürchtete Dot, dass Mrs Bryce dahinter kam? Und was war das für eine Hoffnung?

Plötzlich ging mir ein Licht auf. »Guter Hoffnung«. Dot hatte nicht *etwas* erwartet, sondern *jemanden* – Dad, *meinen* Dad –, und das hieß, dass Mr Starling mein Großvater war. Mir schwirrte der Kopf und ich versuchte verbissen meine Gedanken zu ordnen. Es *musste* so sein. Mr Starling war mein Großvater. In dem Augenblick, als ich beschloss Dot danach zu fragen, fiel mir ein, dass ich das nicht gut tun konnte. Dann würde sie ja erfahren, dass ich ihren Brief gelesen hatte.

Aber wäre es nicht herrlich, einen Großvater zu haben? Dann bekäme Dot auch einen Ehemann und Dad einen Dad. Alle zusammen wären wir eine tolle Familie. Vielleicht könnte ich ja Mr Starling persönlich schreiben. Irgendetwas *musste* es doch für mich zu tun geben.

Ich schüttelte den Kopf, der mir von alledem immer mehr schwirrte. Mr Starling wohnte sehr weit weg, *falls* er überhaupt noch dort wohnte. Vielleicht könnte Mrs Bryce mir behilflich sein. Möglicherweise wusste sie, wie man ihn erreichen konnte. Aber das ging genauso wenig. Selbst wenn sie es wusste, würde sie bestimmt nur äußerst ungern etwas hinter Dots Rücken tun, wo sie sich doch schon so lange kannten. Ich seufzte wieder. Hier stand ich nun, hatte etwas derart Wichtiges herausgefunden und wusste nicht, wie ich weitermachen sollte.

Mr Starlings Adresse wollte ich mir auf alle Fälle notieren, bevor ich sie vergaß. Wenn ich wieder zu Hause war, hätte vielleicht Janet eine Idee, wie man ihn ausfindig machen konnte. Jetzt fühlte ich mich besser. Janet würde mir bestimmt helfen. Das würde ja ein richtiges Abenteuer werden, wie bei den berühmten fünf Freunden. Das könnte unser großer Auftrag sein!

Ich zuckte zusammen, als ich Dots Stimme hörte. »Joseph ist hier«, rief sie von unten. »Komm runter, Ellie.«

Ich wartete, bis sie sich von der Treppe entfernt hatte. Ich wollte nicht ihrem einschüchternden Blick begegnen und mich verraten. Hoffentlich stand es mir nicht ins Gesicht geschrieben. Mum sagte immer, sie könne mir bis ins Herz sehen. Doch ich tröstete mich mit dem Gedanken, dass Dot mich längst nicht so gut kannte wie Mum.

Zumindest bis jetzt noch nicht.

KAPITEL 6

Joseph stand an der Hintertür. Rita gab ihm einen Schubs. »Na los!«, sagte sie. Er schüttelte ihre Hand ab und rührte sich nicht vom Fleck. Es war unschwer zu erkennen, dass sie sich maßlos über ihn ärgerte.

»Komm rein, Joe«, rief Dot. »Wir fressen dich nicht.«

Er kam rein, aber nur bis zur Wohnzimmertür. Mrs Bryce wollte sich mit einem Kuss von ihm verabschieden, doch er wich ihr aus und stand plötzlich neben mir auf dem Teppich, rückte aber gleich ein wenig ab um mir nicht zu nahe zu kommen. Ich hatte bemerkt, dass das Gebiss von Mrs Bryce klapperte, und versuchte mich ihr ebenfalls zu entziehen, was mir nicht gelang. Sie war sehr stark und hatte kräftige Arme.

Dot begleitete Lil und Rita hinaus. Rita meinte, sie käme später wieder, sagte aber nicht, wann. Joseph würdigte mich immer noch keines Blickes. Er kratzte an seinem verschorften Knie herum. »Du solltest nicht kratzen«, sagte ich. »Nicht, bevor es sich von selbst löst.«

»Zieh Leine.«

»Ich geb dir gleich ›Zieh Leine‹«, sagte Dot, aber es klang nicht besonders ärgerlich. Sie legte eine Platte auf; wieder ein Lied, das von der Liebe zu einem Mann handelte. Alle Lieder handelten davon, alle, die ich bis jetzt hier gehört hatte. Sie musste Johnny Starling ziemlich gemocht haben.

»Und was möchtet ihr jetzt machen?«, fragte sie.

Ich wäre am liebsten wieder hinaufgegangen und hätte über den Brief nachgedacht, aber gleichzeitig hoffte ich, dass Hooligan wiederkam. »Kommt Hooligan und holt sich sein Fressen?«

Dot zuckte die Schultern. »Mag sein. Normalerweise wartet er, bis ich ihn hole.«

»Ich gehe nirgendwohin«, sagte Joe.

»Wie du willst«, antwortete Dot. »Wenn du hier rumsitzen willst, bitte. Nur schade um den Tag, den du so verplemperst.«

»Er ist nicht verplempert«, widersprach er. »Ich war den ganzen Tag mit Dad unterwegs – bis wir dorthin mussten!« Er deutete vage in die Richtung von Ritas Haus.

»Wo warst du denn mit deinem Dad?«, wollte Dot wissen.

»Überall.«

»Willst du jetzt dein Abendessen?«, fragte mich Dot, ohne weiter auf Joseph zu achten.

Ich war noch satt von der Mandarinenlimonade und dem Kuchen. »Nein danke, ich habe noch keinen großen Hunger.«

Dot zuckte wieder die Schultern. »Wir könnten zum Fluss hinuntergehen.«

Joe schwieg, was so viel wie »ja« bedeutete.

Dot schaltete den Plattenspieler nicht ab und ließ die Tür offen. Wir hörten Billie Holiday noch ein gutes Stück weit auf der Straße. In den Fliederbüschen summten eine Menge Bienen, also hielt ich mich lieber in der Mitte. Joe ging vor uns her. Er hatte ein Jo-Jo dabei, das er im Gehen immer wieder auf- und abrollen ließ. Das machte er sehr geschickt. Ich konnte mit Jo-Jos nicht umgehen, nicht einmal, wenn ich stillstand. Dot rauchte eine Zigarette. Nur ich tat gar nichts.

»Wird Rita Josephs Vater heiraten?«

Dot legte mir die Hand auf die Schulter, damit ich langsamer ging, dabei gingen wir sowieso schon langsam. Joe lief bereits ein gutes Stück vor uns und war fast schon an der Straße.

»Was Rita gesagt hat, war vertraulich, Ellie. Verstehst du?«

Mit Vertraulichkeiten kannte ich mich aus. In der Schule versahen Janet und ich unsere Briefchen immer mit dem Vermerk »Streng vertraulich«, obwohl wir sie uns persönlich überreichten und immer aufpassten, dass niemand sonst sie zu lesen bekam. Auf Dots Brief hatte nicht »Streng vertraulich« oder auch nur »Vertraulich« gestanden, aber ich wusste trotzdem, dass es falsch gewesen war, ihn zu lesen, und ich bekam ein schlechtes Gewissen.

»Ja«, erwiderte ich, »aber ...«

Dot unterbrach mich. »Wenn Rita ihre Handtasche im Haus liegen gelassen hätte, würdest du sie jemand anderem geben?«

»Natürlich nicht!«

»Genauso ist es mit dem, was sie erzählt hat, Ellie! Es ist ihre Sache. Außenstehende geht das gar nichts an.«

Ich spürte, wie mir die Röte ins Gesicht stieg. Wusste Dot etwa, dass ich ihren Brief gefunden hatte? Wohl kaum. Außerdem war das etwas anderes. Johnny Starling ging mich sehr wohl etwas an.

Joe blieb am Straßenrand stehen und wartete. Wir gingen fast gleichzeitig mit ihm über die Straße. Dann passierten wir eine Absperrung und überquerten zwei Felder, die mit Butterblumen und Gänseblümchen übersät waren, um die herum sich unzählige Schmetterlinge tummelten. Dot meinte, es sei eine Schande, dass die Felder brachlägen, aber ich fand sie wunderschön.

Ein Schmetterling flog neben uns her, als wollte er uns

Gesellschaft leisten, und vor lauter Beobachten stolperte ich über einen Stein. Dabei stieß ich mir den großen Zeh an und musste bis zehn zählen um die Tränen zurückzuhalten. Dot sagte, es sei sehr schlimm, sich den großen Zeh anzustoßen, ihr träten dann auch immer die Tränen in die Augen.

Joseph lachte, als ich vor Schmerz herumhüpfte. »Ha! Geschieht dir recht!«, rief er. Es geschah mir nicht recht. Ich hatte ihm nichts getan. Ich hatte niemandem etwas getan.

Der Schmerz ließ bald nach. Wir schlüpften durch ein Loch zwischen den Ginsterbüschen und waren am Fluss, aber an einer anderen Stelle als gestern, etwas tiefer in der Bucht. Hinter uns waren zwar Dünen, aber viel Sand gab es nicht. Das bisschen Sand sah grau aus und war voller Kieselsteine. Kaum waren wir angekommen, fing Joseph an kleine Steine übers Wasser hüpfen zu lassen. Auch das war etwas, was ich nicht konnte, allerdings muss ich zu meiner Ehrenrettung sagen, dass ich darin einfach keine Übung hatte, während er wahrscheinlich ständig Steinchen hüpfen ließ.

Es war immer noch sehr warm. Dot zündete sich wieder eine Zigarette an und ich roch den Schwefelgeruch des Streichholzes noch lange, nachdem es verloschen war. Sie fegte mit der Hand einen großen Stein sauber, setzte sich darauf und blickte aufs Wasser und zu den Bergen in der Ferne hinüber. Sie machte nicht den Eindruck, als wollte sie viel reden. Ich hoffte nur, dass sie nicht anfangen würde zu singen. In Gegenwart von Joe wäre mir das peinlich gewesen, auch wenn ich nicht vorhatte mit ihm Freundschaft zu schließen.

Ich entdeckte einen einsamen Marienkäfer zwischen den Steinen. Bis zu den Büschen war es weit, aber ich hob ihn trotzdem nicht auf. Mir fiel ein Lied über Marienkäfer ein: »Ladybird, ladybird, fly away home ...« Plötzlich war nichts auf der Welt so wichtig wie nach Hause zurückzukehren. Ich ging hinunter ans Ufer und sah Joe eine Zeit lang zu. Er würde vermutlich niemals auf die Idee kommen mich anzusprechen.

»Wo gehst du zur Schule?«

»Locheirnan.«

»Und wie kommst du dorthin?«

»Mit dem Bus.«

Er hob einen Ast auf und brach ihn über seinem Knie entzwei. Dabei löste sich die Kruste. »Sie ist ab«, sagte ich und deutete auf sein Knie.

Er machte ein enttäuschtes Gesicht. Ich konnte es auch nicht leiden, wenn der Schorf abfiel, ohne dass ich es merkte. Es war besser, ihn selbst abzulösen. Es blutete ein bisschen.

»Siehst du, er war noch nicht trocken. Es wird sich neuer Schorf bilden«, tröstete ich ihn.

Das heiterte ihn offenbar auf. »Nach den Sommerferien gehe ich in die höhere Schule«, sagte er unaufgefordert. »Ich werde im Schülerwohnheim wohnen.«

»Ich auch«, antwortete ich. »Aber ich brauche nicht im Schülerwohnheim zu wohnen«. Ich hätte gerne im Schülerwohnheim gewohnt, da die Mädchen in meinen Dolly-Büchern immer Mitternachtspartys veranstalteten und tolle Abenteuer erlebten. Ein Schülerwohnheim war zwar nicht ganz dasselbe wie das Internat einer Privatschule, aber bestimmt auch aufregend.

»Hast du Freunde hier?«, fragte ich.

»Klar. Malc und Ian. Sie sind verreist.«

»Genau wie ich.«

»Es stimmt doch gar nicht, dass du hier Urlaub machst«, sagte er. Er sah mir direkt ins Gesicht. »Deine Mama ist doch krank.«

»Ist sie nicht. Sie … sie braucht nur ein bisschen Ruhe und Erholung.«

»Hast du Geschwister?«

Ich schüttelte den Kopf.

»Also ein Einzelkind«, sagte er. Ich konnte es nicht leiden, so genannt zu werden. Wenn Erwachsene einen so nannten, klang es meistens, als bemitleideten sie einen. Manchmal – und das war noch schlimmer – sagten sie es auch auf eine Art, die sich anhörte, als sei man schrecklich verwöhnt und bekäme alles, was man wollte.

»Ich mag es nicht, wenn man mich Einzelkind nennt.«

»Ich auch nicht«, sagte Joe. Er gab mir die eine Hälfte seines Astes. »Willst du mal werfen?«

Ich schüttelte den Kopf. »Nein, danke. Ich kann's nicht besonders gut. Wohin sind deine Freunde gefahren?«

»Nach Dornoch. Sie haben einen Wohnwagen.«

»Sind sie reich?«

»Nöö. Der Wagen gehört ihrem Onkel. Sie fahren nur mit.«

»Sind sie in deiner Klasse?«

»Malc ja. Ian ist sein Bruder. Er ist der Älteste. Er geht schon aufs College.« Er lief ein paar Schritte und warf die Aststücke wieder ins Gebüsch. »Wir haben eine Skiffle-Band«, sagte er.

»Seid ihr gut?«

»Na klar. Wenn wir so weiter üben, sind wir bald so gut wie Lonnie Donegan.«

»Dann willst du also Musiker werden?«

»Wahrscheinlich. Jedenfalls nicht so was Idiotisches wie Metzger!«

Ich sah mich schnell um, weil ich feststellen wollte, ob Dot das vielleicht gehört hatte, aber Dot sah sich immer noch die Berge an.

»Ich geh nach Hollywood«. Es war wirklich eigenartig,

wie überzeugend etwas klang, sobald man es einmal laut ausgesprochen hatte. Danach konnte man es mühelos immer wieder sagen.

»Gehst du nicht«, schnaubte Joe verächtlich.

»Geh ich wohl.«

»Und warum?«

»Ich will Filmstar werden.«

Er schwieg.

»Spielt ihr auch ›Filmstars raten‹ in der Schule?«

»Manchmal«, antwortete er. »Je nachdem.«

»C. G.«

»Gary Cooper«, antwortete er wie aus der Pistole geschossen.

»Das ist G. C. Du hast noch eine Chance.«

»Keine Ahnung!«

»Cary Grant«, sagte ich.

»Ich hab's gewusst, es fiel mir nur gerade nicht ein.«

»Habt ihr noch keinen Hunger?«, rief Dot.

»Ich esse nichts bei ihr«, sagte Joe.

»Nein, schon gut!«, rief ich zurück. »Warum denn nicht?«, fragte ich ihn.

»Sie macht mir Angst.« Irgendwie verstand ich, was er meinte.

»Zu mir ist sie sehr nett.« Ich hatte das Gefühl, sie verteidigen zu müssen.

»Klar. Sie ist ja auch deine Oma.« Er sah Dot an. Dann mich. »Wieso sagst du eigentlich nicht ›Oma‹ zu ihr?«

»Dafür kenne ich sie nicht gut genug.«

»Ist ja bescheuert«, meinte er. Das sagte er nur um überhaupt irgendetwas zu sagen. Er sah verwirrt aus.

»Hast du Lust Hooligan zu holen?«, fragte ich.

»Wer weiß, wo der sich herumtreibt.« Offenbar hatte er Lust.

»Wir könnten ihn suchen.«

»Also gut.«

Das freute mich. Ich wollte gerade zu Dot hinüberhüpfen, da erinnerte ich mich an meinen Zeh und ging lieber ganz normal.

»Können wir Hooligan jetzt holen?«

»Meinetwegen.«

Dot lief die meiste Zeit am Straßenrand entlang, aber Joe und ich durften über die Felder laufen. Einmal mussten wir ausweichen, wegen eines großen Bullen. Er hatte sich auf den Boden gelegt und Dot meinte, das bedeute, dass es bald regnen würde. Ich hatte eher das Gefühl, dass ihn die Sonne geschafft hatte. Er war über und über mit Fliegen bedeckt, auch die Augen und alles, sah aber ganz zufrieden aus. Wir waren schon an ihm vorbei, als uns der Geruch in die Nase wehte und Dot meinte, zum Glück sei es fast windstill.

Inchbrae kam mir vor wie eine richtige Geisterstadt. Das sagte ich auch zu Joe. Er tat, als zöge er zwei Pistolen aus der Hosentasche, und fing an zu schießen, als wir an der Straße waren. Eins –zwei, eins –zwei.

»J. W.« Ich wusste, dass er es erraten würde.

»John Wayne. Leicht.« Joe schoss weiter. »G. F.«

»Glenn Ford. Jetzt bin ich dran.«

»Ich spiele nicht mehr mit.«

Dot gab ihm einen Klaps auf den Hinterkopf. »Sie ist dran.«

Er rieb sich den Kopf, aber es hatte ihm todsicher nicht wehgetan. »Ich will nicht mehr«, sagte er; ganz schön mutig, dachte ich.

»Schon gut«, beeilte ich mich zu sagen, damit Dot ihm nicht noch eine Kopfnuss versetzte.

»Gehen wir hier rein?«, fragte ich.

»Ja, ich sterbe vor Durst«, sagte Dot.

Ich rührte mich nicht vom Fleck.

»Los, komm«, drängte Joe. »Vielleicht kriegen wir auch was.«

»Ist Hugh da drin?«, flüsterte ich ihm zu. Dot stieß schon die Tür auf.

Er grinste. »Wahrscheinlich. Er ist in Ordnung. Nur mongoloid. Komm schon.«

Das Herz schlug mir bis zum Hals. Ich konnte es sogar hören. »Und was ist, wenn er auf uns losgeht?«

»Er geht nicht auf Leute los! Er ist völlig harmlos. Los, komm!«

»Wir haben die Pie noch nicht gegessen.«

»Was?«

»Mrs Bryce hat gesagt, wir sollen ihre Pie essen. Sie steht immer noch da.«

»Wenn du nicht kommst, geh ich rein und sag Hugh, dass du hier draußen bist. Dann kommt er raus und holt dich.«

Ich war noch vor ihm drinnen.

KAPITEL 7

Mr Bryce lehnte am Tresen und unterhielt sich mit Dot, aber von seiner Frau oder von Hugh war weit und breit keine Spur zu sehen. An einem der Tische saßen zwei Männer und spielten Domino. Sie sahen auf, als wir hereinkamen.

»Setzt euch dorthin.« Dot deutete auf das Sofa neben der Treppe. »Ich bring euch eine Limonade.«

»Für mich einen Doppelten, Dot«, rief ihr einer der Männer zu.

»Das fehlte gerade noch«, antwortete Dot. »Erinnerst du dich, wann dieser Kerl das letzte Mal einen ausgegeben hat, Eckie?«, fragte sie, als könnte der Mann sie nicht hören.

»Nein, das muss wirklich schon ewig her sein. Seit einer Stunde nuckelt er jetzt an der Halben. Bevor du an Arthur was verdienst, bist du schwarz geworden.« Den Mann, der Arthur hieß, schien diese Beleidigung nicht weiter zu stören.

Ich setzte mich auf die Ecke des Sofas, die am weitesten von der Treppe entfernt war. Joe hatte sich am anderen Ende niedergelassen. Er stützte sich auf die Lehne und beobachtete das Geschehen am Tresen. Als ich hörte, dass jemand die Treppe herunterkam, schloss ich die Augen.

»Pass nur ja auf«, sagte Mrs Bryce und ging mit ihrem Staublappen auf Joe los. »Lümmle dich nicht so hin, davon wird die Lehne nämlich nicht schöner.« Joe setzte sich auf.

Sie lächelte mich an. »Habt ihr schon gegessen?«

»Das tun wir gleich«, versicherte ich ihr, »wenn wir nach Hause kommen«. Ich wollte nicht, dass sie sich unnötig aufregte. »Wir sind wegen Hooligan hier.«

»Ah ... also ich hab ihn den ganzen Tag nicht gesehen. Hast du Dreep heute schon gesichtet?«, rief sie Mr Bryce zu.

»Nein, jetzt wo du's sagst, fällt's mir auf. Gestern auch nicht.«

»Das ist gar nicht seine Art, sich zwei Tage lang nicht blicken zu lassen«, sagte Mrs Bryce. Ihre Stimme klang besorgt.

»Es ist alles in Ordnung mit ihm«, sagte Dot. »Gestern war Hooligan bei mir zu Hause. Er wäre nicht gekommen, wenn mit Dreep irgendwas los wäre.«

»Da hast du Recht«, meinte der Mann, der Arthur hieß, zustimmend. »Die beiden liegen wahrscheinlich gemütlich irgendwo draußen im Schatten.«

Mrs Bryce brachte uns unsere Limonade. »Trinkt nicht zu schnell. Sonst bekommt ihr Bauchschmerzen.« Solche Sachen sagte sie immer.

Joe trank seine Limonade aus und schielte zu mir herüber um festzustellen, wie viel ich noch im Glas hatte. »Wohnst du hier?«, fragte ich ihn.

»Nöö! Ich wohne bei meinem Dad.« Das klang so, als hielte er mich für beschränkt. Er konnte einen wirklich zur Weißglut bringen.

»Ich meine doch nicht hier, in diesem Haus. Ich meine, in der Stadt.«

»Klar doch. Wo denn sonst?«

»Und wo? In einem Haus?«

Er seufzte und atmete geräuschvoll aus. »Über unserem

Laden, wenn du's genau wissen willst. Man geht die Treppe hoch und ist in unserer Wohnung.«

»Ich hab ja nur gefragt.«

Von oben war Gepolter zu hören. Mrs Bryce flog beinahe die Treppe hinauf. Man hätte ihr gar nicht zugetraut, dass sie sich so schnell bewegen konnte. »Das ist er«, sagte sie.

Ich lief zu Dot. Sie drückte mich an sich. »Schon gut, meine Kleine. Schon gut«, beruhigte sie mich. Dann wandte sie sich an Mr Bryce. »Gestern kam er zu Jessie und hat Ellie einen ziemlichen Schrecken eingejagt.«

Mr Bryce zog die Stirn in Falten und beugte sich über den Tresen zu mir herunter. »Er will nur deine Bekanntschaft machen, Ellie, das reicht ihm. Du brauchst keine Angst vor ihm zu haben.« Er schien mein erschrockenes Gesicht gesehen zu haben, obwohl ich mich bemühte mir nichts anmerken zu lassen. »Du bekommst eine Limonade von mir, wenn du ihm die Hand gibst.«

Joe war mit einem Satz neben uns. »Du nicht«, sagte Mr Bryce. »Du hast ihn schon oft genug getroffen.« Joseph setzte sich wieder aufs Sofa und ließ die Beine baumeln, als wäre es ihm egal, aber ich wusste, dass es ihm etwas ausmachte.

Mrs Bryce kam mit Hugh die Treppe herunter. Sie hielt ihn an der Hand und nahm jede Stufe einzeln, als befürchte sie, dass er hinfallen könnte. Er konnte aber prima laufen und zerrte sogar ungeduldig an ihrer Hand, damit sie schneller ging. Am Treppenabsatz stieß er sie weg und steuerte geradewegs auf uns zu. Ich versuchte mich hinter Dot zu verstecken, aber sie ließ mich nicht. Sie streckte die Hand genau in dem Augenblick aus, als Hugh uns entgegenzufallen drohte, und fing ihn auf. Er lächelte immer noch und sein Mund bewegte sich, als kaue er auf etwas herum. Ich vermied es, genauer hinzusehen.

»Hugh, das ist Ellie. Erinnerst du dich noch?«

Er fing wieder an mit dem Kopf zu wackeln. Offenbar versuchte er zu nicken. »Aah-gaargh! Uuhrrr-eee.«

»Sag hallo, Ellie.« Dot nahm meinen Arm.

»Hallo, H-H-H-Hugh.« Ich zitterte richtig. Es war schrecklich. Als ich dachte, er wolle mir jetzt die Hand geben, umarmte er mich. Er tätschelte mir den Kopf und erdrückte mich fast dabei.

»Lass sie los, Hugh. Komm her, mein Sohn. Lass das Mädchen jetzt wieder los.« Mrs Bryce zerrte ihn von mir weg. Er versuchte zu sprechen. Dabei lief ihm eine ganze Menge Spucke aus dem Mund. Mrs Bryce lachte. »Ja, das ist wahr. Er sagt, dass du hübsch bist, Ellie.«

Ich war baff. Ich konnte gar nicht glauben, dass sie wirklich verstand, was er sagte. Ich versuchte ihn anzulächeln, aber mein Mund war wie erstarrt und mein Nacken tat weh vor lauter Anspannung. Mrs Bryce führte Hugh zum Sofa und drückte ihm eine Zeitschrift in die Hand. Lammfromm saß er da, die Zeitschrift dicht vor der Nase, und machte keine Anstalten wieder aufzustehen.

Dot runzelte die Stirn, als wollte sie sagen: »Hab ich nicht Recht gehabt?« Ich setzte mich nicht wieder aufs Sofa. Joe hatte meine Limonade ausgetrunken, aber das machte mir nichts aus. Ich sagte Nein, als Mr Bryce mir noch eine einschenken wollte.

»Jetzt gehen wir und suchen Hooligan«, sagte ich zu Dot.

»In Ordnung. Geht aber nicht zu weit fort. Ihr wisst, wo ihr mich findet.«

So unauffällig wie möglich schlich ich hinaus. Dann machte ich Joe ein Zeichen. Er stand auf und folgte mir. Draußen war es kühler. Ich holte ganz tief Luft. Dad hatte mir das beigebracht; ich glaube, es war, als der Arzt zum ersten Mal kam wegen Mum.

»Jetzt hast du's hinter dir«, sagte Joe, als wisse er, wie mir zumute war. Danach ging es mir besser. Vor dem Lebensmittelladen blieben wir stehen. Es war das einzige Geschäft, das ich noch nicht von innen kannte.

Auf dem Ladenschild stand »Alexander's«. Es war aus Holz und reichte über beide Fenster. Die Farbe blätterte ab und Tür und Fensterrahmen sahen auch schon ziemlich altersschwach aus. In dem einen Schaufenster waren Dosen ordentlich zu Pyramiden aufgeschichtet, in dem anderen war Waschpulver ausgestellt, dazwischen Zahncremetuben. Keins der Etiketten war ausgebleicht, auch nicht das Schild an der Tür, auf dem eine schwarze Katze mit dem Zusatz *Craven A* und darunter *Geschlossen* stand.

»Gehört der Laden auch Mrs Alexander?«, fragte ich Joe.

»Nöö. Früher war es mal ihr Laden und der von ihrem Mann. Als er starb, hat sie den Schreibwarenladen übernommen. Die Corbetts sind nach Locheirnan gezogen.«

»Wer sind die Corbetts?«

»Ihnen hat der Schreibwarenladen gehört. Noch früher war dort das Postamt.«

»Und wem gehört der Lebensmittelladen jetzt?«

Er seufzte und ging weiter. Er gab mir immer das Gefühl, dass er sich eigentlich nicht mit mir abgeben wollte.

»Den Fishbeins«, antwortete er.

»Seltsamer Name.«

»Alle sagen, sie sind Juden. Als Krieg war, mussten sie Deutschland verlassen. Dad sagt, Mr Fishbein hatte Verwandte in Edinburgh, deswegen sind sie hierher gekommen.«

Edinburgh war aber ziemlich weit von Inchbrae entfernt. Ich fand nicht, dass damit alles erklärt war.

»Jedenfalls hat Mrs Alexander ihnen den Laden überlassen und sie sind schon seit Jahren hier«, fuhr Joe fort.

»Mrs Fishbein spricht immer noch nicht gut Englisch, ist aber eine nette Frau. Manchmal gibt sie mir was aus der Schachtel mit den Sachen für drei Pence, auch wenn ich nur zwei Pence dabeihabe. Er ist auch ganz nett, aber bei ihm kriegst du nur das, was du auch bezahlen kannst.«

»Und warum haben sie sich nicht in Edinburgh einen Laden gekauft?«

»Sie konnten überhaupt nichts kaufen. Sie haben ihren ganzen Besitz zurücklassen müssen.«

›Arme Seele‹ hatte Dot Mrs Fishbein genannt. Sie taten mir sehr Leid.

»Haben sie Kinder?«

Als wir am Ende der Straße angelangt waren, bog Joe in einen schmalen Weg ein, der an einigen Garagen vorbeiführte. Dahinter war eine Art Müllhalde. Neben dem Müllhaufen stand ein alter Kinderwagen ohne Räder und voll schmutziger Papiertüten.

»Du musst es aber für dich behalten: Sie hatten einen Sohn, der in ein Konzentrationslager gebracht wurde; seither gilt er als vermisst. Man hat nie wieder etwas von ihm gehört.«

Jeder in Inchbrae schien irgendjemanden zu vermissen. Daran merkte man, dass auch andere Leute einsam waren. Als ich gerade darüber nachdachte, dass ich mich im Augenblick eigentlich gar nicht einsam fühlte, tauchte plötzlich Hooligan hinter dem Müll auf. Er blieb stehen und sah uns an, ließ aber den Schwanz hängen. Als ich seinen Namen rief, begann er mit dem Schwanz zu wedeln und zu hecheln. Ich konnte es gar nicht erwarten, ihn zu streicheln. Er ließ mich ganz nah an sich herankommen und ich bemerkte einen klebrigen Fleck auf seinem Fell, den ich ausließ, als ich ihm den Nacken streichelte. Sein Fell war seidenweich und schön warm. Joe bückte sich und tätschelte ihm die Brust. Hooligan wich zurück.

»Er mag es nicht, wenn man ihn zu viel streichelt«, sagte Joe.

»Ich weiß«, antwortete ich. Das würde sich schon noch ändern. Plötzlich bewegte sich etwas in dem Kinderwagen. Ich erstarrte und Hooligan ließ ein Knurren hören. Als ich ihn ansah, merkte ich, dass er *mich* anknurrte.

Die Papiertüten setzten sich auf. Es war ein Mann. Beinahe hätte ich geschrien. Ich warf Joe einen Blick zu. Offenbar hatte er kein bisschen Angst. Der Mann streckte einen Arm aus und Hooligan sprang daran hoch. Da wusste ich, dass es Dreep sein musste, der Penner.

Fast sein ganzes Gesicht war mit Barthaaren zugewuchert und er war braun und grau und schmutzig von Kopf bis Fuß. Seine Beine konnte man nicht sehen und sein Mantel – oder was immer es war – hatte eine große Kapuze. Er musste fürchterlich schwitzen in dieser Hitze mit all den Kleidern am Leib.

»Wie gehts dir, Dreep?«, fragte Joe.

»Scheißverdammt gut.«

Ich schnappte nach Luft.

»Wir nehmen Hooligan mit, damit er sein Fressen kriegt«, sagte Joe.

»Na, dann mal los.«

Wir machten uns auf den Weg. Joe schnippte mit den Fingern, damit Hooligan uns folgte. Ich brachte es nicht über mich, mich umzudrehen um zu sehen, ob er nachkam, aber ich konnte hören, wie er hinter uns hertrottete. Wir bogen in die High Street ein.

»Er muss so gut wie nüchtern sein«, bemerkte Joe. »Wenn er betrunken ist, flucht er nie.« Er fing an »Tom Dooley« zu pfeifen und Hooligan überholte uns und legte sich vor die Tür des *Jacobite*.

»Er hat das Wort mit ›Sch‹ gesagt.«

»Na und?«, sagte Joe und pfiff weiter.

»Das habe ich bisher nur von Walter Cummings gehört.«

»Wer ist das?«, fragte Joe, ohne dass er sich besonders dafür zu interessieren schien. »Poor boy, you go-o-na die ...«

»Ein böser, gemeiner Junge. Er macht fast nie seine Hausaufgaben und muss oft in der Ecke stehen. Einmal, als er in der Ecke stehen musste, nannte er Mr Ballantyne einen Scheiß-Armleuchter und Mr Ballantyne warf den Schwamm nach ihm. Der Wurf war gut gezielt. Wir dachten alle, er würde ihn am Hinterkopf erwischen, aber Mr Ballantyne hat haarscharf daneben getroffen.«

»Wir haben auch einen Lehrer, der mit Schwämmen wirft. Schlimm, sowas.«

Ich sah Joseph an und fragte mich, womit er sich die Schwammwürfe wohl verdient hatte. Er strich mit einer Hand die Mauer entlang und ich wusste, er würde es mir nicht sagen.«

Ich zuckte die Achseln. »Jedenfalls hat Gordie Mitchell – der sich fast so viel traut wie Walter – in der großen Pause gesagt, dass Walter lieber niemanden einen Armleuchter nennen sollte, weil er selber einer ist. Du weißt, was ich meine ... mit ›Armleuchter‹?«

»Klar! Das ist doch Babysprache. Hier sagen wir ›Arschloch‹. Wir nennen es einfach beim Namen.« Joseph sah mich an und warf sich in die Brust, aber ich wusste, dass er nicht zu denen gehörte, die lässig ›Arschloch‹ sagten. Er war ziemlich rot im Gesicht. Er merkte, dass ich ihn beobachtete. Sofort ging er weiter. »Und dann?«

»Was dann?«

»Was ist dann passiert?«, fragte er und schloss die Augen, als sei ich ein bisschen dämlich, was ich nicht war.

Ich blieb stehen. Er ging langsamer, drehte sich um. »Dann sagst du's mir eben nicht. Ist mir doch egal.«

Irgendwie war es ihm überhaupt nicht egal.

»Walter gab ihm einen Tritt zwischen die Beine und anschließend fehlte Gordie fast eine Woche lang in der Schule. Seine Mutter musste ihn zur Untersuchung ins Krankenhaus bringen, sie kam deswegen extra in die Schule. Walter hat im Rektorzimmer Prügel bezogen, aber er hat trotzdem nicht aufgehört das Wort mit ›Sch‹ zu sagen oder anderen Fußtritte zu verpassen.«

Ich hatte nie zuvor mit einem Jungen über das Wort mit »Sch« oder über etwas zwischen den Beinen oder überhaupt über irgendetwas gesprochen. Aber ich war mir auch noch nie so dämlich vorgekommen. In unserer Klasse waren die Jungs echte Blödiane, auch die klugen. Sie rempelten sich immer an und veranstalteten Scheinkämpfe – und manchmal auch echte, wie Gordie und Walter. Und der Hausmeister musste ständig die Tür zu den Jungentoiletten reparieren, weil sie nicht wie zivilisierte Menschen nacheinander durch die Tür gehen konnten. Einmal waren Janet und ich in der Umkleide und sahen, wie sie sich zu viert darum prügelten, wer als Erster hineingehen durfte. Janet meinte, sie könne sich nicht vorstellen, jemals einen Freund zu haben, und ich musste ihr zustimmen.

Joseph sah aus, als würde er sich auf ähnlichen Unsinn einlassen, jedenfalls zeigte er sich kein bisschen beeindruckt von dem, was ich ihm erzählte. Wenn doch, dann ließ er es sich nicht anmerken, aber womöglich hatte er sich auch noch nicht oft mit Mädchen unterhalten. Wir waren, glaube ich, beide erleichtert, als wir Dot aus dem *Jacobite* kommen sahen. Sie lief mitten auf der Straße und blickte zu den Fenstern über dem Laden von Joes Vater hinauf.

»Wie ausgestorben. Rührt sich denn da niemand?«, fragte sie.

»Sie glauben, ich bin bei dir zu Hause«, gab Joe zurück. »Bestimmt suchen sie mich da.«

»Dann gehen wir jetzt besser«, meinte Dot. Hooligan war schon weitergetrottet.

Auf dem Rückweg sprachen wir alle nicht viel. Ich war müde und hatte jetzt doch Hunger. Joe erzählte Dot, dass wir Dreep gesehen hätten. Sie war froh, dass er wohlauf war, meinte aber, er sei alt genug um auf sich selbst aufzupassen. Wir waren noch nicht weit gekommen, als plötzlich ein Traktor auf uns zukam. Der Fahrer hatte sich umgedreht und winkte dem Auto, das hinter ihm fuhr. Es überholte und blieb dann neben uns stehen. Es war Rita. Jetzt musste der Bauer ausscheren um sie zu überholen. Er zeigte ihr einen Vogel und sie ihm auch. Dot lachte und winkte dem Bauern zu.

»Ein großartiger Tag, Dot!«, rief er. Sein Ärger schien schon verflogen.

Rita öffnete von innen die Beifahrertür. »Wo zum Teufel wart ihr?«

»Du hast nicht gesagt, wann du ihn abholen kommst«, sagte Dot.

»Steig ein!«, rief sie Joe zu.

»Nein«, sagte er. Es war genau wie vorhin.

»Um Himmels willen, wirst du ein einziges Mal das tun, was man dir sagt?«

»Wo ist Dad?«, fragte Joe. Er machte ein äußerst verdrießliches Gesicht.

»Er ist zu Hause. Wenn du jetzt einsteigst, fahren wir nach Locheirnan zum Fischessen.«

Er rührte sich immer noch nicht. Rita stieg aus und schlug die Fahrertür zu. Sie ging geradewegs auf Joe zu. Er wich zurück, aber nur einen halben Schritt. »Kommst du – oder kommst du nicht?« Ich hatte sie noch nie so wütend gesehen.

Joe stieg ein, dann schlug er seine Tür zu. Es war ein schönes Auto. Dad sagte immer, man solle Eigentum niemals beschädigen; das eigene nicht, noch weniger aber das von jemand anderem.

»Nun?«, fragte Dot. Sie sah Rita an, als erwarte sie, dass sie ihr etwas mitteilte. Ich wusste, dass es damit zu tun hatte, ob Rita Mr Conroy nun heiraten sollte oder nicht.

»Ich bin nicht klüger als vorher, also frag mich besser nicht«, gab Rita zurück. Als sie losfuhr, hüllte sie alles in eine große Staubwolke.

Hooligan stand schon an der Hintertür. Nachdem er gefressen hatte, legte er sich im Schatten von Dots Schuppen nieder. Die Sonne hatte das Holz erwärmt und es roch stark nach Teer. Ich sog den Geruch ein bis hinunter in den Magen.

Hooligan erlaubte, dass ich mich neben ihn setzte, und nach einer Weile lehnte ich meinen Kopf an seinen Rücken. Die Zunge hing ihm aus dem Maul, aber als er meine Berührung spürte, hörte er für einen Augenblick auf zu hecheln. Ich schlang den Arm um ihn, aber das mochte er nicht besonders und deshalb ließ ich ihn wieder los und kraulte ihm nur den Nacken. Er streckte die Beine aus und zitterte. Ich konnte seinen Herzschlag spüren. Ich mochte ihn wirklich sehr.

Ich erzählte ihm von Mum und Dad und von Johnny Starling und sagte ihm, wie sehr ich mir einen Großvater wünschte. Ich bin sicher, dass er mich verstand.

Dot sagte später, ich sei dort eingeschlafen und sie habe mich hineingetragen und ins Bett gelegt. Sie behauptete, ich hätte die Augen kein einziges Mal mehr aufgemacht, aber einmal hatte ich sie doch aufgemacht. Das wussten wir beide.

KAPITEL 8

Dot musste Feuer gemacht haben, denn am nächsten Morgen gab es heißes Wasser. Ich wusch mich ausgiebig im Spülbecken und wir aßen Mrs Bryces Rindfleisch-Pie mit Kartoffeln zum Frühstück.

Der ganze Morgen war schön und heiter. Billie Holiday sang »Them There Eyes«, ein sehr melodisches Lied und nicht so traurig wie die anderen. Ich sagte Dot, dass es mir gefiele, und sie stellte den Plattenspieler so ein, dass er immerzu das gleiche Lied spielte. Die Sonne brach durch den Nebel und Dot öffnete alle Fenster und auch die beiden Türen. Ich war sicher, dass es Mum inzwischen besser ging. Wenn die Sonne schien, waren die Menschen einfach glücklicher. Ich fragte Dot, ob sie nicht auch dieser Meinung sei.

»Zweifellos, Ellie. Obwohl ich Leute gekannt habe, die auch bei Regen glücklich waren.«

»Mum mag den Regen nicht. Sie sagt, Regen macht depressiv.«

»Das ist mir nie so gegangen«, sagte Dot. Unterhalb der Spüle hing ein blau gestreifter Baumwollvorhang. Dot schob ihn zur Seite und holte ihre Whiskyflasche hervor, die neben den Putzmitteln stand. Sie goss sich Whisky in den Kaffee. Das sah ich zum ersten Mal, aber ich sagte nichts. Ich musste schon Kaffee trinken; Whisky wollte ich nicht auch noch probieren.

»Glaubst du, dass meine Mum jetzt wieder auf den Beinen ist? Dad geht nämlich heute wieder zur Arbeit und keiner ist da, der sich um sie kümmert.«

»Ach, das kriegt sie bestimmt hin. Wenn dein Dad einen Funken Verstand hat, nimmt er sich ein paar Tage frei ... und verbringt ein bisschen Zeit mit ihr.«

»Oh nein«, sagte ich, »das kann er nicht. Er hat einen sehr wichtigen Job und vor August bekommt er keinen Urlaub.«

»Kein Job ist derart wichtig – aber Gott bewahre, dass ihn irgendetwas aus seinem gewohnten Trott bringt. Schon als Kind ist er immer völlig aus der Fassung geraten, wenn etwas anders lief als gewohnt.«

Ich konnte mir Dad nicht als kleinen Jungen vorstellen. Er war so ... erwachsen.

»War er ein braves Kind?«, fragte ich. Ich war mir sicher, dass sie Ja sagen würde, und hatte schon ein schlechtes Gewissen, dass ich überhaupt danach gefragt hatte.

»Brav war er, allerdings. Aber schrecklich in sich gekehrt. Ich habe das immer für eine Art Schutzwall gehalten.« Dot blies Rauch zur Decke. »Inzwischen hat sich das bei ihm in Arroganz verwandelt, was auch nicht viel besser ist.«

»Was wollte er denn schützen?«

Sie lächelte. »Sich selbst, und ich kann ihm deshalb keine Vorwürfe machen. Er hatte schließlich keine normale Kindheit. Ich wollte ihm gleichzeitig Vater und Mutter sein, aber das schafft kein Mensch.«

Ich hätte sie gern weiter ausgefragt um vielleicht ein paar Anhaltspunkte dafür zu bekommen, was mit Mr Starling geschehen war. Ich kaute am Nagel meines kleinen Fingers und überlegte gerade, wie ich das schaffen könnte ohne den Brief zu erwähnen, als ein Stückchen

Nagel abbrach. Es blieb mir im Hals stecken, irgendwo in der Ohrgegend, jedenfalls fühlte es sich so an.

»Was ist los mit dir?«, fragte Dot. Sie starrte mich stirnrunzelnd an.

Der Nagel rutschte endlich und ich schluckte ihn hinunter. »Ist schon gut«, antwortete ich.

»Ich nehme nicht an, dass dein Vater viel von mir erzählt?«

Ich wusste nicht, was ich darauf antworten sollte.

»Also gut, dann erzähl ich's dir«, sagte Dot mit sanfter Stimme. »Du kennst die Geschichte also nicht?«

Auf einmal wusste ich nicht mehr, ob ich die Geschichte wirklich hören wollte. Mein Herz fing wieder an zu klopfen. »Du musst mir nichts erzählen, wenn du nicht willst«, sagte ich.

»Da hast du verdammt noch mal Recht!« Einen Augenblick lang sah sie wütend aus. Hoffentlich hatte ich jetzt nicht den Tag verdorben.

»Ach, schau nicht so bekümmert, Ellie. Da gibt's nicht viel zu erzählen. Als ich jung war, ließ ich mich mit einem Mann ein und kam in andere Umstände. Er war nicht frei und konnte mich nicht heiraten und auch wenn er gekonnt hätte, hätte er mich nicht geheiratet. Das wusste ich schon, als ich mich mit ihm einließ.«

Schweißperlen standen mir auf der Stirn. Ich rutschte auf dem Stuhl nach hinten, damit mir die Sonne nicht noch mehr einheizte. Dot stand auf und trat ans Wohnzimmerfenster. »Halt dich von den Fliederbüschen fern, Ellie. Sie haben einen starken Duft.«

Nie wieder würde ich mich in die Nähe eines Fliederbuschs wagen. Abgesehen davon, dass ich Angst vor Bienen hatte, wusste ich jetzt, dass Fliederbüsche etwas mit Mr Starling und mit S-E-X zu tun hatten.

Dot kam wieder zum Tisch zurück. »Kurz und gut: Ich

konnte nicht mehr hier bleiben. Ich bin in diesem Haus hier bei meiner Tante Mary aufgewachsen und sie wollte mich nicht mehr um sich haben mit dickem Bauch und ohne einen Mann, der mich unterstützt hätte. Nicht dass ich einen Mann um Unterstützung gebeten hätte, verstehst du?«

Das verstand ich. Sie hatte ja nicht einmal den Brief abgeschickt.

»Also ging ich nach Glasgow. Ich wohnte dort bei meinen Cousinen und suchte mir Arbeit, nachdem dein Vater zur Welt gekommen war. Ich tat für ihn, was in meinen Kräften stand, aber viele Möglichkeiten hatte ich nicht. Er erzählte den Leuten, sein Vater sei tot, damit sie ihn nicht als Bastard beschimpften, aber ich wollte mich nicht ›Mrs‹ nennen, wenn ich keine Mrs war. Ich glaube, er hat mich deshalb gehasst.«

Ich konnte mir nicht vorstellen, dass Dad seine eigene Mutter hasste. Ich konnte mir nicht vorstellen, dass er überhaupt jemanden hasste.

Dot fuhr fort zu erzählen, als sei es nicht weiter von Belang, dass ihr Sohn sie vielleicht gehasst hatte. »Trotzdem war er gut in der Schule ... er bekam eine Menge Stipendien. Sie haben ihn vor allem deshalb geärgert, weil er so ein ›Eierkopf‹ war – das heißt so viel wie ›gelehrt‹, weißt du; dass er nicht im Ehebett gezeugt worden war, war gar nicht das Problem.« Dot lachte. An ihre Art von Humor hatte ich mich noch immer nicht gewöhnt. Ich fand die Geschichte nur schrecklich. Armer Dad.

»Nach dem Krieg ist er in den Staatsdienst eingetreten und dann hat er deine Mutter kennen gelernt. Er schämt sich meiner ... bis heute.«

Arme Dot. »Er schämt sich deiner nicht!«

»Doch, doch, Kleines, aber das ist sein eigenes Problem. Er hat einfach kein Gespür für all das Unbegreifliche,

Wunderbare um ihn herum. Wird es nie bekommen.«

Ich wusste nicht mehr, wen ich bemitleiden sollte.

»Wann bist du hierher zurückgekommen?«, fragte ich. Das schien eine unverfängliche Frage zu sein. Ich hoffte, dass sie Newcastle erwähnen würde.

»Nachdem deine Mum und dein Dad sich verlobt hatten. Tante Mary war alt und gebrechlich und brauchte jemanden, der sich um sie kümmerte. Sie war bis an ihr Lebensende ein altes Miststück. Ich kann dir gar nicht sagen, wie glücklich ich war, als sie ihren letzten Atemzug tat.«

Ich war nicht katholisch, aber ich hatte schon gesehen, wie Katholiken sich bekreuzigen, und das tat ich jetzt in Gedanken auch. Genau solcher Sätze wegen kam den Leuten bei Dot das Gruseln.

»Hier bin ich nun also«, sagte Dot und seufzte. »Das Haus gehört jetzt mir. Sie hatte niemanden sonst, dem sie es hätte hinterlassen können, und ich kann schalten und walten, wie ich will.«

»Vermisst du nicht manchmal einen Ehemann?«

»Vermissen? Nein, wirklich nicht. Ich kann tun, wozu ich Lust habe, und keiner redet mir etwas dazwischen. Es ist ein großartiges Leben, Ellie. Ein großartiges Leben.«

Ich stellte fest, dass sich Dad und Dot trotz aller Verschiedenheit sehr ähnlich waren. Dad konnte es auch nicht leiden, wenn man ihn unterbrach, und er war auch immer davon überzeugt, dass er mit seiner Meinung Recht hatte – meistens hatte er ja auch wirklich Recht. Nur hatte er eine unangenehmere Art diese Dinge zu sagen, wie ein Lehrer oder so. Mum hatte einmal gesagt, dass sie es hasse, belehrt zu werden. Ich war damals nicht sicher gewesen, ob ich ihr zustimmen durfte, aber ich hatte gewusst, was sie meinte.

»Hat Dad seinen Vater überhaupt kennen gelernt?« Ich

weiß nicht, wie ich diese Worte über die Lippen brachte, denn ich hielt die Luft an, als ich die Frage stellte.

Dot runzelte die Stirn. »Nein«, antwortete sie, »aber dafür muss ich mich dir gegenüber wohl kaum rechtfertigen.«

»Natürlich nicht. Das geht mich ja auch nichts an.«

Sie brach in schallendes Gelächter aus. Ich bekam beinahe einen Herzanfall. »Ha! Du bist gar nicht so grün, wie du aussiehst«, meinte sie lachend. Was sie damit genau meinte, wusste ich nicht.

»Tatsächlich, Ellie, war es so am besten, ob er darüber auch so denkt oder nicht, weiß ich nicht. Es ist nur schade, dass wir uns nicht mehr sehen. Er ist ein guter Kerl – auf seine Art.«

»Und warum seht ihr euch nicht? Ich hätte so gern einen Großvater.« Es war das erste Mal, dass ich das sagte, und schon im nächsten Augenblick war es mir schrecklich peinlich. Ich blickte zu Boden und mied ihren Blick.

»Einmal haben wir uns getroffen, aber das lief nicht so gut.« Sie sprach jetzt so leise, wie ich sie noch nie hatte sprechen hören. Dann zündete sie sich eine neue Zigarette an und rauchte eine Weile.

»Sie sind oft gekommen, deine Mum und dein Dad. Ich mag Sylvia, habe sie immer gemocht. Es war eine schwere Zeit für sie, nachdem ihre Mutter fortgegangen war; das hat Adam so an ihr fasziniert, glaube ich. Er arbeitete nach dem Krieg in der Verwaltung in Kilmoran und sie in Clarks Schuhladen in der High Street.«

Den kannte ich. Mama ging immer noch zum Schuhekaufen mit mir dorthin. Ich hasste es, diese klobigen Schuhe tragen zu müssen, wo Janet und alle anderen schon flache, manche sogar halbhohe Absätze hatten. Mum hatte aber noch nie erwähnt, dass sie dort gearbeitet hatte.

»Tja«, fuhr Dot fort, »er hatte immer das Gefühl, zu kurz gekommen zu sein wegen seiner Kindheit, und bevor ich überhaupt von der Sache erfuhr, hatten sie schon geheiratet, heimlich – so, wie sie es wollten. Damals besuchten sie mich oft. Sie waren so glücklich miteinander, dass einem das Herz aufging, wenn man sie sah. Dann wurde dein Dad befördert und du wurdest geboren und auf einmal war ich überflüssig. Ich zerbrach mir nicht weiter den Kopf darüber. Ich dachte, alles wäre bestens, bis … letztes Mal.«

»Das letzte Mal, als ich hier war?«

»Ja, Kleines. Erinnerst du dich überhaupt noch daran?«

Ich schüttelte den Kopf. »Nicht so richtig.«

»Ist vielleicht ganz gut so«, sagte Dot, drückte ihre Zigarette aus und zündete sich eine neue an. Ich weiß nicht, wie sie es fertig brachte, in diesem Tempo gleichzeitig zu rauchen und zu sprechen.

»Es war nämlich so: Dein Dad hatte uns alle drei hier gelassen und beschlossen nach Locheirnan zu fahren und sich nach einem neuen Anzug umzusehen; er zieht sich ja gern elegant an –, und ich merkte, dass zwischen den beiden etwas nicht stimmte. Deine Mum war nicht mehr das Mädchen, das ich kannte. Sie wirkte … verändert. Tja, und da habe ich den ungeheuren Frevel begangen und sie zum Trinken überredet.« Dot lachte, aber es war ein stilles, trauriges Lachen, wie Erwachsene es manchmal von sich geben, wenn sie nichts mehr sagen wollen. Aber sie fuhr fort zu erzählen und jetzt war ich wirklich ganz Ohr.

»Anscheinend wollte deine Mum entweder wieder arbeiten oder noch ein Baby haben; sie wußte wohl selber nicht genau, was sie wollte. Du warst in der Schule und der Tag wurde ihr lang. Ich riet ihr sich für eins von beiden zu entscheiden und es dann einfach zu tun. Dein Vater wollte offenbar weder das eine noch das andere. ›Ein Kind ist genug‹, sagte er immer und er war auch dagegen, dass sie wieder in einem Schuhgeschäft arbeitete. Er ist eben ein furchtbarer Snob. War er schon immer. Als er aus Locheirnan zurückkam, hatten wir uns beide Mut angetrunken und es gab einen schrecklichen Aufruhr. Er packte euch zwei und fuhr mit euch nach Hause. Das war das letzte Mal, dass ich einen von euch gesehen habe – bis jetzt.«

Ich sah Dot an. Ihre Augen wirkten zusammengekniffen und schimmerten feucht. Vielleicht lag es am Zigarettenrauch.

Mum war nicht wieder arbeiten gegangen und ich war immer noch ein Einzelkind.

Dot stand auf. »Können wir uns jetzt auf den Weg machen?«

»Wohin?«

»Wir gehen bei Lil vorbei und sehen uns ihren Gast an. Er kommt heute.«

Es gab nichts anderes zu tun. Wir holten die Fahrräder aus dem Schuppen und fuhren los.

Dreep saß vor dem Hausdurchgang neben dem Schreibwarenladen. Seine schäbigen Stiefel ragten bis auf den Gehsteig. Die Schnürsenkel fehlten. Er trug noch dieselben Kleider wie tags zuvor, allerdings ohne Kapuze. Sein Haar war sehr dicht und weißer als sein Bart. Es stand ihm vom Kopf ab wie bei Oor Wullie. Hooligan war weit und breit nicht zu sehen.

»Wieder ein schöner Tag heute, Dreep«, sagte Dot und stieg vom Fahrrad.

»Das Glück ist uns wirklich hold«, gab er zurück. In einer braunen Tasche neben ihm auf dem Gehsteig stand eine Limonadenflasche.

»Hast du denn was zu trinken da drin?«, fragte Dot.

»Hab ich«, antwortete er, »und ich bedanke mich aufs Herzlichste für Ihre Fürsorge. In diesen seelenlosen Zeiten ist es schon außergewöhnlich, dass ein Mensch ...«

»Ja, ja«, murmelte Dot und steuerte aufs *Jacobite* zu. Ich folgte ihr, während Dreep weiter vor sich hin brummte.

Hugh lief im Vorraum auf und ab. Er machte keine Anstalten mit uns zu sprechen. Er lief hin und her, zum Fenster, zurück zum Sofa, wieder zum Fenster. Mr Bryce, der gerade den Tresen blank polierte, blickte auf.

Wir grüßten und gingen weiter. Ich behielt Hugh im Auge. Er sah beim Gehen zu Boden und machte kurze, schnelle Schritte. Die Fäuste hielt er geballt, aber seine beiden Zeigefinger wiesen senkrecht nach unten, als ob er im Gehen seinen Weg markieren wollte.

»Ist er schon da, Eck?«

Mr Bryce wusste sofort, wen Dot meinte.

»Sie ist mit den Nerven am Ende, Dot.« Er beugte sich näher zu ihr. »Es ist ein Neger.«

»Ein Neger?«

»Ja. Den Namen hat er sich bestimmt ausgedacht: Gerald Smith. Völlig unverfänglich.«

»Das ist todsicher sein richtiger Name, Eck. Er ist doch Engländer, oder?«

»Kapierst du denn nicht, was ich sage? Ein gottverdammter Neger ... hier in Inchbrae!«

Draußen fuhr hupend ein Auto vorbei. »Das wird dann wohl die BBC sein«, meinte Dot.

»Ach, du weißt ja immer alles besser«, knirschte Mr Bryce. Wütend starrte er Dot an. Dann tauchte Mrs Bryce an der Klapptür auf. »Bist du das, Dot?«

Sie kam mit einem Arm voll Handtücher heraus. Mr Bryce hielt ihr die Tür auf. Sie musste sich trotzdem durchquetschen. Hugh sah auf, blieb aber nicht stehen.

»Hat Eck es dir schon gesagt?« Sie sah sehr aufgeregt aus. Dot nickte. »Ach, Dot! ... Meine guten Betttücher!« Es klang, als finge sie gleich an zu weinen.

Dot schüttelte den Kopf. »Er färbt doch nicht auf deine Betttücher ab, Lil. Um Himmels willen ...!« Sie war wieder ärgerlich.

»Du hast ihn nicht gesehen, Dot. Er ist redegewandt, das muss ich zugeben. Er spricht auch nicht diesen schrecklichen Geordie-Dialekt ... aber mein Gott ... er ist schwarz!«

Geordie-Dialekt. Natürlich! Mr Bryce hatte gesagt, der Neger sei aus Newcastle. Ich konnte mein Glück kaum fassen. Ich hatte geglaubt, ich würde meinen Opa niemals finden, und da – mein Gebet war erhört worden! Warum sollte jemals ein Neger nach Inchbrae kommen – und noch dazu genau in dem Augenblick, in dem ich mich hier aufhielt –, wenn das nicht ein Wink Gottes war? Also war es mir *doch* bestimmt, den Brief zu lesen. Ich *sollte* meinen Opa finden. Der Neger kannte Mr Starling bestimmt. Newcastle war sicher kein so großer Ort. Und auch wenn er ihn nicht kannte, würde er wissen, wie man ihn finden konnte. Ich war zuversichtlich. Ich merkte, dass ich vor lauter Aufregung lächelte.

»Er ist so schwarz wie der Teufel selbst«, ergänzte Mr Bryce und sah mich stirnrunzelnd an. Er konnte ja nicht wissen, weshalb ich lächelte.

»Hört ihr mir vielleicht mal zu?«, fragte Dot. »Er ist ein Mensch – ob schwarz oder nicht – und er ist ein zahlender Gast.«

»Darum geht es doch gar nicht«, sagte Mrs Bryce und ließ sich aufs Sofa fallen. »Er hat uns nicht *gesagt*, dass er schwarz ist!«

»Los, komm«, sagte Dot und zerrte mich am Arm. »Lass uns gehen.«

»Setz dich bloß nicht aufs hohe Ross, Dot«, schimpfte Mr Bryce. »Er schläft schließlich nicht in deinem Bett ...«

Wir waren fast an der Tür angelangt, als Mrs Bryce hinzufügte: »... und Hugh hat er auch gekränkt.«

Dot drehte sich um. »Möge Gott mit euch und eurer Beschränktheit Erbarmen haben.«

»Na, dann geh nur!« Mr Bryce schrie jetzt beinahe. »Juden nebenan, Neger im oberen Stock ... als nächstes werden wir die verdammten Engländer hier haben.«

»Er ist doch ein verdammter Engländer!«, schrie Dot zurück und stieß mich aus der Tür. Ich wäre beinahe hingefallen, aber sie riss mich am Arm hoch, bevor ich mit der Nase den Boden berührte.

»Hast du so etwas schon mal gehört?«, fragte Dot Rita. Wir waren die Einzigen in Ritas Laden, aber draußen vor dem Schaufenster stand eine Dame.

Rita stieß Dot beiseite. Sie ging zur Tür und lächelte die Frau an. »Ein hübsches kleines Kostüm, das Sie sich da gerade ansehen. Passt gut zu Ihrem Teint.«

Die Frau lächelte zurück. Sie legte den Kopf zur Seite und betrachtete das Kostüm. »Hm-mm. Wirklich sehr elegant.«

»Nicht wahr?«, nickte Rita. »Nicht jede Frau kann dieses besondere Blau tragen und Sie bekommen einen Preisnachlass – aber nur noch bis Freitag, leider.«

Dot sah mich an. »Es ist marineblau«, sagte sie. »Zeig mir die Frau, die Marineblau *nicht* tragen kann.« Ihre Laune schien sich von Minute zu Minute zu verschlechtern.

»Ich möchte, dass Neville es sich ansieht. Er hat ein so gutes Farbgefühl. Vielleicht komme ich am Donnerstag noch mal vorbei.« Die Frau lächelte Rita zu und ging weiter.

Rita drehte sich auf dem Absatz um und kam in den Laden zurück. Anscheinend waren alle schlechter Laune. »Warten wir also ab, was der liebe Neville dazu meint«, sagte sie. Ihre Stimme troff vor Sarkasmus. »Ein schrecklich verweichlichter Kerl, ihr Sohn. Es würde mich nicht überraschen, wenn der liebe Neville eines Tages selbst Kostüme tragen würde.«

»Da habe ich mich wohl verhört«, schnaubte Dot. »Der Junge ist ein Künstler! Natürlich hat er ein gutes Farbgefühl, es dürfte jedenfalls ausreichen um zu sehen, dass dieses Kostüm schlicht marineblau ist.«

Rita wirbelte herum. »Es ist ein *französisches* Marineblau – was verstehst du denn schon von solchen Dingen?« Sie warf Dot einen verächtlichen Blick zu und sah dann beleidigt zur Seite.

»Ich weiß jedenfalls, dass du schon seit Wochen schlechter Laune bist. So viel steht fest.«

Rita seufzte. Sie lehnte sich gegen die Tür. Dann sah sie hinüber zum Metzgerladen und schüttelte langsam den Kopf. Sie hatte die Arme vor der Brust verschränkt und zog die Schultern hoch, als wäre ihr kalt.

»Bist du heute Abend zu Hause?«, fragte sie.

»Wo sollte ich denn sonst sein?«

»Und du hast nichts dagegen, wenn ich vorbeikomme?«

»Wann habe ich denn je etwas dagegen gehabt?«

Rita drehte sich um. »Dot ...« Ihre Stimme klang flehentlich. Ihr Haar leuchtete im Sonnenlicht. Sie sah wirklich sehr hübsch aus. Mr Conroy war bestimmt hoffnungslos in sie verliebt.

»Ich bringe Lil mit, wenn sie sich loseisen kann«, sagte Rita.

»Pah«, antwortete Dot. »Sie hat wahrscheinlich alle Hände voll zu tun, sie muss schließlich ihre Bettwäsche kochen.«

Rita grinste. »Trotzdem, stell dir mal vor, ein Neger! Ich hätte ja zu gern ihr Gesicht gesehen, als er vor ihr stand.«

Sie lachten beide. Ich war froh, dass sie lachten.

Die Dame, die das Kostüm im Schaufenster betrachtet hatte, kam in den Laden zurück.

»Mrs Gilchrist?«

»Ja?«, antwortete Rita und ließ uns stehen. »Haben Sie Ihre Meinung geändert?«

»Ja, also, vielleicht könnte ich es doch einmal anprobieren ... wo ich schon einmal in der Stadt bin.«

»Aber gewiss, Mrs Robertson. Selbstverständlich, warum nehmen Sie es nicht mit nach Hause und probieren es an? Wenn Neville es an Ihnen sieht, wird er sicher beipflichten, dass es Ihnen perfekt steht ... und wir haben auch einen sehr eleganten, dazu passenden Hut. Der ist wie für Sie gemacht.«

Die Dame strahlte, als Rita zur Schaufensterpuppe hinüberging.

»Bis später«, sagte Dot und wir traten hinaus auf die Straße. Als wir am Schaufenster vorbeikamen, zog Rita der Puppe gerade die Jacke aus und wiegte sich in den Hüften. »See you later, alligator ...« Sie formte die Worte stumm mit ihren Lippen und sah mich dabei an.

Ich antwortete ebenso unhörbar: »In a while, crocodile!«

Sie zwinkerte mir zu.

KAPITEL 9

Ich sah zufällig genau in dem Augenblick zur anderen Straßenseite hinüber, als Joseph aus dem Lebensmittelladen kam. Er schleckte ein Eis am Stiel.

»Darf ich mir auch eins kaufen, Dot?«, fragte ich. »Ich habe ein bisschen Geld dabei.«

»Ich kaufe uns beiden eins, Kleines. Ich habe schon seit Jahren kein Eis am Stiel mehr gegessen.« Wir überquerten die Straße.

»Wohin geht ihr?«, fragte Joseph.

»Nirgendwohin. Wir kaufen uns ein Eis.«

Er ging mit uns hinein. Der Laden war größer, als er von außen aussah. Neben der Tür standen Säcke mit Mehl und es roch nach Kaffee wie bei *Lipton's*. Neben den Mehlsäcken hingen Haushaltswaren an einem schmiedeeisernen Ständer und darüber an Haken Pfannen in verschiedener Größe.

Konservendosen waren in den Regalen hinter dem Ladentisch gestapelt und dort standen auch zahlreiche Bonbongläser. Weitere Bonbons waren in Schachteln unter der Glasabdeckung des Ladentischs verstaut. Neben dem großen befand sich ein zweiter, kleinerer Ladentisch, auf dem Holztabletts mit Brot und Brötchen standen. An der Vorderseite waren offene Keksdosen angebracht. Hinter dem kleineren Ladentisch stand ein Mann, füllte Zucker in blaue Papiertüten und wog sie ab.

»Guten Tag«, sagte er. Er hatte dünnes graues Haar und einen schmalen Schnurrbart. Er sah traurig aus, aber dann lächelte er und ich dachte, ich hätte es mir nur eingebildet, vielleicht, weil ich wusste, dass er ein Jude war, der seinen gesamten Besitz verloren hatte.

Dot nickte und ging nach hinten. Sie klappte den Deckel der großen Gefriertruhe auf. »Was für eins, Ellie?«

»Schokolade, bitte.«

»Ich nehme Banane«, sagte sie und kam mit dem Eis zurück. »Wie läuft das Geschäft, Mr Fishbein?«

Er drückte die großen Knöpfe der Ladenkasse, die daraufhin aufsprang. »Nicht schlecht, Miss Fairbairn. Ich kann nicht klagen.«

Man hörte, dass er Ausländer war, obwohl er mit deutlichem schottischen Akzent sprach. Seine Frau kam aus dem hinteren Teil des Ladens und wischte sich die Hände an ihrem Kittel ab.

Dot nickte ihr zu. »Geht es Ihnen gut?«, fragte sie.

»Danke, gut«, erwiderte Mrs Fishbein und nickte. Ich wickelte mein Eis aus und Mrs Fishbein streckte mir die Hand entgegen und nahm mir das Papier ab. Ganz sanft berührte sie mein Gesicht.

»Ein Kind, auf das man stolz sein kann«, sagte sie. Sie hatte wirklich traurige Augen, diesmal war es keine Einbildung.

Joseph war mit seinem Eis fertig. Ich sah Dot an. »Vor dem Essen darfst du keins mehr haben«, sagte sie zu ihm.

Er antwortete nicht. Er blieb einfach da stehen.

»Ich sag's niemandem, wenn du es nicht verrätst«, meinte Dot und ging noch ein Schokoladeneis holen. Wir gingen raus und ließen Dot mit Mr und Mrs Fishbein allein.

»Hast du noch irgendwas vor?«, fragte er mich.

»Ich glaube nicht. Wir sind nur vorbeigekommen um zu

schauen … Eigentlich weiß ich nicht, ob wir etwas vorhaben.«

»R. S.«

»Randolph Scott.« Ich musste gar nicht nachdenken.

»A. G.«, schoss ich zurück.

»Ist es ein Mann oder eine Frau?«

»Das ist nicht fair.«

»Ich wette, es ist eine Frau. Ann …«

»Nichts mit Ann.«

»Ava Gardner.«

»Richtig. Du bist dran«, sagte ich.

»Hast du von dem Neger gehört?«

»Ja. Dot ärgert sich über Mr und Mrs Bryce. Sie sagt, sie sind beschränkt. Hast du ihn gesehen?«, fragte ich.

»Nöö. Er hat ein Auto. Er ist irgendwohin gefahren um Fotos zu machen.«

»Weißt du, wann er zurückkommt?«, fragte ich. Ich musste Mr Smith sehen und einen Weg finden mit ihm zu sprechen.

Joe schüttelte den Kopf. »Ich hoffe aber, dass ich dann hier bin. Ich würde gern mal einen echten Neger sehen. Wenn Malc erfährt, was er hier verpasst …«

»Was verpasst Malc?«, fragte Dot, die plötzlich hinter uns aufgetaucht war.

»Einen echten Neger«, antwortete Joe. Ich sah Dot an. Sie schüttelte wieder den Kopf. »Er ist nichts zum Anglotzen«, sagte sie dann.

»Ich dachte, deswegen wären wir hergekommen.« Ich weiß nicht, warum ich das sagte. Vielleicht wollte ich einfach nicht, dass Joseph noch einen Rüffel einstecken musste, und außerdem hatte Dot gesagt, wir wollten ihn uns »ansehen«.

»So habe ich das nicht gemeint«, sagte Dot. Ihre Stimme klang überrascht. »Es kommen nur einfach nicht viele

Leute geschäftlich hierher und ich …« Sie lächelte mich an, dann fing sie an zu lachen. »Ich freue mich, dass du endlich frei heraus sagst, was du denkst«, meinte sie dann und zerstrubbelte mir das Haar, was ganz schön wehtat. Aber ich nahm es ihr nicht weiter übel.

Mrs Bryce kam aus dem *Jacobite*, Hugh an der Hand. Hugh starrte immer noch zu Boden und als sie näher kamen, sah ich, dass er leicht zitterte. Mrs Bryce warf den Kopf herum, als wollte sie uns bewusst ignorieren, aber Dot stand direkt vor ihr und verstellte ihr den Weg.

»Komm schon, Lil«, sagte sie. »Es gibt keinen Grund uns wegen eines Fremden zu zerstreiten.«

»Das lag nicht an mir«, antwortete Mrs Bryce. »Habe ich dich etwa gebeten zu schreien und zu brüllen? Nicht dass ich wüsste.«

»Vielleicht nicht, aber du kannst doch nicht weiter an solchen Vorurteilen kleben, Lil. Meine Güte, erinnerst du dich denn nicht mehr an den Tag, als Dodos Kumpel dich besuchen kam? Er war dir willkommen wie jeder andere auch und dass er schwarz war, war überhaupt nicht der Rede wert.«

»Das war etwas anderes, Dot. Er war Dodos Kriegskamerad. Ein Amerikaner. Und außerdem kam er nur zu Besuch. Er hat nicht bei uns gewohnt.«

»Aber hat Dodo nicht ein Gedicht über Vorurteile geschrieben? Und warst du nicht stolz, als es veröffentlicht wurde?«

»Ja«, lächelte Lil. »Mein Bruder, der Dichter.« Sie seufzte tief. »Er ist wirklich sehr höflich.« Sie ließ Hughs Hand los, aber er griff sofort wieder nach ihr. »Ich geh nur nach nebenan, Brot holen. Wollt ihr warten und mit uns zu Abend essen?«

Dot sah mich an. Ich merkte an ihrem Gesichtsausdruck, dass ich die Rindfleisch-Pie lieber nicht erwähnen sollte, die wir zum Frühstück gegessen hatten. »Ja«, sagte sie. »Wir warten.«

Joe setzte sich auf den Randstein und ich hockte mich neben ihn. Dreep war verschwunden. Mrs Bryce und Dot und Hugh kamen mit dem Brotlaib wieder und gingen in die Kneipe, aber bevor Joe und ich auch nur ein Wort wechseln konnten, kam Dot mit Hugh wieder heraus. »Er will hier bei euch bleiben.« Sie half ihm sich auf den Randstein zu setzen. Er grätschte erst ein bisschen die Beine, zog sie dann an die Brust und schaukelte hin und her.

»Lasst ihn nicht auf die Straße«, ermahnte uns Dot und ging.

»Hat dich der Neger erschreckt, Hugh?«, fragte Joe. Ich hätte ihm am liebsten einen Fußtritt verpasst. Hugh sagte nichts. Er machte ein Geräusch wie ein brummendes Flugzeug, aber seine Lippen bewegten sich nicht.

»Halt den Mund«, zischte ich Joe zu.

»Tu ich nicht«, gab er zurück. Ich glaube, er sagte ganz automatisch immer »nein« und »tu ich nicht«. Ich erinnerte mich, dass Dad einmal gesagt hatte, Mama sei »in Widerspruchslaune«. Ich fand, dass »Widerspruchslaune« gut auf Joseph passte.

Ich sah Hugh an. Im Verhältnis zu seinem Kopf hatte er sehr kleine Ohren. Er drehte sich zu mir herum, aber sein Kinn lag so tief auf seiner Brust, dass er zu mir hochschielen musste. Ich lächelte ihn an und er lächelte zurück. Es war ein seltsames Lächeln – fast gerissen, auch wenn ich mich schämte, so etwas zu denken. Mich beschlich das Gefühl, dass er womöglich mehr mitbekam, als er sich anmerken ließ.

»Gehst du zum Essen rein?«, fragte ich Joe.

»In einer Minute. Um eins schließt Dad ab.«

»Kocht er denn für dich?« Ich dachte darüber nach, wie

seltsam es für einen Mann sein musste, keine Frau zu haben. Ich konnte mir gar nicht vorstellen, wie das Abstauben und Waschen und sonst alles erledigt werden sollte.

»Geht dich gar nichts an«, sagte Joseph. Er war offenbar entschlossen weiterhin unfreundlich zu sein, obwohl er das Eis bekommen hatte.

»D. D.«

»Doris Day«, grinste er.

»Falsch.« D. D. war gut, weil es mehrere Filmstars mit diesen Anfangsbuchstaben gab und man immer behaupten konnte, man meine jemand anderen.

»Dan Dailey.«

»Wieder falsch. Damit hast du deine letzte Chance verspielt.«

»Mir doch egal.« Er stand auf und steuerte auf den Laden seines Vaters zu. Ich hatte etwas Angst davor, mit Hugh alleine zu sein, aber ich ließ es mir nicht anmerken. Joe drehte sich um, als er an der Tür war.

»Ich wette, es war doch Dan Dailey.«

»Nein, Dan Duryea«, antwortete ich. Das entsprach der Wahrheit. Kaum jemand erriet diesen Namen.

»Also hatte ich halb Recht«, rief Joe zurück. Er drehte mir eine Nase und streckte mir die Zunge heraus. Ich tat das Gleiche. Hugh machte es uns nach. Joseph lachte und zeigte auf ihn. »Schau, er kann es auch.«

Ich lachte ebenfalls. Hugh hörte gar nicht mehr auf zu lachen. »Bis nach dem Essen!«, rief Joseph.

»In Ordnung.«

»In-OOOa.«

In der Küche von Mrs Bryce stank es fürchterlich nach Kohl, aber man ahnte, dass es hier normalerweise gut roch. Wir aßen gekochten Schinken mit Kartoffeln zum Kohl und jeder bekam eine halbe Tomate. Im Kohl war

Butter und er schmeckte besser, als er roch. Das Brot hatte eine wunderbare dunkle Kruste. Mum sagte einmal, sie sei erleichtert, dass ich auch die Krusten vom Brot mochte, die die meisten Kinder verabscheuten. Seitdem wollte ich immer, dass sie sah, wie gerne ich sie aß.

Mr Bryce aß an der Theke. Der Mann, der Arthur hieß, hatte einen Freund dabei und sie spielten wieder Domino. Ihre gelegentlichen Flüche hörte man bis in die Küche und Dot sagte, ein Neger mit guten Manieren sei ihr tausendmal lieber. Lil meinte, der Himmel hätte Dot geschickt um sie auf die Probe zu stellen, aber sie stritten sich nicht wieder.

Ich bemühte mich Hugh nicht beim Essen zuzuschauen, denn er aß mit offenem Mund und es sah ein bisschen eklig aus. Mrs Bryce schnitt ihm sein Essen klein, aber er steckte es sich selbst in den Mund. Er hatte eine Menge Tomatensoße auf dem Teller und fuhr mit der Gabel ständig darin herum. Er machte eine schreckliche Schweinerei, aß aber alles auf und Mrs Bryce wischte ihm den Mund ab und gab ihm einen Kuss, als er fertig war.

Bestimmt würde sich Mrs Bryce freuen, wenn ich Hugh aufforderte mit mir und Joseph zu spielen. Das war das Mindeste, was ich tun konnte, aber Mrs Bryce schüttelte den Kopf.

»Er macht nach dem Essen immer ein Nickerchen. Nachmittags ist er ziemlich müde«, erklärte sie. Ich war erleichtert. Hugh nickte wie verrückt und versuchte »Ja« zu sagen. Allmählich verstand ich einiges von dem, was er sagte, aber man bekam beinahe Kopfweh, so sehr musste man sich dabei konzentrieren. Er sah kein bisschen müde aus, fand ich, aber Mrs Bryce sagte, er solle zum Abschied winken, und brachte ihn nach oben. Dot meinte, ich könne Joseph holen, wir könnten dann an den Fluss hinuntergehen und unsere Räder später mitnehmen.

Als ich an dem Mann namens Arthur vorbeiging, fragte er mich, ob mir meine Ferien gefielen; ich sagte Ja. Er meinte, ich sei um einiges hübscher als meine Großmutter, hätte aber auch viel von den Fairbairns. Es klang nicht gerade wie ein Kompliment und ich wusste nicht, ob ich mich bedanken sollte oder nicht. Sein Begleiter sagte zu ihm, er solle mich in Ruhe lassen und sich auf das Spiel konzentrieren. Arthur entgegnete, er habe nur ein bisschen frotzeln wollen, und ich ging weiter.

Mr Conroy schnitt gerade Fleisch, als ich den Laden betrat.

»Du bist das«, meinte er und lächelte mich an. »Kaum bist du da, geht die Sonne auf.« Wenn ich Rita wäre, würde ich ihn auf der Stelle heiraten. Von irgendwoher hörte ich eine Toilettenspülung rauschen und dann erschien Joe.

»Willst du einen Spaziergang mit uns machen?«, fragte ich.

»Wer ist ›uns‹?«

»Dot und ich. Wir gehen zum Fluss.«

Mr Conroy stellte die Schneidemaschine ab. »Seit wann heißt sie Dot?«

»Ich ... ich ... ich habe mich einfach noch nicht daran gewöhnt, sie ›Oma‹ zu nennen«, sagte ich verlegen, denn mir war klar, dass es respektlos klang.

»Und für dich ist sie immer noch Miss Fairbairn, Joseph, vergiss das nicht.«

Joe senkte die Augen. »Und für dich heißt es Mrs Gilchrist«, murmelte er.

Mr Conroy sah ihn scharf an. »Was sagst du da?«

Joe schüttelte den Kopf. »Nichts.«

»Dann ist's ja gut«, sagte Mr Conroy. »Ihr könnt gehen.«

Dot lehnte an der Hausmauer, als wir herauskamen. Sie

rauchte und blickte die Straße hinunter. Dreep kam mit schnellen Schritten und weit ausgebreiteten Armen auf uns zu. Die Tüte mit der Limonadenflasche steckte in einer seiner Manteltaschen und zog sie nach unten. Er trug eine schwarze Augenklappe. Hooligan trottete hinter ihm her.

»Was ist denn mit deinem Auge passiert, Dreep?«, fragte Dot.

Er blieb stehen und verbeugte sich. »Ich habe mich entschlossen die Welt einmal aus einer anderen Perspektive zu betrachten, Miss Fairbairn ... sozusagen meinen Blickwinkel zu verengen; das Leben ist einfach zu gewaltig, als dass man es auf einmal erfassen könnte. Ich hoffe, ich lerne etwas daraus.«

»Um Himmels willen«, sagte Dot. »Du siehst ja gar nicht, wohin du trittst!«

»Ihr Urteil über meine Gehweise mag zutreffen. Trotzdem hoffe ich, dass Sie mir diese momentane Laune nachsehen, Miss Fairbairn.« Damit machte er kehrt und ging zurück in die Richtung, aus der er gekommen war.

»O mein Gott, es wird immer schlimmer mit ihm«, sagte Dot. Ihre Stimme klang traurig. Sie drückte ihre Zigarette auf dem Bürgersteig aus und wies uns an schon vorauszugehen. Hooligan blieb einen Moment lang stehen, unschlüssig, wem er folgen sollte, aber dann machte ich ihm ein Zeichen mit uns zu kommen und mit einem letzten Blick auf Dreep schloss er sich uns an.

»Ist Dreep sein richtiger Name?«, fragte ich Joe. Er kickte mit dem Fuß eine verrostete Blechdose in Hooligans Richtung, aber Hooligan hatte keine Lust zu spielen. Joe hob sie auf und warf sie auf den freien Platz neben der Bushaltestelle, an der wir gerade vorbeigingen. Er warf offenbar gerne mit Gegenständen. Es war wie Spucken. Etwas, das Jungen – und auch Männer – liebend gerne taten. Als versuchten sie sich auf diese Weise von etwas zu befreien, von was, hatte ich noch nicht herausgefunden.

»Nein«, gab er zurück. »Keiner weiß, wie er richtig heißt. Hast du seine Nase gesehen?«

Das hatte ich nicht.

»Er hat immer eine Rotzglocke, im Sommer wie im Winter. Auch wenn er sie sich am Ärmel abwischt – es kommt gleich wieder. Manchmal leckt er es auch auf.«

»Igitt.«

Joe grinste mich an. Er sah richtig nett aus, wenn er grinste. »Find ich auch«, nickte er.

Wir gingen wieder über die Felder. Der Bulle war weg. Auf der anderen Straßenseite grasten Schafe, die am Tag zuvor noch nicht da gewesen waren. Ich fragte mich, wer die Tiere wohl herbrachte und wieder wegführte und warum. Joseph wusste es auch nicht, aber er tat so als wüsste er es und sagte obenhin, das Landleben sei für »Städter« eben voller Rätsel.

Hooligan streunte wie gewöhnlich herum, aber wenigstens stellte er nicht den Schafen nach. Dot meinte, wir sollten trotzdem auf ihn aufpassen. An der Straße war ein Auto geparkt und Joe meinte, das seien wahrscheinlich irgendwelche »Städter«, die einen Ausflug machten und uns den Tag verderben würden, aber Dot widersprach. Sie sagte, es sei ein englisches Nummernschild; wahrscheinlich Urlauber, die die Aussicht genössen; wir sollten freundlich zu ihnen sein und versuchen keinen schlechten Eindruck zu machen.

Als wir zum Flussufer kamen, sahen wir einen Mann bäuchlings auf dem Kies liegen. Neben ihm stand ein Stativ mit einer Kamera darauf, eine zweite Kamera hatte er in der Hand. Er schien uns nicht zu sehen.

»Ein schöneres Foto können Sie gar nicht schießen, mein Junge«, meinte Dot. Der Mann zuckte zusammen und klopfte sich die Kleider ab, als er aufstand. Ich hatte noch nie zuvor einen Neger gesehen. Joseph und ich starrten ihn an. Wir konnten nicht anders.

»Dot Fairbairn«, sagte Dot und ging auf ihn zu um ihm die Hand zu geben. »Sie müssen Mr Smith sein.«

Er lächelte und schüttelte ihr herzlich die Hand. Er hatte die schönsten Zähne, die ich je gesehen hatte. »Dann haben Sie also schon von mir gehört?«, fragte er.

»Lil und Eckie sind Freunde von mir«, antwortete Dot. »Und wir bekommen nicht oft Besuch hier.«

»Jedenfalls keinen solchen wie mich«, antwortete der Mann, immer noch lächelnd. »Ich fürchte, ich habe die beiden ganz schön überrascht.«

Dot begann zu lachen. »Das kann man wohl sagen!« Sie wischte sich über die Augen und zündete sich noch eine Zigarette an. »Rauchen Sie, mein Junge?«

Er nickte und bedankte sich. »Sagen Sie doch Gerry zu mir«, bot er an. »Freut mich Sie kennen zu lernen ... –« Er hob fragend die Augenbrauen und Dot nickte. »Freut mich Sie kennen zu lernen, Dot.«

Er sah Joe und mich an. Joseph war unwillkürlich ein Stück näher an mich herangerückt. Ihm schien die Sache auch nicht ganz geheuer zu sein.

»Ihre Kinder?«, fragte er, an Dot gewandt.

Sie lachte so, dass sie husten musste. Wenn sie doch entweder mit dem Rauchen oder mit dem Lachen aufhören würde; sie machte einen ganz nervös damit.

»Dafür, dass Sie Fotograf sind, haben Sie aber keinen guten Blick«, antwortete sie. »Wie sollte eine alte Schachtel wie ich wohl zu Kindern dieses Alters kommen?«

Er drehte seine Zigarette zwischen den Fingern. »Mit der Jugend ist es wie mit der Schönheit, Dot. Es kommt ganz auf den Betrachter an.«

»Ach, gehen Sie«, sagte Dot, aber ich merkte, dass sie

sich freute. »Können Sie hier gute Aufnahmen machen?«

Er nickte. »Es ist eine völlig andere Welt. Ich bin schon viel gereist, aber das hier ...« Er schüttelte den Kopf und deutete zu den Bergen hinüber. »Wie heißen sie?«

Dot zuckte die Schultern. »Ich nenne sie ›die Alten‹«, erwiderte sie. »Sie haben gälische Namen, die ich nicht richtig aussprechen kann.«

»Sie können kein Gälisch?«, fragte Mr Smith. Hooligan war zurückgekommen. Er betrachtete den Fremden mit ähnlichem Unbehagen wie wir.

»Slàinte! Das ist das einzige gälische Wort, das ich kennen muss«, lachte Dot.

»Und das heißt?«

»Zum Wohl!« Dot zog einen Flachmann aus ihrer Hosentasche, den ich noch nie gesehen hatte, und hielt ihn in die Höhe. Er war silbern und sehr hübsch.

Mr Smith nickte wieder und nahm die Flasche. »Sie haben doch nichts dagegen?«

»Ich bin ein großer Fan von Billie Holiday«, erwiderte Dot.

Mr Smith ließ die Flasche sinken. »Ich mag Connie Francis lieber«, sagte er. Es war plötzlich ganz ruhig. Man hörte nur das Klatschen der Wellen und das Ächzen des Winds in den Zweigen.

»Tut mir Leid, mein Junge«, sagte Dot schließlich. Auch sie sprach jetzt ganz leise. Ich wusste nicht, was genau geschehen war, aber irgendwie musste sie Mr Smith gekränkt haben. Vielleicht half es, wenn ich ihn ablenkte.

»Hallo«, sagte ich und streckte ihm die Hand entgegen. »Ich bin Ellie.« Ich kam mir sehr mutig vor.

»Meine Enkelin«, sagte Dot. In ihrer Stimme lag Stolz. Ich merkte, dass ich vor Freude übers ganze Gesicht strahlte.

»Joseph Conroy«, sagte Joe und drängte sich vor. Hooligan knurrte ein wenig angesichts des plötzlichen Aufruhrs.

»Freut mich euch beide kennen zu lernen«, sagte Mr Smith. »Ellie ... Joe ...« Er schüttelte uns die Hand. Seine Handflächen waren rosa, genau wie unsere. Das sah wirklich seltsam aus. Dann führte er den Flachmann zum Mund. Er hatte sehr große Lippen. Sie waren purpurrot.

»Slange-a, Dot«. Es klang nicht ganz richtig, aber fast.

Ich wäre gern da geblieben und hätte mit Mr Smith geredet, aber ich spürte, dass Dot gleich wieder anfangen würde ihre endlosen Geschichten zu erzählen und Joe hatte das Interesse verloren, jetzt, wo er den Neger endlich gesehen hatte. Wir ließen die beiden allein und gingen weiter die Bucht entlang, Hooligan zwischen uns.

Ich drehte mich ein paarmal um. Dot und Mr Smith saßen am Ufer, rauchten und erzählten und tranken zusammen. Sie sahen aus, als würden sie sich schon seit Ewigkeiten kennen. Ich fragte mich, ob Dot mir wohl zuvorkommen und ihn nach Mr Starling fragen würde. Ich glaubte es aber eher nicht. Sie hatte gesagt, sie vermisse keinen Ehemann. Das hatte sehr entschieden geklungen.

Ich holte Joseph ein. Ich kam mir immer noch mutig vor – eine ganz neue Erfahrung für mich.

»Was ist mit deiner Mutter passiert?«, fragte ich.

KAPITEL 10

Joseph drehte sich um und funkelte mich an. Dann stapfte er weiter, kletterte hinauf in die Dünen und riss im Gehen Grasbüschel heraus. Ich blieb dicht hinter ihm. Ich wollte es wissen.

»Wo ist deine Mutter?«, fragte ich noch einmal.

Er blieb stehen. Er hob das Bein ein wenig und betrachtete seine Sandale.

»Kacke«, sagte er und versuchte die Sandale an einem Grasbüschel sauber zu reiben. Ich sah ihm zu und wartete. Er setzte sich hin und drehte mir den Rücken zu. Hooligan beschnüffelte das Gras, wo Joseph gestanden hatte. Joe hob einen Ast auf und schleuderte ihn fort.

Hooligan pinkelte ins Gras und beobachtete, wo der Ast zu Boden ging. Als er sein Geschäft beendet hatte, trottete er dahin, wo der Ast lag, und zerkaute ihn in kleine Stücke. Dann kam er wieder.

»Dummer Hund«, sagte Joe.

»Er ist nicht dumm«, widersprach ich. »Wetten, dass ich ihn dazu bringe, mir den Ast zurückzubringen?«

»Wetten, dass nicht!«

Ich stand auf und suchte mir einen schönen, dicken Ast. Damit sich Hooligan nicht am Maul verletzte, wenn er ihn ungeschickt auffing, versuchte ich ein paar spitze Zweige abzubrechen, aber es gelang mir nicht.

»Gib her«, sagte Joe.

»Du musst ihn mir aber wiedergeben.«

Er zupfte ein bisschen daran herum, ohne Erfolg. »Bring her!«, rief er und warf. Hooligan legte sich vor Joe nieder und bettete den Kopf zwischen die Pfoten.

»Siehst du! Ich sag dir doch, er ist dumm!«

»Du solltest mir den Ast doch zurückgeben«, sagte ich. Ein paar Versuche mehr waren bestimmt nötig, bis Hooligan begriff, was wir von ihm wollten. Ich setzte mich neben Joe und warf ein Stück Treibholz. Da ich die Sache nicht hochspielen wollte, sagte ich ganz leise: »Bring her, Hooligan!« Er sah zu, wie das Stück Holz vor ihm durch die Luft flog, und blickte mich an. Dann streckte er alle Viere von sich und schlief ein.

»Er ist einfach nicht in Stimmung«, sagte ich. »Dumm ist er jedenfalls nicht.«

»Er *ist* dumm.«

Ich seufzte. »Warum bist du immer so streitsüchtig?«

»Bin ich nicht.«

»Siehst du. Schon wieder.«

Joe schwieg. »Sie ist abgehauen«, sagte er dann.

Ich hatte schon von Leuten gehört, die einfach abgehauen waren und ihre Kinder im Stich gelassen hatten, aber gewöhnlich waren es Männer, die so etwas taten. Ich hatte noch nie von Müttern gehört, die ihre Kinder verließen.

»Es ist grausam, seine Kinder im Stich zu lassen«, sagte ich.

»Sie ist nicht grausam. *überhaupt nicht*!«

Ich biss mir auf die Lippen. Es war grausam, aber Joe würde noch wütender werden, wenn ich das sagte. »Tut mir Leid«, sagte ich.

Er zog seine Sandalen aus, grub seine Füße in den Sand und verschränkte die Arme über den Knien. Er legte den Kopf darauf und streckte das Kinn vor, als beiße er die Zähne sehr fest zusammen.

»Sie heißt Faith, das bedeutet soviel wie ›Treu und Glauben‹. Dad meint, der Name sei zum Totlachen!«

»Was sagt dein Vater noch so?« Ich hätte gern gewusst, ob er irgendwas über Rita gesagt hatte. Eigentlich musste ihr Name gefallen sein, da sie so kurz davor stand, Mr Conroy zu heiraten. Ich hatte schon die Hoffnung aufgegeben, dass Joe noch antworten würde; so lange dauerte es, bis er den Mund aufmachte.

»Er hat immer gesagt, sie wäre mit dem Milchmann abgehauen, und er hat Witze darüber gemacht. Einmal, als er sich zu Hause betrank, habe ich ihn gefragt, wie es wirklich gewesen ist. Es war nicht der Milchmann, sagte er, sondern sein Kumpel – sein ›Compadre‹, wie er sich ausdrückte, wie in den Cowboyfilmen. Dann fing er an zu weinen. Ich sagte, sie käme bestimmt zurück und er solle deshalb nicht weinen.«

Joe stand auf und ging ein Stück weiter. Er hob den Ast auf, den ich gefunden hatte, und fing wieder an an ihm herumzuzupfen. Ich ging ihm nach. Hinter einer Einzäunung kamen wir auf ein Feld, auf dem nur Gras und Klee wuchsen. Hooligan hatte sich hinter uns durch den Zaun gequetscht. Joseph warf den Ast weg, ohne darauf zu achten, wohin, aber Hooligan fand ihn und brachte ihn im Maul zurück.

»Was habe ich gesagt!« Ich war begeistert. »Vorhin hatte er bloß keine Lust. Er ist noch klüger, als ich dachte!«

Joseph antwortete nicht. Ich wusste, dass er immer noch an seine Mutter dachte.

»Hat dein Vater dann aufgehört zu weinen?«, fragte ich. Ich hatte das Gefühl, dass er seine Geschichte zu Ende erzählen wollte, wo er nun schon einmal damit angefangen hatte.

»Ja. Er hat mir eine geknallt und gesagt, ich solle ihm aus den Augen gehen und ins Bett verschwinden. Da wusste ich, dass ich daran schuld bin, dass sie gegangen ist. Es muss etwas mit mir zu tun haben.«

»Ach nein, Joseph. Daran würdest du dich bestimmt erinnern.« Er war ein bisschen schwierig, aber ich konnte mir nicht vorstellen, dass er etwas derart Schlimmes getan haben konnte, das seine Mutter dazu gebracht haben sollte abzuhauen. Sogar Walter Cummings' Mutter war nicht abgehauen und Walter war viel, viel schlimmer als Joseph.

Er zuckte die Schultern. »Ich erinnere mich nicht«, sagte er. Er sah sehr verzweifelt aus. Immer wieder warf er den Ast. Hooligan holte ihn und brachte ihn zurück. Wieder und wieder schleuderte Joe den Stock, immer fester. Dann warf er sich ins Gras und verbarg das Gesicht im Klee. »Eines Tages wird sie zu uns zurückkommen. Das weiß ich genau!«

Ich beobachtete Hooligan. Sein Herz klopfte zum Zerspringen. Er legte sich auf den Boden, den Kopf auf Josephs Rücken, und sah mich an. Er keuchte, aber sein Blick war traurig. Er wusste, dass Josephs Mutter nicht mehr zurückkommen würde. Wir alle wussten das.

Wir waren fast schon wieder am Flussufer, da erinnerten wir uns an Joes Sandalen. Sie waren halb mit Sand bedeckt, als wir sie fanden. Wir hatten Glück, dass sie überhaupt noch da waren. Einmal hatte ich meine Turnschuhe verloren. Ich hatte meine Fahrradtaschen nicht richtig zugemacht und die Turnschuhe waren herausgefallen. Ich fand sie nie wieder und bekam zwei Wochen lang kein Taschengeld, aber Mum ging mit mir in den Film »Der König und ich« um es wieder gutzumachen. Wir haben Dad nichts davon gesagt.

Dot war alleine, als wir zurückkamen, und aller Mut verließ mich. Sie sagte, Mr Smith sei ein Stück den Weg entlanggegangen um die alten Hügelgräber zu fotografieren, aber sie habe ihn eingeladen auf dem Rückweg bei ihr zu Hause vorbeizuschauen, falls er Zeit habe. Das heiterte mich wieder auf.

Hooligan lief voraus. Er hielt es offenbar für Zeitverschwendung, zuerst nach Inchbrae zu gehen um dann doch wieder zurückzukehren. Er war wirklich ein kluger Hund.

Dot ging mit uns in die Stadt zurück und verabschiedete sich von Joe. Er war sehr schweigsam und ich war immer noch nicht sicher, ob er das mit Rita wusste oder nicht.

Dot erzählte Mrs Bryce, dass wir Mr Smith getroffen hätten und was für ein netter Mann er sei. Mrs Bryce sagte, sie habe die Nase voll von dem Ganzen und wolle sich nicht mehr dazu äußern. Dot meinte, es sei gut, wenn sie die Nase voll habe; dann könne sie vielleicht erahnen, wie es Mr Smith zumute sei. Mrs Bryce drohte Dot mit dem Finger und wir gingen. Auf dem Heimweg brach Dot immer wieder in Gelächter aus.

Ich sagte Dot, dass ich Mr Smith auch sehr nett fand – obwohl ich anfangs ein bisschen Angst vor ihm gehabt hätte.

»Ellie, als du hierher gekommen bist, warst du mir genauso fremd wie Mr Smith, weißt du das?«, fragte Dot.

»Aber ich bin doch deine Enkelin, und ich bin nicht ... schwarz«. Um ein Haar hätte ich »Neger« gesagt.

»Aber trotzdem warst du fremd hier«, sagte sie, »und wenn wir einen Fremden nicht ins Herz schließen können, sind wir wirklich armselige Menschen.« Davon war sie offenbar felsenfest überzeugt.

»Hast du mich denn ins Herz geschlossen?«, fragte ich.

Sie sah mich an und lächelte. »Ja, ich habe dich ins Herz geschlossen«, antwortete sie. Ich freute mich sehr.

Mrs Bryce hatte Dot eine Thermoskanne mit Linsensuppe und ein in Papier eingewickeltes Stück Rindfleisch mitgegeben. Das aßen wir zu Abend und Hooligan bekam einen großen Knochen, den Mr Conroy extra für ihn aufgehoben hatte. Dot sagte, Mr Conroy hebe immer Fleischreste und Knochen für Hooligan auf, wolle aber den Hund nicht selbst füttern, damit er nicht immer vor seiner Tür herumlungere.

Ich hatte gesehen, wie Hooligan an der Mauer des Metzgerladens das Bein hob und ich konnte Mr Conroys Standpunkt verstehen. Ich nahm mir vor Hooligan dieses Verhalten auszutreiben. Dot lachte, als ich ihr das sagte. Sie meinte, Hunde seien wie Männer – es sei ihnen völlig egal, wo sie hinpinkelten.

Nach dem Abendessen machte Dot einen sehr nachdenklichen Eindruck. Sie fragte mich, ob ich schon einmal auf den Text von »Strange Fruit« geachtet hätte. Das war eines der Lieder von Billie Holiday, das sie häufig spielte. Ich verneinte. Dot legte die Platte auf und ich musste stillsitzen und zuhören.

»Kannst du damit irgendetwas anfangen, Kleines?«

»Es klingt sehr traurig.«

Dot nickte. »Mit diesem Lied läßt Lady Day jedes ihrer Konzerte enden. Es handelt von den Schwarzen.«

Ich machte ein verwirrtes Gesicht. »Ist Billie Holiday denn schwarz?«

»Ja, und sie ist stolz darauf. Die ›strange fruit‹, die seltsame Frucht, von der sie singt ... damit sind die Schwarzen gemeint, die im Süden ... in Amerika ... an den Bäumen aufgehängt wurden.«

»Und warum?«

Dot schüttelte den Kopf. »Meist einzig und allein deshalb, weil sie schwarz waren. Das war zur Zeit des Sklavenhandels, aber viele Schwarze sind Sklaven bis auf den heutigen Tag. Sie müssen sich von den Weißen fernhalten und können nur hoffen, irgendwann einmal wirklich frei zu sein.«

»Ich dachte, deshalb gab es den Bürgerkrieg«, sagte ich. »Um sie zu befreien.«

»Ja. Das ist jetzt fast hundert Jahre her und noch immer können sie sich nicht frei nennen. In diesem Krieg hat Bruder gegen Bruder gekämpft, Ellie. Da fragt man sich, ob wir jemals etwas dazulernen. Weiß Gott, wenn man da oben in diesem Sputnik sitzt und auf die Erde hinunterblickt, sehen doch alle Menschen gleich aus. Und trotzdem können wir nicht einmal zwei Minuten lang in Frieden miteinander leben.«

»Glaubst du, Gott sieht jeden von uns?«, fragte ich. Das war eine Frage, die mich immer wieder beschäftigte, und ich wusste, dass Gott noch weiter von uns entfernt war als der Sputnik. Ich hatte noch nie jemandem diese Frage gestellt, aber ich war mir sicher, dass Dot mir eine ehrliche Antwort geben würde.

Sie sah mich einen Augenblick lang an. »Wenn du davon überzeugt bist, dass er dich sieht, dann sieht er dich auch.«

Ich war enttäuscht. Das war keine richtige Antwort. In der Sonntagsschule wurde uns beigebracht, wie wichtig es sei, einen unerschütterlichen Glauben zu haben. Ich musste an Josephs Mutter Faith denken.

»Wann kommt Rita?« Ich hoffte, bald, damit sie wieder fort war, wenn Mr Smith uns besuchte. Sonst würde es zu kompliziert sein, allein mit ihm zu reden.

Dot warf einen Blick auf die Uhr. »Gleich. Würde es dir etwas ausmachen, draußen zu spielen, wenn sie kommt?«

Noch nie hatte mich jemand gefragt, ob es mir etwas ausmache, die Erwachsenen alleine zu lassen. Ich fand es sehr höflich von Dot, mich zu fragen.

»Nein, natürlich nicht.«

»Du bist ein gutes Kind, Ellie, mit dir gibt es überhaupt keine Probleme«, sagte Dot. Ich war sehr zufrieden mit mir, als sie plötzlich noch hinzufügte: »Deine Eltern verdienen einen Tritt in den Hintern.«

»Nein!«, rief ich. Ich brüllte fast. »Mum ist KRANK!«

»Das liegt an deinem Vater, sie hat ihn satt, was mich nicht wundert.«

Ihre Worte erschreckten mich. Was, wenn das stimmte? Was, wenn Mum wie Josephs Mutter davonlief und uns verließ? Das konnte sie nicht. Nicht Mum. Ich spürte, wie sich meine Augen mit Tränen füllten, und ging zur Tür. Vielleicht war Hooligan noch draußen.

Dot rief mich zurück. »Ellie, Kleines, das ist nur mein dummes Geschwätz. Ich wollte dir nicht wehtun.«

Ich blieb stehen. Die Tränen liefen mir die Wangen hinunter. Dot streckte die Arme aus und zog mich auf ihre Knie. Das hatte schon sehr lange niemand mehr mit mir gemacht. Obwohl ich weinte, fühlte ich mich gut. Ihre Bluse war rau und kratzig und roch ein wenig nach Schweiß, aber es war kein schlechter Geruch, es roch irgendwie warm.

»Psst, mein Kleines«, sagte sie und streichelte mir über den Rücken. »Deiner Mum wird es bald wieder gut gehen und deine Eltern vermissen dich beide bestimmt sehr. Wie sollten sie dich auch nicht vermissen?« Sie holte ein großes Männertaschentuch aus ihrer Tasche, putzte mir damit die Nase und wischte mir die Tränen ab.

»Können wir sie bitte anrufen?«, fragte ich.

Sie nickte. »Wenn es dir hilft, rufen wir morgen an.«

Es half mir. Ich hatte plötzlich das Gefühl schon eine Ewigkeit von zu Hause fort zu sein.

Dot begleitete mich zur Hintertür und wollte nach Hooligan pfeifen, aber er stand direkt vor uns. Wir hatten ihn hinter der purpurrot blühenden Pflanze nur nicht gesehen. Er sah uns an, als seien wir nicht ganz richtig im Kopf, und wir lachten beide. Ich fühlte mich schon viel besser. Dot ging wieder ins Haus und ich ging mit Hooligan spazieren. Dabei machte ich einen Bogen um die Hauptstraße, damit er nicht auf die Idee kam einfach weiterzulaufen und mich stehen zu lassen.

Ich erzählte ihm, dass ich meinen Opa finden wollte, bevor ich wieder nach Hause fuhr, aber dass Mum mich wahrscheinlich schnell wieder bei sich haben wollte und mir deswegen vielleicht gar nicht genug Zeit bliebe. Mir kam es so vor, als nickte er verständnisvoll, doch als ich mich neben ihn hockte, sah ich, dass er nur auf etwas herumkaute, das er auf der Straße gefunden hatte. Aber er wich die ganze Zeit nicht von meiner Seite. Es war das erste Mal, dass er nicht herumstreunte, und ich wusste jetzt, dass er angefangen hatte mich zu mögen.

Als wir gerade umkehren wollten, hörte ich ein Auto näher kommen und blieb stehen um zu sehen, ob es Mr Smith war. Das Auto hielt neben uns und Hooligan knurrte nicht einmal.

Es gab also nicht nur böse Vorzeichen, wie Mum behauptete, manchmal gab es auch gute.

Mr Smith kurbelte sein Fenster herunter. »Ellie, wie nett dich wieder zu sehen.« Ich wünschte mir, dass mein Lächeln so schön war wie das von Mr Smith.

»Kommen Sie zu uns?«

»Tut mir Leid«, sagte er. »Es war sehr freundlich von deiner Großmutter, mich einzuladen, aber ich bin ziemlich hungrig – es war ein langer Tag – und ich möchte nicht, dass Mrs Bryce mit dem Essen auf mich warten muss. Würdest du Dot grüßen und mich entschuldigen?«

Ich seufzte und er schien überrascht, dass ich so enttäuscht war.

»Ellie ...?«

»Ich hatte gehofft mit Ihnen sprechen zu können ... vertraulich.«

Aus dem Augenwinkel sah ich, dass Hooligan das Bein an Mr Smiths Reifen hob, aber ich schimpfte ihn nicht aus. Er wusste es ja nicht besser.

Mr Smith sah verwirrt drein, aber er lächelte immer noch. »Und worüber wolltest du mit mir reden?«

»In Newcastle wohnt jemand, den ich gerne finden möchte ... also, ich glaube, dass er in Newcastle ist, aber vielleicht ist er auch nicht mehr da ... ich will aber nicht, dass jemand erfährt, dass ich nach ihm suche ... nicht, bevor ich ihn gefunden habe ... wenn Sie mir dabei helfen könnten ...«

Mr Smith hob die Augenbrauen. Sie sahen aus wie Krähenflügel. »Newcastle ist eine sehr große Stadt, Ellie. Wen suchst du denn?«

»Mr Starling, Mr Johnny Starling ... – kennen Sie ihn? Er ist mein Großvater ... glaube ich.«

Mr Smith rieb sich die Nase. Dann nahm er eine Zigarette aus seiner Hemdtasche und zündete sie an. Er öffnete die Autotür und stieg aus. Ich sah zu ihm hoch, aber er legte mir die Hand auf die Schulter und kniete sich neben mich. Aus der Nähe war sein Gesicht noch schwärzer, aber er sah sehr freundlich aus. Von seiner Nase zu seinem Mund verliefen zwei lange Linien, die ich vorher nicht wahrgenommen hatte, und ich fand, sie ließen ihn ein bisschen traurig aussehen. Ich fand immer, dass die Leute traurig aussahen.

»Und du kennst ihn nicht? Obwohl er dein Großvater ist?«, fragte er.

Ich schüttelte den Kopf. »Ich habe nur Dot kennen gelernt ... das heißt, ich kannte sie schon immer, aber nicht so gut wie jetzt, und ich habe einen Brief gefunden ... sie ist eine Miss ... das hat sie Ihnen wahrscheinlich erzählt ... sie erzählt es jedem und deshalb macht es nichts ... aber ich habe einen Brief gefunden, den sie geschrieben hat ... bevor mein Dad geboren wurde ... ein Brief an Mr Johnny Starling ... und ich glaube, er ist mein Großvater.« Ich war ganz außer Atem.

Hooligan strich um uns herum. Es war ihm wohl nicht ganz geheuer, dass wir so nahe beieinander standen, aber Mr Smith achtete nicht weiter auf ihn.

»Und warum fragst du deine Großmutter nicht danach?«, sagte Mr Smith. Er beugte sich noch weiter zu mir herunter. »Und warum liest du anderer Leute Briefe?«

»Ich habe ihn ... ganz zufällig gefunden. Ich habe ja versucht ... mit Dot zu reden, aber sie sagt, sie ist froh, dass sie nicht verheiratet ist, also hat sie sich wohl gar nicht weiter bemüht ihn zu finden ... bisher. Sie hat den Brief nämlich nie abgeschickt.«

Mr Smith rieb sich wieder die Nase. »Ellie, du musst es schon den Erwachsenen überlassen zu entscheiden, was am besten ist. Und so, wie ich Dot kenne, bin ich überzeugt, dass sie das Beste getan hat.«

»Vielleicht nicht.« Ich gab nicht nach. »Vielleicht hatte sie Angst es ernsthaft zu versuchen. Die Menschen haben manchmal Angst. Wirklich!«

Er nickte. »Das stimmt. Hast du denn seine Adresse, ich meine die Adresse von Mr Starling, deinem möglichen Großvater?« Es klang, als mache er sich über mich lustig, aber als ich ihn ansah, merkte ich, dass er einfach nur freundlich sein wollte.

»Ich habe sie mir gemerkt. Sie heißt: bei Mrs. Parkin, Seaton Road Nr. 20, Newcastle.«

Er griff in seine Tasche und holte einen Stift heraus und ein kleines Notizheft aus Leder mit einem Gummiband drum herum. Sorgfältig schrieb er die Adresse hinein.

»Ich habe den Namen dieser Straße noch nie gehört, Ellie, und womöglich war das ja gar nicht Mr Starlings fester Wohnsitz.«

»Aber Sie werden versuchen ihn zu finden, nicht wahr?«

Er strich sich durchs Haar. Es sah sehr weich aus, gar nicht so voll mit Pomade wie bei den Negern in den Filmen. »Ich verspreche dir, dass ich mich darum kümmere, wenn ich wieder zu Hause bin. Wenn du mir auch Dots Adresse gibst, werde ich an dich persönlich schreiben, sobald ich etwas weiß. Okay?«

»Aber ... aber dann ist es vielleicht zu spät! Dann bin ich vielleicht schon wieder zu Hause und ich weiß nicht, wann ich wieder hierher komme. Vielleicht nie mehr, Mr Smith.« Ich biss mir auf die Lippen. »Könnten Sie es nicht schon früher versuchen? Bitte!« Ich wusste, dass es unhöflich war, ihn so zu bedrängen, aber ich konnte nicht anders.

Mr Smith seufzte. »Tja, also ... morgen fahre ich an die Westküste, aber am Mittwoch werde ich wieder hier sein – so gegen Abend. In der Zwischenzeit könnte ich versuchen telefonisch etwas herauszubekommen. Wie wäre das?«

»Oh, danke, Mr Smith!« Vor Erleichterung hätte ich ihn beinahe umarmt, aber so etwas gehörte sich ja nicht.

Mr Smith stand auf und öffnete die Autotür, dann drehte er sich nach mir um. »Mach dir aber keine allzu großen Hoffnungen, Ellie. Es ist sehr unwahrscheinlich, dass ich etwas in Erfahrung bringen kann. Ist dir das klar?«

Ich strahlte ihn an. »Ich weiß ... aber möglich ist es doch, nicht wahr? Es ist immerhin *möglich.*«

KAPITEL 11

Wenig später kam Rita. Bestimmt war sie Mr Smith auf der Straße begegnet, auch wenn sie ihn wahrscheinlich nicht bemerkt hatte. Rita fuhr viel zu schnell um irgendjemanden wahrzunehmen. Hooligan machte sich auf in Richtung Inchbrae. Er schien zu wissen, dass er sich vor Rita mehr in Acht nehmen musste als vor Mr Smith, was mich beruhigte.

Die Murchisons hatten einmal einen Hund gehabt, der immer hinter den Autos herlief. Es gab nicht viel Verkehr in unserer Straße, aber eines Tages wurde der Hund trotzdem von einem Auto erfasst und musste eingeschläfert werden. Dad meinte, es sei ein Wunder, dass das nicht schon früher passiert sei, aber mir tat es Leid um den Hund. Er hatte doch nur spielen wollen.

Rita war allein gekommen und ich ging mit ihr ins Haus. Als ich Dot ausrichtete, dass Mr Smith leider nicht vorbeischauen könne, schwieg sie und ich befürchtete, dass sie ahnte, worum ich ihn gebeten hatte. Ich drehte mich zu Rita um, damit Dot mein Gesicht nicht sah.

»Ich spiele draußen, dann können Sie sich ungestört mit Dot unterhalten«, sagte ich. Sie machte ein überraschtes Gesicht, dann meinte sie, ich würde hoffentlich viel Zeit mit Joe verbringen – ein paar Lektionen in Sachen Benimm könnten ihm nicht schaden.

Nachdem ich ein paarmal die Straße hinauf- und hinuntergeradelt war, hatte ich das Gefühl, dass im Hinterreifen ein Loch war. Am Reifen selbst war nichts zu sehen, er hatte nur viel Luft verloren, also schob ich das Fahrrad zum Haus zurück. Dots Rad stand unter dem Küchenfenster. Sie hatte bestimmt nichts dagegen, wenn ich mir ihre Pumpe auslieh. Es war schwierig, die Pumpe auf das Ventil aufzusetzen, aber ich hörte, dass Dot und Rita sich unterhielten, und stören wollte ich sie nicht.

Endlich gelang es mir. Ich hatte gerade angefangen zu pumpen, als ich hörte, dass Dot und Rita in die Küche kamen. Dot forderte Rita auf sich an den Küchentisch zu setzen, und aus den Geräuschen schloss ich, dass sie sich und Rita Whisky einschenkte. Ich überlegte, ob ich aufstehen und mich zeigen sollte, aber da sie mich, wie ich glaubte, ohnehin pumpen hörten, machte es ihnen wohl nichts aus, dass ich da war.

»Und was hast du dann gemacht?«, fragte Dot.

»Mein Gott, ich hätte beinahe den Verstand verloren, Dot. Mit all den heißen Bädern habe ich mich fast verbrüht ... und ganz sicher werde ich mein Lebtag keinen Gin mehr anrühren.«

»Warum hast du uns nichts davon erzählt?«

»Ich weiß nicht. Zuerst dachte ich, sie würde nur etwas später einsetzen als sonst und dann hat Pat gemeint ... wenn es nun mal so wäre, dann müssten wir eben das Beste daraus machen.«

»Das ist der Richtige für dich. Männer sehen das einfach anders.«

»Du kennst mich, Dot. Ich wollte nie Kinder. Auch wenn Lil noch so oft behauptet, das wäre unnatürlich: Ich verspüre diesen Wunsch einfach nicht und es hat keinen Sinn so zu tun als ob.«

»Dann geht es dir also jetzt besser?«

»Ja. Der besoffene alte Apotheker in Locheirnan hat

mir Chinin gegeben. Ich musste ihm einen Plisseerock für seine Geliebte bringen, aber das war es mir wert.« Rita seufzte. »Ich werde nie genau wissen, ob ich's nun war oder nicht, denn es fing am Tag darauf an und damit war's dann wohl erledigt.«

Ich hatte mich auf den Boden gekniet. Zwar verstand ich nicht alles von dem, was Rita sagte, aber ich fand es schlimm, dass sie keine Kinder wollte. Ich hoffte, dass Rita Mr Conroy nun doch nicht heiratete.

»Du solltest den Knaben heiraten, bevor du wieder in andere Umstände kommst«, meinte Dot. Fast wäre ich aufgestanden und hätte ihr zugerufen, sie solle sich um ihre eigenen Angelegenheiten kümmern. Sie hatte kein Recht Rita zu der Heirat zu drängen, während der arme Joseph noch seiner richtigen Mutter nachtrauerte – die nie wieder zu ihm zurückkehren würde – und stattdessen jetzt eine böse Stiefmutter bekommen würde, die Kinder nicht ausstehen konnte.

»Nicht dass ich ihn nicht heiraten will, Dot, aber genau davor habe ich ja Angst. Ich bin jetzt achtunddreißig. Wenn ich je ein Kind hätte haben wollen, dann viel früher. Und Pat ... er kann einfach die Finger nicht von mir lassen, so sieht's aus.« Sie schien wegen Mr Conroys Fingern wirklich in Sorge zu sein. Ich hätte auch nicht gewollt, dass mich ein Metzger anfasst, auch wenn er so attraktiv war wie Mr Conroy.

»Das ist es also, was dir nicht gefällt. Aber seine Finger sind wohl kaum das Problem«, sagte Dot. Ihrer Stimme nach zu urteilen grinste sie. »Liebst du ihn denn noch?« Rita nickte offenbar. »Na, dann heirate ihn, Rita. Das Alleinsein kann hart sein, weißt du.« Ich wurde immer wütender. Das war eine Lüge. Dot hatte zu mir gesagt, sie sei froh, dass sie keinen Ehemann habe. Vielleicht hatte keiner sie heiraten wollen – und das hatte sie nun davon.

»Und dann dieser Junge, mit dem ich mich ständig herumstreiten muss«, sagte Rita, und ihre Stimme klang noch bekümmerter. Ich hielt die Luft an.

»Er ist kein böses Kind, Rita. Er vermisst einfach seine Mutter, diese Hure, und sicher macht er sich seine Gedanken darüber, was zwischen dir und Pat vor sich geht. Der Ärmste ist ganz durcheinander von all dem Hin und Her«, sagte Dot.

Jetzt war ich froh, dass ich mich nicht eingemischt hatte. Wenigstens Dot setzte sich für Joseph ein.

»Hat Pat denn mit ihm gesprochen?«, fragte sie.

»Er hat's versucht. Ich hab's auch versucht. Joe hört einfach nicht zu. Er weigert sich zu glauben, dass ich ihn mag ... auf meine Art«, fügte Rita hinzu.

Ich atmete auf. Mein Gesicht war bestimmt so rot wie die purpurrote Blume. Rita mochte Joseph! Mir tat der Kopf weh vor lauter Luftanhalten und wegen der ganzen Aufregung; und außerdem ging von der Blume ein merkwürdiger Duft aus, den ich vorher gar nicht wahrgenommen hatte.

»Lass ihm Zeit«, sagte Dot. »Es wird sich schon noch geben. Du musst dich bei ihm eben ein wenig einschmeicheln.«

»Ich schmeichle mich bei niemandem ein«, antwortete Rita. »Ab dem Herbst geht er in die höhere Schule. Er ist alt genug die Dinge zu akzeptieren, wie sie sind.«

»Vorsicht, Rita! Er ist schon einmal verlassen worden. Was meinst du, wie er sich fühlt, wenn er ins Schülerwohnheim abgeschoben wird, während du mit seinem Vater herumturtelst.«

»Mensch, Dot, von der Seite hab ich die Sache noch gar nicht betrachtet.«

Stille. Ich hielt wieder die Luft an.

»Aber mein Haus gebe ich nicht auf«, fuhr Rita fort.

»Mit dem Geld, das mir Colin hinterlassen hat, habe ich mir eine Existenz aufgebaut und wenn Pat Conroy mich heiraten will, muss er zu mir ziehen. Und Joseph auch.« Sie seufzte erneut. »Ich könnte ihm ein hübsches Zimmer herrichten – wenn er nur wollte –, aber er wird mich nie als Mutter akzeptieren, Dot. Dabei will ich ihm doch die Erinnerung an seine Mutter gar nicht streitig machen – egal, was für eine sie war.«

»Na ja, Colin jedenfalls macht niemandem mehr etwas streitig, Gott hab ihn selig.«

»Lieber Himmel, Dot, ich wüsste nicht mal mehr, wie er aussah, wenn ich nicht unser Hochzeitsfoto hätte. Dabei fällt mir ein, dass ich mich gar nicht erinnern kann, wo es ist …«

»Der Ärmste«, sagte Dot. »Einmal auf Heimaturlaub und – peng!«

»Er war der beste Mann, den ich je hatte«, sagte Rita. »Hat ins Gras gebissen, bevor er einem auf die Nerven gehen konnte, und hat mir ein hübsches Sümmchen hinterlassen.« Sie lachten beide. »Es hätte sowieso nicht gehalten zwischen uns«, fügte Rita hinzu und wurde wieder ernst. »Es war ja Krieg …«

»Ich weiß. Damals hatten es alle eilig«, sagte Dot. »Nimm dein Glas mit rüber, ich leg eine Platte auf.«

Ich wartete, bis ich das Trompetensolo von »Lady Sings the Blues« hörte, dann versuchte ich aufzustehen. Meine Beine waren ganz steif und in meine Knie und Schienbeine hatten sich winzige Steinchen gebohrt. Schließlich kam ich hoch und befestigte die Pumpe wieder an Dots Fahrrad. Mein Reifen war platt wie ein Pfannkuchen. Er hatte also doch ein Loch.

Als Rita gegangen war, rief mich Dot herein. Sie sagte, es sei ein langer Tag gewesen und da ich so brav gewesen sei, bekäme ich vor dem Schlafengehen Pfirsiche mit Sahne. Aber als sie in ihrem Schrank nachsah, stellte sich heraus, dass gar keine Pfirsiche mehr da waren. Sie sagte, sie erinnere sich gar nicht, dass wir so viele gegessen hätten. Ich bekam stattdessen einen Apfel und eine Schnitte Brot mit Butter und Zucker. Das schmeckte zwar auch nicht übel, aber Pfirsiche wären mir lieber gewesen.

Ich fragte Dot, ob Rita sich nun entschieden hätte Mr Conroy zu heiraten, und sie warf mir einen merkwürdigen Blick zu. Schnell versteckte ich meine Beine unter dem Stuhl. Die Abdrücke der Steinchen waren noch zu sehen.

»Ist dir das so wichtig?«, fragte Dot.

»Ich habe nur an Joseph gedacht.«

»Nun, ich kann dir versichern, dass Joseph jedenfalls nicht an dich denkt«, sagte Dot. »Iss dein Brot.«

Beinahe hätte ich mich verplappert. Um davon abzulenken spielte ich mich ein bisschen auf, weil ich die Brotkruste aß.

»Die Suppe von Mrs Bryce war gut«, sagte ich. »Glaubst du, Mr Smith bekommt heute auch was davon zum Abendessen?« Ich wusste, dass Dot gern von Mr Smith sprach.

Wieder warf sie mir einen merkwürdigen Blick zu, dann fing sie an zu lachen.

»Rita sagt, er hat eine Runde gegeben, als sie abends da war. Er wird einen guten Teller Suppe nötig haben, wenn sie ihn durch die Mangel gedreht haben.«

»Sie haben bestimmt nichts dagegen, wenn er einen ausgibt«, bestätigte ich. Den Leuten in Inchbrae war es egal, wer den Whisky zahlte. Sie tranken alle gern. Das beunruhigte mich jetzt. Was, wenn Mr Smith sich betrank und vergaß anzurufen – oder noch schlimmer: wenn er unser Geheimnis verriet?

»Du siehst ja richtig besorgt aus, Ellie«, sagte Dot.

»Heute Morgen kam er noch frisch aus dem Urwald. Bevor der Abend zu Ende ist, wird er ein Gentleman und um einige Erfahrungen reicher sein.« Ihre Stimme klang ein bisschen wehmütig.

Vielleicht gelang es uns, ihn morgen abzupassen, bevor er zur Westküste aufbrach. Ich wäre ruhiger, wenn ich wüsste, ob er nüchtern geblieben war oder nicht.

»Glaubst du, wir sehen ihn, wenn wir Mum anrufen?«

Dot schüttelte den Kopf. »So früh gehen wir nicht aus dem Haus, Ellie. Ehe wir dort sind, ist er längst unterwegs. Noch vor dem ersten Sonnenstrahl ziehen sie dem Ärmsten das Bettlaken unterm Hintern weg«, sagte Dot. Sie lachte wieder. Jetzt war sie nicht mehr traurig.

Ich versuchte mitzulachen, aber es geriet ein bisschen zu laut, und so hörte ich damit auf und lächelte nur. Ich konnte gar nicht schnell genug ins Bett kommen um über alles nachzudenken. Außerdem konnte ich es kaum erwarten mit Mum zu sprechen.

Wir beschlossen von Mrs Alexander aus anzurufen, da Rita zwei Kundinnen zu bedienen hatte. Dot meinte, das liege daran, dass am Dienstag immer Markttag war und die Bauersfrauen es genossen, ein paar Stunden für sich zu haben. Sie kauften zwar nicht besonders viel, aber Ritas Laden lief. Sie setzte die Preise nicht etwa deshalb herab, weil ihre Ware Ramsch war wie das, was in Locheirnan zum Kauf angeboten wurde. Ihrer Kleidung nach zu urteilen kaufte Dot zwar nicht bei Rita ein, aber es war schlichtweg eine Tatsache, dass Frauen immer wussten, wo es etwas preisgünstig gab. Selbst Dad gab das zu.

Mrs Bryce kehrte gerade vor ihrer Haustür und rief Dot zu, dass die Kneipe rappelvoll sei. Dot sagte, das freue sie; dann sei der Umsatz ja gesichert und Hugh sei bestimmt ganz aus dem Häuschen bei dem Rummel.

Ich hatte eigentlich mein ganzes Geld mitnehmen wollen, falls wir die Busfahrkarte kaufen mussten, aber Dot meinte, eine Half Crown wäre genug, und falls das nicht reichen würde, könnten wir den Rest ja noch holen. Sie schlug die Hintertür zu, als wir gingen, und ich befürchtete, dass sie meinetwegen ärgerlich war. Sie meinte, ich könnte mich auf ihre Fahrradstange setzen, da bei meinem Rad ja der Reifen kaputt war; wir könnten aber auch zu Fuß gehen. Ich sagte, es sei in Ordnung mit der Stange und sie solle sich in meinem Namen bei den Cameron-Jungs entschuldigen, falls ich nach Hause fahren mußte, bevor ich den Reifen flicken konnte.

»Mach dir darüber keine Gedanken, Ellie«, sagte sie. Sie starrte mich jetzt mit funkelnden Augen an. Ich hatte keine Ahnung, was sie so erbost haben konnte. Als wir an der Straße waren, hob sie mich auf die Stange und dann sagte sie etwas Merkwürdiges zu mir.

»Niemand wäre glücklicher als ich, wenn du heute noch abfahren müsstest, Ellie.«

»Willst du denn nicht, dass ich hier bin?«

»Bevor du hierher gekommen bist, habe ich nicht gewusst, wie sehr ich dich vermisse«, sagte sie. Das ergab keinen Sinn, aber ich wusste jetzt, dass sie nicht böse auf mich war. Es musste einen anderen Grund für ihre Wut geben.

Selbst im Schreibwarenladen herrschte Hochbetrieb. Zwei Frauen lachten über irgendwelche unanständigen Postkarten und ein Mann am Ladentisch kaufte ein Tivolispiel in Miniaturausführung. Er sagte, es sei für seinen Neffen, aber eine der Frauen fragte ihn: »Seit wann hast du denn einen Neffen, Hamish? Gib doch zu, dass du selbst damit spielst.«

Der Mann namens Hamish sagte, sie sollten sich ein anderes Opfer für ihre Lästermäuler suchen, und die beiden

Frauen lachten ihn aus, als er ging. »Große Kinder sind sie, allesamt«, meinte die Ältere.

Mrs Alexander lächelte. »Und was täten wir ohne diese Kinder?«, fragte sie. Sie sah ausgeruht und frisch gepudert aus.

Sie bückte sich und holte ein Comicheft unter dem Ladentisch hervor. »*Girl's Crystal*, eben eingetroffen«, sagte sie. »Eins deiner Lieblings-Comics, wenn ich mich nicht irre.«

Ich streckte ihr mein Geldstück entgegen und nickte. »Ich heb es mir für den Bus auf«, sagte ich. Sie schien verblüfft. »Ach, du wirst uns doch nicht schon verlassen wollen, Ellie, ich habe dich ja kaum zu Gesicht bekommen.«

»Kann sein, dass ich Ende der Woche nach Hause muss, Mrs Alexander. Meine Mama braucht mich vielleicht. Stimmt's, Dot?« Ich drehte mich um, gerade noch rechtzeitig um zu sehen, wie Dot Mrs Alexander einen ihrer Blicke zuwarf, aber zu spät um erraten zu können, was dieser Blick bedeuten sollte.

»Kann ich dein Telefon benutzen, Jessie? Ellie möchte ihre Mutter anrufen.«

Mrs Alexander nickte. Dann sah sie Dot an und schüttelte den Kopf. Meine Verwirrung legte sich. Die beiden Frauen hatten uns zugehört und waren gegangen ohne etwas gekauft zu haben.

Wieder klopfte mir das Herz bis zum Hals. Es war ein Gefühl, als läge ich im Krankenhaus oder so. Anscheinend wussten alle irgendetwas über mich und bemitleideten mich deshalb. Ich sah Dot an. »Stimmt irgendwas nicht mit mir?«, fragte ich.

»Es ist nichts, Ellie. Wir wollen dich nur nicht so schnell wieder gehen lassen«, sagte Mrs Alexander. Sie lächelte mich an und sah jetzt wieder ganz normal aus. »Kannst du uns das verdenken?«

Ich war mir nicht sicher. Mrs Alexander nahm meine Half Crown und ließ die Kasse klingeln. Sie zählte mir das Wechselgeld in die Hand und legte noch eine weiße Schokoladenmaus mit dazu. Woher sie die so schnell genommen hatte, war mir entgangen.

»Geh schon, Dot«, sagte sie.

Ich wollte Dot folgen, aber Mrs Alexander hielt mich zurück. »Warte, Schätzchen. Sie ruft dich, wenn sie durchgekommen ist. Wir wollen doch nicht, dass du wieder hinter dem Schalter festsitzt, oder?«

»Ach, mit Hugh habe ich inzwischen Bekanntschaft geschlossen, Mrs Alexander, ich habe jetzt keine Angst mehr vor ihm.« Als ich es ausgesprochen hatte, wusste ich, dass es stimmte. Als ich Joe erzählt hatte, dass ich Filmstar werden würde, war es mir genauso gegangen.

»Ich gehe nach Hollywood«, fügte ich hinzu.

Mrs Alexander rückte ihre Brille zurecht. »Daran zweifle ich nicht«, sagte sie. Sie war eine wirklich nette Frau, aber ich hatte das Gefühl, dass sie doch Zweifel hatte; ich glaube, das lag an ihrer Brille.

»Ehrenwort«, versicherte ich. »Ich werde ein Filmstar.«

Sie trat einen Schritt zurück und verschränkte die Arme vor dem Bauch. »Wirst du dich dann noch an deine Freunde erinnern, wenn du ein Filmstar bist?«, fragte sie.

»Klar«, sagte ich und nickte. Ich wartete darauf, dass Dot mich ans Telefon rief. »Wenn Sie wollen, gebe ich Ihnen ein Autogramm, bevor ich gehe.«

»Das wäre wirklich nett«, sagte sie.

Dot kam wieder. »Hast du keinen Anschluss bekommen?«, fragte ich.

»Doch, Ellie. Deiner Mama geht es besser, aber sie ist noch nicht ganz wiederhergestellt. Vielleicht nächste Woche ...«

Ich war wütend. Sie hatte es nicht einmal versucht! Sie

hatte mich nicht mit Mum sprechen lassen, obwohl wir extra deswegen hergekommen waren.

»Du hast mich nicht geholt!«

»Deine Mum war … müde. Sie hat mich gebeten dir zu sagen, dass sie dich sehr vermisst …«

»Du hast mich nicht mir ihr sprechen lassen! Wenn sie meine Stimme gehört hätte, dann hätte sie gewusst … dann hätte sie gewusst, dass sie mich nicht einfach hier lassen kann!«

»Ellie, du bist doch erst ein paar Tage hier. Du musst …«

»Ich muss GAR NICHTS!« Ich warf das Wechselgeld auf den Boden. Die weiße Maus schlitterte Richtung Ladentisch, als wäre sie lebendig geworden. Sicher würde jemand sie sofort zertreten. Die Menschen konnten so rücksichtslos sein.

Ich rannte hinaus und lief geradewegs Dreep in die Arme.

»Scheiße! Kannst du nicht aufpassen!«, rief er.

»Selber Scheiße!«

Ich hatte es gesagt! Das erste Mal in meinem Leben. Ich hatte das Wort mit »Sch« ausgesprochen.

Es war aber kein schönes Wort, jedenfalls kein *wirklich* schönes Wort.

KAPITEL 12

Schluchzend blickte ich die Straße hinauf und hinunter. Wohin sollte ich bloß gehen? Hinter mir hörte ich Dot kommen und Dreep starrte mich immer noch an. Seine Augen sahen aus wie Rosinen. Ich hasste sie alle. Ritas Auto war vor dem Laden geparkt. Ich lief hin und stieg ein. Hier drin würde ich sitzen bleiben, bei geschlossenen Türen, und nie wieder mit jemandem sprechen.

Dreep war mir dicht auf den Fersen. In dem Augenblick, als ich ins Auto stieg, streckte er seine Hand aus, damit ich die Tür nicht zuschlagen konnte. Zu spät. Als ich aufblickte, sah ich, dass er sich die Finger eingeklemmt hatte. Seine Fingernägel hatten schwarze Trauerränder. Daran erinnere ich mich genau – und an die gelbe Farbe an einem seiner Fingerknöchel.

Er schrie Zeter und Mordio. Rita kam herausgerannt und riss die Autotür auf. »Auaaaa!«, brüllte Dreep. »Aua! Auaaaaa!« Rita schrie ihm etwas zu und Hooligan kam wie aus dem Nichts herbeigestürmt. Dreep rannte immer im Kreis herum und Hooligan sprang in die Luft und bellte wie ein Verrückter.

Aus dem *Jacobite* strömten immer mehr Leute, während Dot hinter Dreep herlief und ihn zu packen versuchte. Ich hielt mir die Ohren zu. Es war der schrecklichste Tumult, den ich je erlebt hatte. Dann zerrte mich Joseph aus dem Auto.

»Was hast du bloß angestellt? Was?«, fragte er immer und immer wieder. Ich schüttelte den Kopf. Ich hatte das Gefühl, meine Ohren würden zerspringen, und ich weinte so sehr, dass ich alles doppelt sah.

Mr Bryce stand mit Hugh vor der Kneipe und rief Dot etwas zu und Hugh brüllte mit Dreep um die Wette. »Um Himmels willen, pack ihn doch endlich!«, schrie Mr Bryce. Ich glaube nicht, dass Dot ihn hörte.

»Dreep ... Dreep, um Himmels willen, zeig mir deine Hand!«, rief sie immer wieder. »Zeig deine Hand, Dreep!« Sie hatte ihn endlich am Ärmel erwischt und klammerte sich an ihn, als ginge es um Leben und Tod. Dreep hörte auf herumzuwirbeln. Plötzlich trat Stille ein und auch Hooligan bellte nicht mehr. Dreep hob die gequetschte Hand und begutachtete den Schaden. Dann spreizte er die Finger und schüttelte sie. »Es ist doch nicht so schlimm, wie ich dachte«, sagte er. Dann ging er davon.

Als er an mir vorbeiging, warf er mir einen vernichtenden Blick zu. »Du kleines Miststück, du!«, sagte er.

Dot zündete sich eine Zigarette an. Die Kneipengäste gingen zurück ins *Jacobite* und Rita kam mit einem Schlüsselbund aus ihrem Laden. Sie sperrte die Autotüren ab und starrte Dot wütend an. »Was für ein Affenzirkus!«, sagte sie und verschwand in ihrem Laden. Binnen Sekunden standen Dot und Joseph und ich allein auf der Straße.

Mrs Bryce holte ein rundes Pillendöschen aus ihrem Kittel und gab Hugh eine Tablette. Er beruhigte sich rasch, setzte sich neben uns an den Tisch und betrachtete seine Zeitschrift. Mrs. Bryce gab uns heißen Tee zu trinken. Joe sagte zwar, Limo wäre ihm lieber, aber sie meinte, heißer Tee sei bei einem Schock genau das Richtige.

»Ich habe aber gar keinen Schock«, murmelte Joe. Limonade bekam er trotzdem nicht.

Dot meinte, wenn ich noch einmal sagte, dass es mir Leid täte, bekäme ich eins hinter die Löffel, und sie und Mrs Bryce tranken zwei große Whisky zur Beruhigung. Der Mann, der Arthur hieß, bekam ebenfalls einen großen Whisky, weil er klagte, er habe ein schlechtes Herz und wolle nicht, dass jemand seinen Tod auf dem Gewissen habe. Keiner hörte ihm zu und ich glaube, er hat seinen Drink aus Versehen bekommen.

Bestimmt hatte Gott den Vorfall beobachtet und als Strafe für mein schlechtes Benehmen würde ich jetzt die ganzen zwei Wochen in Inchbrae bleiben müssen und würde vielleicht nie, nie Mr Starling finden – eine Strafe, die aber wohl trotzdem besser war als das Fegefeuer.

Ich versuchte mich zu erinnern, wie ich mich gefühlt hatte, als ich mir mutig vorgekommen war, aber es gelang mir nicht. Mein größter Wunsch war, dass Hooligan mir nicht böse war wegen Dreep. Ich hatte Dreep doch nicht wehtun wollen.

Joe war furchtbar nett zu mir und versicherte mir, Hooligan habe Dreep schon in schlimmerer Verfassung erlebt. Er meinte sogar, Hooligan sei klug genug um zu wissen, dass es ein Unfall gewesen war. Mrs Bryce beugte sich zu ihm hinunter und wollte ihn umarmen, aber er warf sich schnell zur Seite, sodass sie beinahe auf meinem Schoß gelandet wäre.

Dot meinte, wir sollten uns bei Mrs Alexander entschuldigen; sie sei durch mein Verhalten am meisten gekränkt worden. Ich fürchtete mich zu ihr hineinzugehen, aber sie war freundlich wie immer. Sie hatte mein ganzes Wechselgeld aufgesammelt und gab Joe und mir je zwei weiße Mäuse und wollte kein Geld dafür nehmen. Ich küsste sie auf die Wange und sie küsste mich ebenfalls. Ich hätte am liebsten wieder losgeheult, weil sie so nett zu mir war, doch Mrs Alexander meinte, für einen einzigen

Tag seien schon viel zu viele Tränen vergossen worden, also weinte ich lieber nicht mehr.

Ich fragte Dot, ob wir nicht auch Dreep suchen und uns bei ihm entschuldigen sollten. Sie lachte – und ihre Müdigkeit war auf einmal wie weggeblasen. »Zweimal am Tag verkrafte ich den Anblick dieser Vogelscheuche nicht«, sagte sie.

Joseph und ich warteten, was sie zu tun vorschlagen würde, aber Dot meinte, sie müsse heimgehen und sich stärken und sie hoffe, es sei noch hell, wenn sie wieder zu sich komme. »Es ist doch gerade erst zwei vorbei«, meinte Joe und sah auf seine Uhr, die keinen Minutenzeiger hatte. Er behauptete, das sei »echt modern«. Ich fand eher, dass es unpraktisch war, aber ich hatte schon zu viel gesagt und so tat ich, als bewunderte ich seine Uhr.

Dot fragte Mr Conroy, ob ich hier bleiben und mit Joseph spielen dürfte. Das sei in Ordnung, sagte er, und Rita würde mich später bestimmt heimfahren. Da sie sich für den Abend nichts vorgenommen hätten, hätte Rita sicher Zeit.

Darüber schien Joe sich zu freuen; er bot mir an mir das Gelände zu zeigen, auf dem die Zigeuner ihre Zelte aufgeschlagen hatten. Mr Conroy meinte, wir hätten dort nichts zu suchen. Er sei schon gestraft genug und es sei Josephs Schuld, wenn es noch mehr Probleme gäbe.

»Immer bin ich schuld«, murrte Joe, aber er ließ sich die Laune nicht verderben. Mir war es egal, was wir machten. Es ging mir wie Dot; ich wollte nur, dass der Tag vorbeiging.

»M. M.«

»Marilyn Monroe«, antwortete ich. Ich wusste, dass er mir absichtlich eine so einfache Frage gestellt hatte um mich aufzuheitern. Das war wirklich nett von ihm.

Wir verließen die Stadt in Richtung Locheirnan und

gingen weiter, bis wir auf offenes Gelände kamen. Wir mussten zwei Kartoffelfelder überqueren, hielten uns aber am Rand, damit wir die Pflanzen nicht zertrampelten. Das Lager befand sich auf einer Lichtung, die an einem Bach lag und von Bäumen umgeben war. Joe meinte, der Bach bekomme sein Wasser aus dem Eirnan-Fluss. Wir müssten uns ruhig verhalten, wenn wir die Zigeuner beobachten wollten, weil sie auf Eindringlinge nicht gut zu sprechen seien.

Wir versteckten uns also hinter einem Gebüsch. Erst rührte sich nichts und ich vermutete schon, dass sie weitergezogen waren, als ich entdeckte, dass aus einem der Zelte Rauch aufstieg. Es waren keine richtigen Zelte, nur Wachstuchbahnen und aufeinander geschichtete Decken, und als Schornstein diente ein altes Rohr, das aus dem Zeltdach herausragte. Neben dem Bach standen zwei Karren, vor denen ein paar Ponys friedlich grasten. Die Ponys sahen nicht gerade sehr gepflegt aus, schienen aber ganz zufrieden zu sein.

»Sie ziehen bald weiter«, flüsterte Joe. »Sie haben schon alle Häuser hier abgeklappert und normalerweise lassen sie dann Locheirnan hinter sich und grasen auf dem Weg nach Blairgowrie die Felder ab. Sie bleiben nie länger als ein, zwei Tage hier.«

»Wo sind sie denn alle?«, fragte ich. Joe kniff mich in den Arm.

Gerade streckte eine Frau ihren Kopf aus einem der Zelte. Sie sog die Luft ein, fast so wie ein Hund, der Witterung aufnimmt, und zerrte dann einen großen Metallkasten heraus, der alt und verbeult aussah. Sie setzte sich breitbeinig darauf, stützte die Ellbogen auf die Knie und zündete sich eine Pfeife an. Ich hatte noch nie eine Frau Pfeife rauchen sehen. Ihr langes Haar war verfilzt. Sie trug einen schwarzen Rock, eine Bluse mit Blumenmuster, darüber eine schwarze Wolljacke mit großen Löchern an den Ärmeln und um den Hals einen leuchtend blauen Schal.

Die Sonne schien durch das Blätterdach auf die Frau herunter und ich wunderte mich, wie es sein konnte, dass ihr Haar so sehr glänzte und gleichzeitig trotzdem so schmutzig aussah. Ich fragte Joe danach. Er flüsterte mir zu, dass die Zigeuner, die in die Häuser kamen, sehr sauber seien. »Sie waschen sich wahrscheinlich im Bach«, sagte er. »Vielleicht haben sie sie hier gelassen, weil sie sich nicht waschen wollte.«

In diesem Augenblick hörten wir ein Kind schreien. Das Geräusch kam aus dem Zelt. Die Frau murmelte etwas Unverständliches. Dann stand sie auf und verschwand im Zelt.

»Sie haben ihre eigene Sprache«, erklärte mir Joe. »Rita sagt, man nennt es ›Gaunersprache‹.«

Die Frau kam wieder heraus, sie trug jetzt ein Baby auf der Hüfte. Sie setzte sich auf den Kasten, fing an leise zu singen und legte dabei das Baby bäuchlings über ihre Knie. Es war ein hübsches Kind, mit Pausbäckchen und leuchtend roten Locken. Es war in eine zerrissene Decke gewickelt und konnte nicht älter als ein paar Monate sein. Ich hatte nicht genug Erfahrung mit Babys um genau sagen zu können, wie alt, aber ich schätzte es auf sechs Monate. Joe starrte das Baby an und ich hatte das Gefühl, dass das Baby uns ebenfalls anschaute.

Mir taten allmählich die Beine weh und als ich mich bewegte um mich zur Abwechslung auf die Fersen zu setzen, raschelte das Gebüsch und Joe kniff mich wieder in den Arm. Die Frau fuhr herum und ich konnte ihr Gesicht sehen. Sie sah zu alt aus, als dass sie die Mutter des Babys hätte sein können; vielleicht war sie die Großmutter und war hier geblieben um auf das Baby aufzupassen. Sie blickte aufmerksam in die Richtung unseres Verstecks und wir hielten beide den Atem an; dann lächelte sie – ein ziemlich verschlagenes Lächeln, fand ich.

Als das Baby zu quengeln begann, setzte sie es auf. Die Decke öffnete sich einen Spalt breit und wir sahen, dass es ein Junge war. Die Frau knöpfte ihre Bluse auf und der Kleine legte seine Händchen um ihre Brust und fing an zu saugen.

Ich hatte keine Lust mehr sie weiter zu beobachten und sah weg. Mein Gesicht brannte und in meinem Magen rumorte es. Joseph fühlte sich offenbar genauso unbehaglich. »Gehen wir«, flüsterte er.

Wir waren schon ein gutes Stück entfernt, als er sagte: »Dreckiges Gesindel!«

Seine gute Laune schien dahin. Mir war auch nicht nach Reden zumute. Wir gingen über die Kartoffeläcker zurück. Joe lief in einer Furche und stieß mit dem Fuß nach einigen Kartoffeln. Nach einer Weile fragte er: »Wann fährst du nach Hause?«

»Ich weiß nicht«, antwortete ich. Das war das Letzte, worüber ich jetzt sprechen wollte.

»Ist deine Mama immer noch krank?«

»Das geht dich nichts an!«, fuhr ich ihn an. Er sah erschrocken aus.

»Ich habe doch verdammt noch mal nur gefragt!«, gab er zurück. »Dann frage ich eben überhaupt nichts mehr.«

»Prima.«

»Okay dann.«

»Okay.«

Er hatte sich heute wirklich bemüht freundlich zu mir zu sein. Er hatte mich sogar zu den Zigeunern mitgenommen. Das hätte er nicht tun müssen.

»Es geht ihr ein bisschen besser, glaube ich. Vielleicht fahre ich dieses Wochenende heim.«

»Ist mir doch egal.«

Wir gingen zur Straße zurück. »Es ist sicher gar nicht übel, ein Zigeuner zu sein«, sagte Joe. »Man kann gehen, wohin man will, und muss auf niemanden Rücksicht nehmen.«

»Mir würde das nicht gefallen«, sagte ich. »In Zelten zu leben und so ...«

»Mensch, wir bauen uns ein Zelt!« Joe strahlte richtig vor lauter Freude über seinen Einfall. Er schien mir nicht zugehört zu haben.

»Und womit?«, fragte ich.

»Wir finden schon was. Wir können uns doch mal am Müllplatz umsehen. Dort liegt immer irgendwelches Zeugs rum.«

»Das ist doch alles total dreckig.« Ich wollte kein Zelt bauen, vor allem nicht mit dem ekligen Zeug von der Müllkippe.

»Dann fragen wir rum. Wir finden bestimmt was.«

»Und wo sollen wir das Ding aufbauen?«

»Unten am Fluss. Da gibt es jede Menge Stöcke. Ich weiß, wie man ein Feuer macht, wir könnten uns Fisch braten und Tee kochen und so.«

»Was für Fisch? Ich hasse Fisch!«

»Du gehst mir echt auf den Wecker«, stöhnte Joe. »Wer sagt denn, dass wir Fisch essen müssen. Wir können auch Würstchen grillen oder so ... Alles Mögliche.«

»Und warum sollten wir das tun?«

»Aaaargh!« Er sah mich an, als wollte er im nächsten Moment auf mich losgehen. »Ich hätte es wissen müssen .... so eine Super-Idee an ein *Mädchen* zu verschwenden!« Er fing an zu rennen. Bevor ich wusste, wie mir geschah, war er schon um die nächste Biegung verschwunden und außer Sichtweite. Ich lief ihm nach.

Er saß auf einem Meilenstein und wartete offenbar auf

mich, obwohl er so tat, als wäre ich ihm völlig gleichgültig. Ich war außer Atem und schon wieder den Tränen nahe. »Ich kenne nicht einmal den Weg zurück!«, sagte ich.

»Es gibt nur diesen. Den kannst du gar nicht verfehlen«, sagte er und schüttelte den Kopf über meine Dummheit.

»Und warum hast du dann auf mich gewartet?« Ich hatte jetzt endgültig die Nase voll und war wütend – besonders auf Joseph Conroy.

»Hab ich nicht!«

»Hast du doch!« Ich hatte die Hände in die Hüften gestemmt. Ich fühlte, dass mein Gesicht jetzt knallrot war.

Joe grinste. »Komm schon, Baby. Ich bring dich zurück, mach dir bloß keine Sorgen.«

Ich war immer noch wütend. »Ich habe heute das Wort mit ›Sch‹ gesagt«, prahlte ich im Weitergehen. Ich wusste, dass es falsch war, damit auch noch anzugeben, aber ich fand das immer noch eindrucksvoller als ein doofes Zelt zu bauen.

Er blieb stehen und sah mich an. »Und zu wem?«, fragte er.

»Zu Dreep«, antwortete ich, »aber er hat es zuerst gesagt.«

Joe sah mich verblüfft an. Er glaubte mir. In seinem Blick lag echte Bewunderung.

»Ich sage es oft«, erwiderte er. Ich war mir nicht so sicher, dass das stimmte, aber es schien ihm wichtig zu sein, dass ich ihm glaubte.

»Macht es dir Spaß, es zu sagen?«

»Ja, ziemlich.« Er ging weiter. »Und dir?«

»Oh ja«, sagte ich. Das stimmte nicht und es tat mir schon Leid, dass ich überhaupt davon angefangen hatte. Jetzt würde Joe erwarten, dass ich es wieder sagte, und er würde wahrscheinlich anfangen es auch zu sagen, was noch schlimmer wäre.

»Hugh sagt es auch«, bemerkte Joe.

Ich war entsetzt. »Woher weißt du das?«

»Malc hat es ihm beigebracht. Aber er sagt es nicht oft.«

»Hat Mrs Bryce gehört, wie er es gesagt hat?«

»Nöö«, grinste Joe. »So dämlich ist Hugh nicht.«

»Ich habe keine Angst mehr vor ihm.«

»Er ist ganz okay. Man muss ihn nur kennen. Er langweilt sich.«

Ich nickte. Das konnte ich mir gut vorstellen.

»Wir können ihn ja mit in unser Zelt nehmen!«

Ich knirschte mit den Zähnen. Das mit dem Zelt hatte er also nicht vergessen und jetzt würde Hugh auch noch unser Gast sein. Den Rest des Weges war Joe nur mit seinem neuen Plan beschäftigt.

Ich hoffte, dass ich nach Hause zurück konnte, bevor das Zelt gebaut wurde.

KAPITEL 13

Rita holte gerade mit einem langen Stock die Markise ein, als wir die High Street herunterkamen.

»Da seid ihr ja!«, sagte sie. »Ich wollte schon einen Suchtrupp losschicken.« Es klang nicht so, als sei sie schrecklich böse.

»Wegen mir würdest du wohl kaum einen Suchtrupp losschicken!«, sagte Joe. In seiner Stimme lag etwas Herausforderndes und Rita wandte sich nach ihm um.

»Doch, Joseph, das würde ich«, sagte sie. Sie war sichtlich um Geduld bemüht. »Und das weißt du auch.«

»Das glaubst du doch selbst nicht«, höhnte er und drängte sich an ihr vorbei.

Rita sah ihm nach und schüttelte den Kopf. »Ich könnte ihm den Hals umdrehen«, sagte sie. Das konnte ich ihr nachfühlen. Sie sah sehr hübsch aus, besonders im Vergleich zu der Zigeunerin, die wir gesehen hatten, und sie schien ganz vergessen zu haben, welchen Ärger ich ihr vorhin gemacht hatte.

»Ich fahr dich jetzt heim, okay?«, fragte sie lächelnd.

Ich nickte.

»Ich muss nur noch absperren und Pat Adieu sagen.« Sie lächelte verschmitzt. »Willst du im Auto warten?«

Ich zuckte die Schultern.

Sie öffnete die Beifahrertür. »Rein mit dir«, sagte sie. »Mein Gott, bist du eine Wohltat, verglichen mit diesem furchtbaren Jungen.« Sie holte die Markise ganz ein und ging in den Laden. Als sie wieder herauskam und abschloss, rief sie mir zu: »Ich bin gleich wieder da, Ellie!« und lief dann hinüber zu Mr Conroys Laden auf der anderen Straßenseite.

Ich sah mich im Außenspiegel an. Mein Gesicht wurde allmählich braun, doch die Sommersprossen auf meiner Nase waren größer geworden, was mir schwer zu schaffen machte. Einmal hatte ich sie mit Scheuerpulver geschrubbt. Danach hatte ich Mum versprechen müssen, das nie wieder zu tun; sie hatte gesagt, ich ruinierte mir nur meine Haut damit und überhaupt seien Sommersprossen ein Zeichen von Schönheit. Mum hatte eine wunderbare Haut. Ich wusste genau, dass Sommersprossen nicht schön waren, und fragte mich, wieso die Leute dann immer behaupteten, sie wären schön.

Janet meinte, nur Leute mit heller Haut bekämen Sommersprossen, und vielleicht dachte man, hell sei gleichbedeutend mit schön und nicht mit blass, was meistens der Fall war. Janet war die Klassenbeste. Sie war sehr klug.

Joseph hatte riesige Sommersprossen. Zwar hatte er sich bisher noch nicht darüber geäußert, aber sie gefielen ihm mit Sicherheit auch nicht. Trotzdem konnten wir von Glück reden, dass wir nicht rothaarig waren. Sein Haar war eher kastanienbraun, vermutlich von seiner Mutter geerbt, denn Mr Conroys Haar war tiefschwarz. Ich sah in den Spiegel und ließ mir all das durch den Kopf gehen, als ich bemerkte, wie Mrs Alexander aus ihrem Laden eilte und ins *Jacobite* hinüberlief. Da fiel mir plötzlich mein *Girl's Crystal* ein, das ich bei Mrs Bryce auf der Bartheke hatte liegen lassen. Ich öffnete die Wagentür und war gerade im Begriff die Straße zu überqueren, als Rita aus Mr Conroys Laden kam. »Wohin willst du denn jetzt schon wieder?«, fragte sie.

»Ich habe mein Comicheft bei Mrs Bryce vergessen«, antwortete ich.

Wir gingen beide rein. Mrs Bryce sah aus, als hätte sie ein Gespenst gesehen, und Mrs Alexander hatte ihr beschwichtigend die Hand auf den Arm gelegt.

»Was ist denn los?«, fragte Rita. Mrs Alexander sah sie an, antwortete aber nicht.

Rita trat näher. »Lil? Was ist passiert?«

Mrs Bryce fuhr sich mit der Hand über den Mund. »Ein Anruf ist gekommen ...«, sagte sie.

»Von wem?«, fragte Rita. »Was ist denn, Lil? Eine schlechte Nachricht?«

»Nein ... Nein, ich glaube nicht.«

»Was dann?« Sie packte Mrs Bryce am Arm. Ich fror plötzlich. War vielleicht etwas mit Mum? Hatte Mum angerufen? Oder vielleicht Dad? Vielleicht ging es Mum schlechter nach Dots Anruf. Bitte, lieber Gott, mach, dass es Mum gut geht.

Mrs Alexander ergriff das Wort. »Ich habe eine Anfrage bekommen, Rita, wegen einer Übernachtungsmöglichkeit ...«

Ich war erleichtert.

»Du? Und von wem? Wer ruft denn bei der Post an, wenn er eine Unterkunft braucht?«, fragte Rita.

»Eben«, antwortete Mrs Alexander. »Der Herr wollte wissen, ob er hier am Ort ein paar Tage bleiben könne. Er rief aus England an. Die Vermittlung stellte den Anruf an mich durch.«

»Und wer war der Anrufer? Mein Gott, man muss euch ja jedes Wort aus der Nase ziehen!«

Mrs Bryce ging zum Sofa hinüber und setzte sich. »Johnny, Rita. Johnny hat angerufen.«

Rita machte eine fragende Geste und wandte sich an Mrs Alexander. »Welcher Johnny?«, fragte sie.

»Starling«, antwortete Mrs Alexander. »Johnny Starling.«

Mein Herz hüpfte vor Freude. Mr Smith hatte meinen Großvater gefunden! Er hatte es wirklich geschafft!

Rita wirbelte herum. »Oh, Lil, bist du sicher? Bist du sicher, dass *er* es ist?«

»Der Anruf kam aus Newcastle«, antwortete Mrs Bryce. Sie schien noch etwas benommen zu sein. »Er sagte zu Jessie, er wolle hier einen Besuch machen. Morgen ruft er wieder an.«

»Und du wusstest nicht, dass er es ist, Jessie?«, fragte Rita.

»Natürlich wusste ich das«, antwortete Mrs Alexander. »Aber ich wollte ihm keine Auskunft geben, bevor ich nicht sicher war, dass Lil einverstanden ist. Ich sagte, ich würde mich erkundigen.«

»Und hat er dich erkannt?«, fragte Rita.

»Nein. Als er von hier wegging, gab es hier noch kein Postamt«. Mrs Alexander schob sich die Brille auf der Nase zurecht.

»Mein Gott, Lil, wirst du ihn aufnehmen? Wann kommt er? Ich hätte nie gedacht, dass ich ihn kennen lernen würde. Hat er gesagt, wie lange er bleibt?« Rita sprudelte wie ein Wasserfall. »Ich muss zuerst mit meinem Mann sprechen«, unterbrach sie Mrs Bryce. »Ich weiß nicht, ob Eckie davon so begeistert sein wird.«

»Na, ganz bestimmt nicht«, fuhr Rita fort. »Aber warum bleibt Starling nicht in Locheirnan? Dort gibt es drei Hotels. Er müsste nicht ...«

»Er würde trotzdem herkommen«, sagte Mrs Bryce. Sie stand auf und wischte sich die Hände an ihrem Kittel ab, ohne jeden Grund.

»Gibst du mir Bescheid?«, fragte Mrs Alexander und berührte sehr sanft ihren Arm.

»Ja, Jessie«, nickte Mrs Bryce. »Heute Abend, wenn er zusperrt, spreche ich mit Eckie. Vorher will ich ihn lieber nicht damit belasten.«

Mrs Alexander ging. Rita lehnte sich an den Tresen. »Willst du ihn denn nicht sehen, Lil? Nach allem, was du mir erzählt hast, würde ich ihm gehörig den Kopf waschen!«

»Das liegt doch schon ewige Zeiten zurück«, antwortete Mrs Bryce. Sie schüttelte langsam den Kopf, als wolle sie ihre Gedanken ordnen. »Jemand muss es Dot sagen«, fügte sie hinzu.

»Ich bring die Kleine nach Hause«, sagte Rita. »Ich kann mit ihr sprechen, wenn du willst. Sie kannte ihn auch ziemlich gut, nicht wahr?«

Mrs Bryce sah mich an. Ich hatte mich die ganze Zeit nicht vom Fleck gerührt. Ich konnte einfach nicht. Mein Herz hämmerte und ich machte mir Sorgen. Mrs Bryce hatte Tränen in den Augen. Dabei hatte ich wirklich niemanden so aus der Fassung bringen wollen.

»Kann ich mein Comicheft haben? Ich habe es in der Küche liegen lassen.« Etwas anderes fiel mir nicht ein.

»Ja, Dot kannte ihn«, murmelte Mrs Bryce, als hätte sie mir gar nicht zugehört. »Was sie wohl davon hält?«

Was mochte Dot wohl von mir halten? Und wie hatte Mr Smith Mr Starling so schnell gefunden? Warum war er nicht hier um alles zu erklären? Und wie sollte *ich* alles erklären? Ich würde zugeben müssen, dass ich den Brief gelesen hatte ... und alles andere auch. Bitte, lieber Gott, mach, dass ich zurück nach Hause kann.

Rita fuhr ziemlich rasant. Die Straße war voller Schlaglöcher und sie fuhr mitten hindurch, statt ihnen auszuweichen, wie Dad es tat.

Ich würde versuchen vernünftig mit Dot zu reden. Ich

würde ihr sagen, dass ich ein Recht darauf hatte, meinen Großvater kennen zu lernen. Jeder hatte ein Recht auf seinen Großvater. Dot gestand den Menschen doch Rechte zu. Sie würde es verstehen.

Mir war ganz schlecht vor Angst und Sorge, während Rita weiter durch die Schlaglöcher fuhr und meine Zähne so aufeinander schlugen, dass mir der Kopf dröhnte. Ich fragte mich, wie viel Rita wusste. Auf jeden Fall hatte sie von Mr Starling gehört, so viel hatte ich ihren Bemerkungen gegenüber Mrs Bryce entnehmen können.

»Wie lange sind Sie eigentlich schon in Inchbrae?«, fragte ich sie.

»Mein Gott, schon seit Jahren«, antwortete sie. »Meine Schwester hat hier gewohnt und ich habe sie oft besucht. Dann wurde ihr Mann nach Aberdeen versetzt. Sie hatten eben das Haus gebaut und zur gleichen Zeit wurde der Laden frei. Ich griff zu und kaufte beides ... um mal ein bisschen zur Ruhe zu kommen.«

Sie lachte, aber es war eher ein Schnauben. »Die gute alte Rita – setzt todsicher immer auf das falsche Pferd!«

Ich hatte mir auf die Lippe gebissen und lutschte daran. »Sind Sie denn nicht gerne hier?«, fragte ich, nachdem ich festgestellt hatte, dass es nicht blutete.

»Sehr gerne, Ellie«, sagte sie. »Was mir nicht behagt, ist das Gefühl ... in der Falle zu sitzen, weißt du?« Dabei sah sie mich an. Ich warf schnell einen Blick auf die Straße, bevor ich nickte. Ich war erleichtert, dass uns kein Auto entgegenkam.

»Kennen Sie Dot und Mrs Bryce schon aus der Zeit, als Ihre Schwester noch hier gewohnt hat?«, fragte ich.

»Damals kannte ich sie noch nicht so gut, nein. Ich könnte nicht sagen, dass wir befreundet waren, jedenfalls nicht so wie jetzt. Warum fragst du?«

»Es ist nur ... Sie nehmen es mir hoffentlich nicht übel,

aber Sie sind so viel jünger als die beiden und ich habe mich gefragt, ob Sie dieselben Leute gekannt haben.«

»Übel nehmen? Ich bin hin und weg! Dass ein kleines Mädchen wie du so etwas bemerkt!« Sie sah in den Rückspiegel und presste die Lippen aufeinander, als habe sie eben Lippenstift aufgetragen. Das war nicht der Fall, wie ich wusste, aber irgendwie sah sie immer so aus, als hätte sie sich eben die Lippen angemalt.

»Und ich hatte gedacht, für dich und Joseph wären wir alle verknöcherte alte Tanten.« Sie machte eine Pause. »Spricht Joseph eigentlich von mir?«

Sie sah jetzt wieder auf die Straße. Ich hatte keine Lust über Joseph zu reden, überhaupt keine. Außerdem hoffte ich inständig, dass sie den großen Lastwagen gesehen hatte, der eben vor uns abbiegen wollte. Sie sah ihn – allerdings erst im letzten Augenblick. Ich stieß mir den Kopf am Armaturenbrett an.

»Tschuldigung, Kleines«, sagte sie. »Diese Kerle bilden sich ein, die Straße gehört ihnen!« Ich erhaschte einen Blick auf den Lkw-Fahrer, als wir vorbeifuhren. Er war kreidebleich.

»Eigentlich nicht«, antwortete ich. »Er spricht nicht von Ihnen.« Das war nicht gelogen. Er hatte Rita zwar erwähnt, aber direkt über sie gesprochen hatte er nicht. Das war auch gar nicht nötig; es war offenkundig, was er empfand. Ich versuchte das Gespräch erneut auf Mr Starling zu lenken, aber Rita ließ nicht locker.

»Nicht? Das ist vermutlich gar kein schlechtes Zeichen.« Wir waren beinahe an unserer Abzweigung angelangt. »Hat er gesagt, ob er mich mag?«

»Nein«, erwiderte ich und wünschte, die Zeit würde stehen bleiben. Heute Morgen hatte ich mir noch gewünscht, dass der Tag schnell vorbei wäre, und jetzt verging die Zeit schneller, als mir lieb war.

Rita verzog das Gesicht. »Hat er etwas über mich und seinen Dad gesagt?«

»Nein. Rita ...«

»Über seine Mama?«

»Ja.« Es hatte sowieso keinen Sinn mehr. Wir waren fast angekommen. Rita bog mit quietschenden Reifen in Dots Straße ein. Ich wurde unsanft ans Fenster gedrückt.

»Und was sagt er über sie?«

»Vielleicht sollten Sie ihn das lieber selbst fragen«, erwiderte ich. Im Moment waren mir Rita und Joseph wirklich piepegal, aber ich wusste, dass es eine freche Antwort gewesen war, und ich hatte es auch nicht so gemeint. Nichts konnte ich richtig machen – gar nichts.

»Verzeihung!«, sagte Rita ärgerlich und trat auf die Bremse. Ich hatte sie gekränkt.

Das Haus stand sperrangelweit offen – wie immer –, aber Dot war nirgends zu sehen. »Wo zum Teufel ist sie denn jetzt schon wieder?«, rief Rita. »Sie wusste doch, dass ich dich nach Hause bringe. Konnte sie nicht eine Minute dableiben?«

Wir stiegen wieder ins Auto. »Probieren wir's mal unten am Fluss«, sagte Rita. »Wenn sie dort nicht ist, kommst du mit zu mir und dann kann sie *uns* suchen.«

Ich sagte nichts. Ich war sicher, dass Dot am Fluss war.

Sie saß da, blickte zu den Bergen hinüber und rauchte. Hooligan lag zu ihren Füßen und als er mich sah, schlug sein Schwanz ein-, zwei-, dreimal auf die Steine. Wenigstens er hatte mir verziehen. Vor Glück war mir ganz schwindlig. Er ließ mich nicht aus den Augen. Rita ging vor mir her, aber er beachtete sie gar nicht und als ich auf ihn zuging, schien er zu lächeln. Ich kraulte ihm das Ohr und er ließ mich seine Nase küssen. Dot lächelte uns an. »Hat sich der Tag für dich doch noch zum Besseren gewendet?«, fragte sie.

»Das kann man nicht gerade behaupten«, schnaubte Rita. »Ich suche dich wie eine Stecknadel im Heuhaufen. Wie lange bist du schon hier?«

»Schon seit einer Ewigkeit«, antwortete Dot. Sie hatte ihre ganz besondere Art Rita zu ärgern; ich war mir nicht sicher, ob sie das absichtlich tat.

»Dein Name passt zu dir«, fuhr Rita fort. »Dotty, schrullig bis dorthinaus. Du tickst ja nicht mehr ganz richtig!«

»Besser jedenfalls als Joes Uhr«, erwiderte sie. »Ich nehme an, du hast sie ihm gekauft.«

»Und wenn?«

Dot schüttelte den Kopf. Hooligan auch. Er begriff genau, was vorging.

»Danke, dass du mir meine Kleine gebracht hast.« Tränen traten mir in die Augen und ich grub meinen Kopf in Hooligans Fell. Dot hatte ja keine Ahnung, dass ich ihr Vertrauen missbraucht hatte.

»Keine Ursache, Miss Fairbairn. Stets zu Diensten!«, schnappte Rita. »Ich geh nach Hause. Hast du etwas zum Abendessen für das Kind?«

Dass Dot meist nichts zu essen im Haus hatte, war anscheinend ein unerschöpflicher Gesprächsstoff in Inchbrae. Ich an ihrer Stelle hätte mich über diese Einmischerei bestimmt furchtbar geärgert, aber Dot schien es nicht weiter zu stören.

»Ich habe keinen Hunger«, sagte ich.

»Wir drei werden schon nicht verhungern«, versicherte Dot. Also hatte Hooligan noch nichts gefressen und würde mit uns nach Hause kommen. Sofort ging es mir besser – ein klein wenig jedenfalls.

Rita schüttelte den Kopf. »Ich habe vier Koteletts im Auto. Ich esse sowieso nicht mehr als eins; es sind gute Lammkoteletts – wär doch schade, wenn sie vergammeln würden. Ich hole sie«, bot sie an.

»Vielleicht meint Pat, ein paar Kilo mehr könnten dir nicht schaden ...«, wandte Dot ein.

Rita hob drohend den Zeigefinger. »Wenn du irgendetwas verrätst ...«

»Ich? Wem sollte ich denn ein Wort sagen?«

Sie lachten. Als Hooligan das Wort »Kotelett« hörte, stand er auf und schüttelte sich. Er hatte offenbar ein Bad im Fluss genommen, denn plötzlich spritzten jede Menge Wassertröpfchen aus seinem Fell in alle Richtungen. Rita schrie auf und machte einen Satz rückwärts, aber Dot lachte nur noch mehr. Sie sah mich an und wunderte sich bestimmt, warum ich nicht in das Gelächter einstimmte, sie sagte aber nichts.

Rita lief zum Auto zurück und Dot holte ihren Flachmann heraus und zündete sich noch eine Zigarette an. Als Rita zurückkam, war die Flasche schon wieder verschwunden. Nicht dass Dot sie vor ihr versteckt hätte; sie brauchte nur nicht lange um einen Schluck zu nehmen.

»Fast hätte ich's vergessen«, sagte Rita und versuchte Dot das Päckchen mit den Koteletts zu geben, ohne dass Hooligan es sich schnappte (er gierte ziemlich danach, was die Sache mehr als schwierig machte). »Lil hat mich gebeten dir auszurichten, dass Johnny Starling kommt.«

Dot ließ die Koteletts fallen. Diese einzigartige Gelegenheit ließ sich Hooligan natürlich nicht entgehen. Es war ein richtiges Gezerre, bis Dot das Päckchen wieder an sich gerissen hatte; das braune Einwickelpapier war an mehreren Stellen zerfetzt, aber das Fleisch war unversehrt. »Hoffentlich hast du noch etwas anderes zu Hause«, meinte Rita. »Das würde ich nicht mehr essen wollen.«

»Ist doch gar nichts passiert«, meinte Dot und blies ein paar Sandkörnchen vom Fleisch. Dann wischte sie mit der Hand drüber. »Wir halten sie unter die Wasserleitung«, versprach sie mir. »Dann sind sie wieder in Ordnung.«

Sie lehnte sich zurück. »Was hast du da eben gesagt, Rita?«

»Wenn du mit den Koteletts fertig bist, sag ich's dir«, antwortete Rita. »Jessie hat einen Anruf aus Newcastle erhalten. Wie es aussieht, sucht dieser Johnny Starling nach einer Übernachtungsmöglichkeit. Lil meint, sie müsse erst mit Eckie sprechen. Er ruft morgen wieder an ... er will sich hier ein bisschen umschauen, sagt er.«

»Er kommt also?«, murmelte Dot. Sie starrte in den Fluss. Irgendetwas platschte, dann kräuselten sich die Wellen und pflanzten sich fort bis ans Ufer. »Ich habe immer gewusst, dass er eines Tages zurückkommt ...«

Rita schlug um sich. »Ich bleib keine Minute länger hier, Dot. Die Mücken fressen mich auf. Bis morgen früh dann.«

»Ja.«

»Danke fürs Herfahren, Mrs Gilchrist«, rief ich ihr nach. Ich wollte nicht, dass sie mich mit Dot allein ließ.

»Ach, nenn mich ruhig Rita, Ellie. Und Dot, lass das Fleisch nicht in der Hitze herumliegen. Es ist sowieso schon nicht mehr ganz koscher.«

Dot stand auf und Hooligan stürmte voraus. Aus seinem Maul tropften lange Speichelfäden und ich wusste, dass ihm das Fleisch nicht mehr aus dem Kopf ging. Bis Dot es gebraten hatte, war er bestimmt am Ende seiner Kräfte.

Als wir nach Hause kamen, spielte Dot ununterbrochen Musik und sprach nicht viel. Ein paarmal machte ich einen Versuch ihr zu gestehen, was ich getan hatte, aber es gelang mir nicht. Bevor wir uns zum Essen hinsetzten, meinte Dot, sie hoffe, ich würde nach Hause zurückkehren, bevor es hier kritisch würde. Sie sah ganz traurig aus.

Das Fleisch war ziemlich zäh, aber Hooligan war begeistert. Er bekam sein eigenes Kotelett, dazu noch das von Dot und das meiste von meinem. Dann machte er sich nach Inchbrae auf um Dreep zu suchen, aber er leckte mir das Gesicht, bevor er ging. Sein Atem roch gut und seine Zunge war nass und trocken zugleich. Ich flüsterte ihm zu, dass wir uns morgen wiedersehen würden und dass ich ihn sehr liebte. Das schien ihn zu freuen. Glaubte ich jedenfalls. Dot hatte mir gesagt, wenn man von etwas fest überzeugt sei, sei es auch wahr. Ich hatte ganz fest daran geglaubt, dass ich Mr Starling finden würde, und jetzt sah es tatsächlich so aus, als hätte ich ihn gefunden.

Dot trank die Whiskyflasche leer, die sie unter dem Spülbecken aufbewahrte, und holte eine weitere Flasche aus dem Schrank. Als ich schlafen ging, sang Billie Holiday gerade das Lied »Some Other Spring«. Dot saß nicht auf ihrem Stuhl. Sie stand am Fenster und blickte zu den Fliederbüschen hinüber.

KAPITEL 14

Am Mittwochvormittag hatten wir im Haus zu tun, aber es waren keine Arbeiten, wie Mum und ich sie erledigten; eher eine Art Aufräumen. Dot hatte gewaschen und ich half ihr beim Aufhängen. Es war wieder ein schöner Tag. Dot hatte keine Stange mehr für die Wäscheleine. Sie habe mal eine gehabt, meinte sie, habe aber keine Ahnung, was damit geschehen sei. Mum hatte drei Wäscheleinen, Dot besaß nur eine, und deshalb breitete sie die Handtücher und zwei Kleider von mir zum Trocknen über der Hecke aus.

»Auf der Leine würden meine Kleider besser trocknen«, wandte ich ein, denn mich beunruhigte die Vorstellung, dass Ohrwürmer in die Taschen krabbeln könnten.

»Sie sind dort bestens aufgehoben«, versicherte Dot. »Oder willst du lieber deine Socken und Unterhosen über die Hecke hängen ...?« Ich schüttelte den Kopf und unterdrückte ein leichtes Schaudern. Dot meinte, in Inchbrae seien die Geschäfte am Nachmittag geschlossen und Rita würde wahrscheinlich vorbeikommen und uns Gesellschaft leisten.

»Bringt sie Joe mit?«, erkundigte ich mich.

Dot schüttelte den Kopf. »Nein, Pat will so viel Zeit wie möglich mit ihm verbringen und mittwochnachmittags gehen sie meistens nach Locheirnan ins Kino«.

»Und Rita geht nicht mit?«

»Ach, Kino, das ist nichts für sie. Da müsste sie zu lange stillsitzen. Rita ist ein unruhiger Geist.«

»Können wir nicht auch mal ins Kino gehen?«

Dot verzog das Gesicht. »Ich habe keine Lust mich bei schönem Wetter irgendwo ins Dunkle zu setzen«, sagte sie. Als sie meine Enttäuschung bemerkte, fügte sie hinzu: »Obwohl ... wenn du ein Filmstar werden willst, dann musst du dir wohl andere Schauspieler ansehen. Vielleicht ... falls es diese Woche noch regnet.«

Ich hoffte, wir würden gerade im Kino sein, wenn Mr Starling kam. Wenn er uns nicht antraf, würde er vielleicht aufgeben und wieder nach Hause gehen. Aber dann würde ich ihn nie kennen lernen. Ich wusste nicht recht, was mir lieber war.

Nachdem wir mit der Hausarbeit fertig waren, machten Dot und ich uns ein paar Sandwiches, die wir draußen aßen. Wir breiteten eine Decke im Gras aus und ich blätterte eine Zeit lang in meinem Comicheft; aber dann wurde ich müde und legte mich auf den Rücken. Der Himmel war fast wolkenlos und so strahlend blau, dass mir die Augen wehtaten.

Gegen drei Uhr fuhr Rita vor.

»Was gibt's Neues?«, fragte Dot, als Rita ums Haus herumkam.

»Nicht viel«, antwortete sie. Sie trug eine enge schwarze Hose und eine schulterfreie weiße Bluse, schwarz gepunktet und mit einer großen Rüsche. Ich konnte meinen Blick nicht von ihr abwenden. Sie zupfte Dots Decke zurecht, bevor sie sich hinsetzte.

»Ist sie sauber?«, fragte sie.

»Einigermaßen«, erwiderte Dot. »Möchtest du einen Schluck Whisky?«

»Ach, dafür ist es ein bisschen zu heiß. Ein Bier mit Limonade wär mir lieber.«

»Ist Mr Smith schon zurück?«, fragte ich.

Rita zuckte die Achseln. »Nein ... das heißt, ich habe seinen Wagen nicht gesehen.«

Dot stand auf und Rita lehnte sich zurück. Sie zog ihre Bluse an den Schultern noch ein bisschen weiter nach unten und legte den Kopf in den Nacken um sich zu sonnen. Unter der Bluse zeichnete sich ihr Busen deutlich ab. Es war ein ziemlich großer Busen. Mum hatte einen kleinen. Rita fing meinen Blick auf und ich wurde rot.

»Eines Tages kriegst du auch einen, Ellie. Und dann ist ein gut sitzender Büstenhalter das Allerwichtigste. Ein guter BH ist wirklich die lohnendste Investition für jede Frau.« Ich beschloss mir ihren Rat zu merken; denn ich konnte es gar nicht erwarten, endlich auch einen Busen zu bekommen.

»Erzähl dem Kind keinen Unsinn«, sagte Dot, die eben aus dem Haus trat.

»Wieso Unsinn? Das ist doch eine Binsenweisheit – du würdest übrigens auch gut daran tun, sie zu beherzigen.«

Dot schnaubte verächtlich. »Bist du aufgehalten worden? Ich hatte dich schon viel früher erwartet.«

»Ich habe Pat und Joseph nach Locheirnan gefahren. Wir waren im Café und haben eine Kleinigkeit gegessen, bevor die beiden ins Kino gegangen sind. Joe hat drei Cremetörtchen verputzt. Pat verwöhnt ihn viel zu sehr.« Sie schüttelte den Kopf. »Zurück fahren sie jedenfalls mit dem Bus, also stehe ich ganz zu deiner Verfügung.« Sie sah auf die Uhr. »Ich hätte gar nicht gedacht, dass es schon so spät ist.«

»Welcher Film läuft denn?«, erkundigte ich mich.

»Keine Ahnung. Doch – ja: ›Die Herberge zur sechsten Glückseligkeit‹.«

»Oh ...!« Ich kannte zwar den Film nicht, wohl aber die Romanvorlage. Gladys Aylward hatten wir in der Schule gelesen und dem Film fieberte ich schon seit einer Ewigkeit entgegen.

»Vielleicht schaffen wir's ja auch noch, solange er läuft«, meinte Dot. »Ellie will nämlich Filmstar werden«, sagte sie zu Rita.

Obwohl ich mir meiner Sache ganz sicher war und es Joe und Mrs Alexander schon gesagt hatte, befürchtete ich, dass Rita meine Pläne nicht ganz ernst nahm. »Ich ... ich *möchte* es jedenfalls gerne werden ... falls ich es schaffe ...«, stotterte ich. Wieder wurde ich rot.

»Klar schaffst du's«, sagte Rita. Sie zeigte weiter kein besonderes Interesse, aber wenigstens hielt sie die Idee offenbar nicht für vollkommen abwegig und das war entscheidend.

»Hast du Lil gesehen?«, fragte Dot.

»Ja. Ach ja, ich soll dir ausrichten, dass sie von diesem Starling nichts mehr gehört hat. Jessie meinte, er würde heute erst später anrufen.«

»Und was hat Eckie dazu gesagt?«

»Er sagt, es sei ihm egal. Es hängt allein von Lil ab ... ob sie ihn aufnehmen will oder nicht.«

»Und ...?«

»Und was?«, fragte Rita.

»Und ... wie hat sie sich entschieden?«

»Sie ist noch unschlüssig, aber heute kam sie mir nicht mehr ganz so skeptisch vor. Eckie hat sie ein wenig beruhigt, glaube ich.«

Langes Schweigen. Ich hielt mir den Arm vor die Augen und tat so, als blendete mich die Sonne.

Rita sonnte sich weiter und Dot ging ins Haus zurück um weitere Platten aufzulegen. Sie kam wieder und setzte sich, stand aber gleich wieder auf, ging zur Hecke hinüber und fing an die Wäsche zu wenden.

»Und wie steht's mit dir?«, fragte sie Rita.

Rita setzte sich auf und schlang die Arme um ihre Knie. »Mit mir?«

»Was ist mit dem Laden?«

Rita schüttelte den Kopf. »Ich mache mich vielleicht lächerlich, Dot, aber heute Morgen habe ich die Makler in Locheirnan angerufen ... und ihnen gesagt, dass ich nicht verkaufe.« Sie schien nicht sehr glücklich über ihre Entscheidung.

»Hast du's Pat schon gesagt?«

Rita warf Dot einen warnenden Blick zu. Ich wusste, dass das mit meiner Anwesenheit zusammenhing. Erwachsene sahen sich häufig so an, wenn sie nicht wollten, dass Kinder etwas hörten, was sie nicht hören sollten.

»Schon gut, Rita«, sagte Dot. »Das Kind ist gut erzogen und wird nicht alles ausplaudern, was es hört. Nicht wahr, Ellie?«

»Was?«, fragte ich. Ich tat so, als hätte ich nicht zugehört, dabei war ich begierig zu erfahren, was Rita zu erzählen hatte. Dots misstrauischer Blick verriet aber, dass ich sie nicht hatte täuschen können.

Rita starrte mich an. »Ich bin gut erzogen«, versicherte ich ihr. Gut genug um zu wissen, dass es sich nicht gehörte, anderer Leute Briefe zu lesen.

»Pat weiß es. Wir werden eine Zeit lang warten, bevor wir etwas sagen«, antwortete sie.

Also wusste Joseph noch nicht Bescheid.

»Jetzt trinke ich doch einen Schluck«, sagte Rita. Mir war klar, dass sie sich nur mit Dot in die Küche zurückziehen wollte um ungestört mit ihr reden zu können. Es dauerte eine Weile, bis sie wiederkamen. Rita sah nicht glücklicher aus als vorher. Sie machten jetzt beide bekümmerte Gesichter.

Es war nicht leicht, mit den Stimmungen der Erwachsenen zurechtzukommen. Ich hatte auch immer Mühe zu erraten, wann Dads Laune umkippte. Selbst wenn ich seiner Stimme anhörte, dass sich etwas anbahnte, musste ich sein Gesicht schon sehr genau beobachten um zu wissen, wann es so weit war. Einmal hatte ich schon angefangen zu weinen, bevor Dads Stimmung umschlug, und da hatte er mich ins Bett geschickt. Von da an hatte ich nie wieder geweint. Es war zu wichtig, dabei zu sein und sie zu beobachten um gewappnet zu sein. Ich fragte mich, wie ärgerlich Dad wohl wäre, wenn er erführe, was ich getan hatte. Bestimmt sehr ärgerlich. Sehr, sehr ärgerlich.

Dot und Rita waren nicht besonders gesprächig, also fragte ich, ob ich hinunter an den Fluss gehen dürfte. Dot erlaubte es mir erst, aber Rita meinte, es sei zu gefährlich, wenn ich allein loszöge. Dot stimmte ihr zu, was ganz untypisch für sie war, doch dann überlegte sie es sich doch noch. »Wir gehen alle zusammen«, entschied sie. »Ich muss mir ein wenig die Beine vertreten.«

»Ich gehe nicht mit zum Fluss«, verkündete Rita. Kein Wunder, dass sie mit Joseph nicht auskam; sie war genauso streitsüchtig wie er.

»Keiner zwingt dich«, antwortete Dot. »Du kannst ja hier bleiben, bis wir wiederkommen.«

»Allein bleibe ich nicht hier. Da hätte ich gleich zu Hause bleiben können.«

»Dann geh doch nach Hause«, gab Dot zurück.

»Das tue ich auch«, sagte Rita. Sie schien es Dot nicht weiter übel zu nehmen. »Ich nehme ein Bad und wasche mir die Haare«. Sie sah mich an. »Willst du nicht auch mal baden, Ellie?«

Ich schüttelte den Kopf.

»Dot kommt am Freitag. Wenn du willst, komm doch mit.«

Ich bedankte mich. Ihr Haus war bestimmt hübsch eingerichtet. Mum sagte immer, guten Geschmack spüre man schon auf einen Kilometer Entfernung. Mum hatte zwar einen anderen Geschmack als Rita, aber beide hatten sie einen guten Geschmack. Das stand fest.

Wir schafften es nicht ganz bis zum Fluss. Kurz vorher trafen wir nämlich Mrs Fishbein, die auf einem Zauntritt saß. Sie bemerkte uns zuerst gar nicht, weil sie ihr Gesicht in den Händen vergraben hatte. Erst als wir fast neben ihr standen, sahen wir, dass sie weinte.

Dot berührte sie an der Schulter. »Greta ... Greta ... was ist los?«

Sie hob den Kopf. Noch nie hatte ich einen so traurigen Menschen gesehen. Ich musste schlucken.

»Ach, Miss Fairbairn ... Heute ... heute ist sein Geburtstag ...«

Dot sah sie an, dann nahm sie Mrs Fishbeins Hände in die ihren. »Ihr Sohn? Ihr Sohn hat Geburtstag?«

Mrs Fishbein nickte und schluchzte wieder. Ihre Nase lief und ihr Gesicht war ganz fleckig, also weinte sie wohl schon eine ganze Weile. Dot kramte in ihrer Hosentasche nach einem Taschentuch, aber Mrs Fishbein hatte selbst eins. Neben ihr am Boden stand eine Einkaufstasche aus Bast, da hinein stopfte sie das Taschentuch und holte dann ein neues heraus. Ihr ganzer Körper bebte vor lauter Weinen. Es machte einem richtig Angst.

»Mein Abel. Erst siebzehn, Miss Fairbairn. Er war noch ein Kind.« Sie breitete die Arme aus. »Sie haben ihn mir aus den Armen gerissen. Er lächelte noch. Sein Lächeln werde ich nie vergessen ...« Erneut brach sie in Tränen aus. Es war so schlimm, dass ich fürchtete, sie könne ersticken.

Einen Augenblick lang überlegte ich, ob ich loslaufen und einen Arzt holen sollte, aber ich bezweifelte, dass es in Inchbrae überhaupt einen Arzt gab. Ich sah Dot an. Sie schien ganz vergessen zu haben, dass ich da war, und ich merkte, wie ich allmählich in Panik geriet. Die beiden Frauen beachteten mich gar nicht. Ich wusste nicht, was ich tun sollte. Die Angst schnürte mir die Kehle zu, ich wollte loslaufen, irgendwohin, einfach nur laufen.

Dot hatte einen Arm um Mrs Fishbein gelegt. Mrs Fishbein legte ihren Kopf in Dots Schoß und Dot strich ihr über den Rücken. »Wie alt wäre er heute?«, fragte Dot. Ihre Stimme klang ruhig und sanft. Ich wollte, dass sie weitersprach, damit meine Angst aufhörte.

»Vierunddreißig«, antwortete Mrs Fishbein. Sie blickte auf. »Verstehen Sie …?«, flüsterte sie.

»Ja«, erwiderte Dot. »Doppelt so viele Jahre, wie er gelebt hat.« Mrs Fishbein weinte weiter und Dot strich ihr immer wieder über den Rücken. »Wissen Sie denn, was genau mit ihm geschehen ist?«, fragte sie.

Mrs Fishbein schüttelte heftig den Kopf. »Wir werden es nie wissen.«

Dot half Mrs Fishbein aufzustehen. »Für Sie wird er immer siebzehn sein, Greta, und nichts kann ihm mehr wehtun. Das zumindest wissen Sie.«

Mrs Fishbein nickte. Dot nahm ihr das Taschentuch aus der Hand und wischte ihr die Tränen aus dem Gesicht, dann reichte sie es ihr, damit sie sich schneuzen konnte.

»Sollen wir Sie begleiten, Greta?«, fragte sie.

Mrs Fishbein nickte wieder. Dot gab mir einen Wink, ich solle die Einkaufstasche tragen. Sie war leer. Aus irgendeinem Grund machte es mich noch trauriger zu wissen, dass Mrs Fishbein den ganzen Weg hierher mit einer *leeren* Einkaufstasche gekommen war.

Wir gingen zurück in die Stadt. Ich hielt Mrs Fishbeins Hand, Dot nahm ihren Arm. Ein paar Mal mussten wir einander loslassen, wegen des Verkehrs, dann blieb immer Dot zurück, denn Mrs Fishbein ließ meine Hand nicht los. Ab und zu sagte sie etwas, doch ich verstand sie nur schwer. Dot nickte und stellte die eine oder andere Frage, aber die meiste Zeit liefen wir schweigend nebeneinander her.

Ich musste den ganzen Weg über an Dot und meinen Vater denken. Dot schien Mrs Fishbeins schrecklichen Schmerz verstehen zu können, dabei hatte sie selbst einen Sohn, der noch am Leben war, und hatte sich nie die Mühe gemacht ihn zu besuchen. Und warum besuchte Dad sie nicht? Er konnte doch nicht deshalb so wütend auf sie sein, weil sie so gern mal ein Gläschen Whisky trank? Vielleicht ärgerte er sich, weil sie ihn ohne Vater hatte aufwachsen lassen. Wenn Mr Starling kam und Dad ihn kennen lernen würde, würden sie sich vielleicht mögen und Dot würde sie beide mögen und dann würden alle mir dankbar sein, dass ich sie zusammengebracht hatte.

Oder auch nicht.

Dann wieder schämte ich mich, dass ich so selbstsüchtig war, wo doch Mrs Fishbein vor Kummer das Herz brach. Ich hoffte, Gott würde mich verstehen. Alles wurde so kompliziert, wenn man erst anfing nachzudenken.

Wir waren schon auf der High Street, als wir Dreep sahen, der uns auf der anderen Straßenseite entgegenkam. Er trug einen Pelzmantel.

Dot blieb stehen. »Um Himmels willen«, rief sie aus, »ist denn das die Möglichkeit!«

Mrs Fishbein hob den Kopf. Als Dreep auf gleicher Höhe mit uns war, rief Dot zu ihm hinüber: »Ist bei dir schon Winter, Dreep?« Er winkte uns zu – sehr fröhlich, fand ich. Ich war sicher, dass sein Winken auch mir galt, und ich fühlte mich sofort besser. Dot und Mrs Fishbein sahen ihm nach.

»Wo in Inchbrae hat er bloß diesen Biberpelzmantel aufgetrieben?«, fragte Dot verwundert.

»Jessie«, sagte Mrs Fishbein. »Sie hat einen. Einen Biberpelzmantel.«

»Das ist nicht Jessies Mantel«, sagte Dot und schüttelte den Kopf. Dreep war inzwischen um die Ecke verschwunden. »Dieser Mantel muss einer ziemlich großen Frau gehört haben. Haben Sie nicht gesehen, wie gut ihm die Ärmel passten?«

»Doch, ja«, nickte Mrs Fishbein. Sie hatte aufgehört zu weinen.

Dot fing an zu lachen. »Er muss in Locheirnan gewesen sein. Eine feine Dame ist heute um ihren Pelzmantel geprellt worden. Ein Wunder, dass man ihn nicht geschnappt hat!« Sie hörte gar nicht mehr auf zu lachen und auch Mrs Fishbein stimmte ein.

Wir gingen weiter. Mrs Fishbein kramte nach ihren Ladenschlüsseln. »Ist Ihr Mann zu Hause?«, fragte Dot.

Mrs Fishbein wandte sich nach uns um. »Ja«, sagte sie. »Wir werden jetzt beten. Danke. Sie waren sehr freundlich. Ich werde es meinem Abel sagen ...«. Wieder füllten sich ihre Augen mit Tränen.

Dot berührte ihren Arm. »Sagen Sie ihm einen herzlichen Glückwunsch zum Geburtstag – von Dot.«

»Und von Ellie«, fügte ich hinzu.

Mrs Fishbein lächelte und nickte. Dann ging sie ins Haus und schloss lautlos die Tür hinter sich.

Ich steuerte aufs *Jacobite* zu. Mit etwas Glück kam Mr Smith vielleicht zurück, während wir dort waren. Ich spürte, dass Dot zögerte. »Gehen wir nicht rein?«, fragte ich.

Sie holte tief Luft. »Ja, doch«, sagte sie dann. »Gott allein weiß, was mich als Nächstes erwartet.«

KAPITEL 15

Hugh saß auf dem Sofa. Er hatte ein Buchstabenpuzzle vor sich auf dem Schoß und schob die Teile hin und her. Ich wusste, dass er nicht lesen konnte und deshalb nie in der Lage sein würde das Puzzle richtig zusammenzusetzen, aber es machte ihm anscheinend Spaß. Mrs Bryce kam rückwärts die Treppe herunter und polierte dabei das Geländer.

»Wir haben noch nicht geöffnet«, rief sie über ihre Schulter.

»Ich bin's«, antwortete Dot. Mrs Bryce hörte auf zu polieren, nickte Dot zu und ging mit ihr zu einem der Tische. Dot hatte sich noch vor der Tür eine Zigarette angezündet und Mrs Bryce nahm einen sauberen Aschenbecher vom Tresen, auf dem in großen Lettern »Glenfiddich« stand. Ich musste an Dad denken, wie er zu Weihnachten seinen Whisky trank. Vielleicht könnte diesmal Mr Starling mit uns Weihnachten feiern.

Ich setzte mich zu Hugh. Er sah mich an und hielt mir dann das Puzzle hin. Die Buchstaben lagen bunt durcheinander, aber eine Zeile hatte er richtig. »Sieh mal, Hugh«, sagte ich und deutete auf das Wort: »Du hast ›Farm‹ zusammengesetzt.«

Er nahm das Puzzle wieder an sich und betrachtete es ganz aus der Nähe, aber es war offensichtlich, dass er nicht begriff, dass er ein Wort gelegt hatte. Er beobachtete, wie ich die Buchstaben hin- und herschob. Ich hatte es beinahe geschafft und überlegte mir gerade meinen nächsten Schritt, als Hugh schrecklich zu brüllen anfing und immer wieder mit dem Daumen auf das Puzzle tippte. Anscheinend hatte ich einen Fehler gemacht. Ich brachte das Spiel zu Mrs Bryce hinüber. »Was will er denn?«, fragte ich. Er machte mich schon wieder ganz nervös.

»Ach, Ellie, er möchte, dass das leere Feld in der Mitte so bleibt. Er möchte nicht, dass du es ausfüllst.«

»Aber dann stimmt es doch nicht.«

»Lass ihm seinen Willen, Liebes.« Sie blickte bekümmert drein, aber wohl kaum wegen Hugh, an dessen Gebrüll sie bestimmt gewöhnt war. Jedenfalls räumte ich das Feld in der Mitte wieder ab, was das ganze Spiel kaputt machte. Hugh lächelte mich an und wir setzten uns wieder hin. Ich hatte keine Lust mehr zu spielen, wenn ich es nicht richtig machen durfte, deshalb reichte ich ihm das Puzzle und er tätschelte mir den Hinterkopf. Dot erzählte Mrs Bryce gerade, in welch schrecklicher Verfassung wir Mrs Fishbein angetroffen hatten.

»Arme Greta«, sagte Mrs Bryce. »Eine solche Grausamkeit kann man sich gar nicht vorstellen; einer Mutter das Kind aus den Armen zu reißen! Was für eine schreckliche Tat.« Sie sah zu Hugh hinüber, während sie sprach. Man spürte deutlich, wie sehr sie ihn liebte, trotz seiner ... was es auch sein mochte.

»Ich schau bei den beiden vorbei, sobald Eckie wieder da ist«, fügte Mrs Bryce noch hinzu. »Ich hab einen großen Topf Suppe gekocht, davon bringe ich ihnen was rüber.«

»Ich glaube kaum, dass ihr danach zu Mute ist, Lil«, sagte Dot. »Sie wollen bestimmt lieber allein sein. Du hättest sie sehen sollen ... sie war ganz verzweifelt, die Ärmste.«

»Ach, ein guter Teller Suppe wirkt oft Wunder.« So ging es ein paar Minuten hin und her. Sie stritten nicht wirklich, führten aber auch kein richtiges Gespräch, so als wüssten sie nicht, was sie miteinander reden sollten. Ich wurde zunehmend ungeduldiger, schließlich wollte ich, dass sie über Mr Starling sprachen. Ich fragte mich auch, wann Mr Smith endlich zurückkommen würde.

Plötzlich wurde die Tür aufgerissen. Mir stockte der Atem, aber es war nur Mr Bryce.

»Du wirst nie erraten, was ich eben gesehen habe, Lil«, sagte er und löste die Hosenklammern. Ich wusste nicht, woher er kam, aber sein Gesicht war knallrot und die Haare standen ihm zu Berge, wie vom Sturmwind zerzaust. Er fuhr sich mit der Hand durchs Haar und strich es glatt.

»Was denn, Eck?«, fragte Mrs Bryce. Sie war aufgestanden, als erwarte sie schlechte Nachrichten.

»Dreep, dieser Idiot, läuft im Pelzmantel herum! Bei diesem Wetter!«

Dot lachte. »Ach ja, ich habe ganz vergessen es dir zu erzählen, Lil. Wir haben ihn auch gesehen, gerade eben.«

»Mein Gott, bald ist er reif für die Klapsmühle«, sagte Mrs Bryce. Sie sah trotzdem erleichtert aus. Und jetzt lächelte sie auch.

»Das war er schon immer«, meinte Mr Bryce. »Aber vielleicht ist die Idee mit dem Pelzmantel gar nicht so schlecht. Womöglich riecht man ihn dann nicht mehr drei Meilen gegen den Wind.« Sie lachten alle und Mr Bryce schenkte sich und Dot einen Whisky ein.

»War Jessie schon da?«, fragte er. Mrs Bryce schüttelte den Kopf und Dot zündete sich die nächste Zigarette an. Normalerweise rauchte sie nicht so viele so kurz hintereinander.

»Ach, vielleicht meldet er sich ja gar nicht mehr. Was

sucht er überhaupt hier – nach all den Jahren?« Mr Bryce legte den Arm um Mrs Bryce und drückte sie an sich. Zum Scherz holte sie aus und tat so, als wolle sie ihm einen Klaps versetzen.

»Sich aus dem Staub zu machen war das Beste, was er tun konnte«, fügte Mr Bryce hinzu. »Damit hat er uns allen einen Gefallen getan, stimmt's, Lil?«

Sie berührte seine Wange. »Stimmt«, antwortete sie. Ich sah Dot an. Sie lächelte den beiden zu, aber ihre Augen lachten nicht mit.

Wieder ging die Tür auf und Dreep kam hereingeschlurft. Hugh ließ sein Puzzle sinken. »Rrruggh!«, machte er und fuhr mit den Händen durch die Luft wie eine Katze mit ihren Krallen.

»Sei still, Hugh«, sagte Mr Bryce. Hugh verstummte, fuchtelte aber weiter in der Luft herum. Am liebsten hätte ich losgelacht.

»Was hast du hier zu suchen, Dreep? Ich hab's dir doch schon mal gesagt: Du bekommst hier nichts zu trinken.« Mr Bryce klang nicht, als wollte er spaßen.

»Mein lieber Freund, es ist keineswegs das Verlangen nach Erfrischung in flüssiger Form, das mich Ihre hochverehrte Türschwelle überschreiten lässt. Beileibe nicht. Ich habe mich vielmehr entschlossen Sie an meinem Glück teilhaben zu lassen. Denn heute habe ich wieder einmal erfahren, dass es noch wirkliche Güte auf dieser Erde gibt, und ich bin hier um die Botschaft weiterzugeben; dass nämlich die Liebe in ihrer glorreichen Unendlichkeit allen Menschen zuteil werden kann ...«

»Du hast fünf Sekunden um zu verschwinden«, drohte Mr Bryce.

Dreep machte eine tiefe Verbeugung. »Dann muss ich wohl von dannen gehen. Alles Gute euch allen.«

Mrs Bryce wedelte mit ihrem Staubtuch durch die Luft,

wo er gestanden hatte, und hielt sich mit der anderen Hand Mund und Nase zu. Ich roch es ebenfalls; kein Wunder, Dreeps Gestank wehte bis zum Sofa herüber. Hugh schaukelte hin und her und lachte wie von Sinnen. Es unterschied sich kaum von seinem üblichen Gebrüll, aber ich kannte ihn jetzt schon besser und stimmte in sein Lachen ein.

Die Dinge nahmen jetzt ihren gewohnten Verlauf. Ein paar Männer kamen in die Kneipe und Dot und Mrs Bryce zogen sich in die Küche zurück. Hugh und ich folgten ihnen. Mrs Bryce wirtschaftete herum ohne sich auch nur für eine Sekunde zu setzen und Dot schien wieder verdrießlicher Stimmung zu sein. Dann hörten wir, wie Mr Bryce mit Mrs Alexander sprach. Mrs Bryce blieb wie angewurzelt stehen und Dot starrte ihr Glas an und zog damit Kreise auf dem Tisch.

»Geh nach hinten, Jessie. Sie sind in der Küche«, hörten wir Mr Bryce sagen.

Mrs Alexander trat ein. Sie trug einen Hut mit einer langen Feder, der ihr wirklich gut stand. Ich wollte ihr gerade ein Kompliment machen, da ergriff Mrs Bryce schon das Wort.

»Hat er angerufen, Jessie?«

»Ja, Lil. Vor ein paar Minuten. Ich wollte eben zusperren.«

»Und? Wie lautet die frohe Botschaft?«, fragte Dot und blickte auf. Ihre Augen funkelten.

»Er kommt nächste Woche. Er sagt, er fährt mit dem Zug nach Inverness und ist dann am Dienstag hier, wenn es dir recht ist.«

Mrs Bryce hatte die Arme vor der Brust verschränkt. Sie sah Mrs Alexander an, dann schüttelte sie sich, als hätte sie einen kalten Luftzug abgekriegt. »Hat er gesagt, wie lange er bleibt?«

»Ich hab ihm deine Nummer gegeben. Er ruft dich morgen selbst an.«

Dot stellte ihr Glas mit einem lauten Knall auf den Tisch zurück. Zum Glück war es leer. Hugh und ich zuckten zusammen.

»Mein Gott, Jessie. Hättest du nicht Lil holen können? Diese ständige Hin- und Hertelefoniererei ...«

Mrs Alexander runzelte die Stirn. Sie sah ziemlich gekränkt aus, fand ich. »Dot, also ... ich dachte ... ich dachte, es sei am besten so.«

»Du hast es richtig gemacht, Jessie, und ich danke dir sehr, auch wenn der eine oder andere hier am Tisch vergessen hat, was sich gehört!«, sagte Mrs Bryce und warf Dot einen ärgerlichen Blick zu. Sie dankte Mrs Alexander noch einmal und begleitete sie zur Tür. Als sie wieder hereinkam, würdigte sie Dot keines Blickes. Sie klapperte mit den Suppenschalen und machte dreimal ihren Besteckkasten auf und zu.

»Für uns brauchst du nicht zu decken«, sagte Dot.

»Hatte ich auch gar nicht vor«, gab Mrs Bryce schnippisch zurück. Ich glaube, sie hatte doch für uns mitgedeckt, denn sie hatte vier Suppenschalen herausgenommen und Mr Bryce aß nicht, wenn er hinter der Theke stand.

»Wenn ich eins nicht ausstehen kann, so ist es Suppe«, fuhr Dot fort. Ich mochte sie auch nicht besonders, schon gar nicht, wenn Erbsen drin waren.

Mrs Bryce wirbelte herum. Sie hatte die Schöpfkelle in der Hand und einen Augenblick lang dachte ich, Mrs Bryce würde sie Dot auf den Kopf donnern.

»Seit wann? Seit wann hast du etwas gegen Suppe?«

Hugh und ich bekamen jetzt beide Angst. Es sah ganz so aus, als würden sie sich wegen der Suppe fürchterlich in die Haare geraten.

Dot sprang auf, dann sank sie wieder auf ihren Stuhl zurück. »Entschuldige, Lil. Ich weiß nicht, was in mich gefahren ist.« Sie schüttelte den Kopf und versuchte zu lächeln. »Es ist ein komisches Wetter. Ich glaube, die Hitze macht mir zu schaffen.«

»Das ist ja ganz was Neues«, sagte Mrs Bryce. Sie drehte sich zum Herd um, aber ich sah, dass sie Tränen in den Augen hatte. Sie tat mir Leid. Ich fand, Dot hätte sie nicht so behandeln dürfen, auch wenn es heiß war.

Dot stand auf. »Wir gehen nach Hause«, sagte sie. »Ich mache Nudeln mit Käse für mich und Ellie.« Sie hielt inne. »Das ist natürlich nicht so gut wie deine Suppe, Lil.«

»Ihr seid nach wie vor herzlich eingeladen«, antwortete Mrs Bryce. Sie drehte uns immer noch den Rücken zu.

»Nein. Was du vorhin gesagt hast, stimmt. Die Fishbeins wissen sie sicher mehr zu schätzen.«

Von Mr Smith immer noch keine Spur. »Ich mag Suppe«, log ich. »Lieber als Nudeln.«

Dot sah mich wütend an. »Du bekommst Nudeln und damit basta«, sagte sie.

Wir waren schon an der Küchentür, als Mrs Bryce sich umdrehte. »Ich kann mir eher ein Bild machen, wenn ich selbst mit ihm spreche, Dot.«

Dot schnaubte. »Ist mir doch egal, ob er kommt oder nicht. Mach was du willst.« Ihre Stimme klang aber nicht unfreundlich, sondern ziemlich zerknirscht.

»Wir sind doch noch Freundinnen, oder?« Mrs Bryce sah aus, als würde sie im nächsten Augenblick losheulen.

»Nun hör sich einer das an! Ich glaube, *dir* macht die Hitze zu schaffen«, gab Dot zurück und versuchte zu grinsen.

Wir verabschiedeten uns. Ich bat Dot nach Hooligan zu pfeifen. Sie pfiff zweimal, aber er ließ sich nicht blicken. Auch Mr Smith war nirgends zu sehen. Bestimmt würde er später bei uns zu Hause vorbeischauen um alles zu erklären. Wie konnte ich es bloß schaffen, unter vier Augen mit ihm zu sprechen? Ich überlegte, wie Hitchcock das wohl hingetrickst hätte, aber ich kapierte seine Filme nicht immer, selbst wenn sich alles direkt vor meinen Augen abspielte.

Weil ich schnell nach Hause wollte, war es mir gar nicht recht, dass wir am Fluss Rast machten, doch ich bemühte mich, nicht egoistisch zu erscheinen. Ich hoffte, es würde Dot aufheitern, wenn wir uns ein paar Minuten am Wasser niederließen. Das funktionierte sonst auch immer.

Am anderen Flussufer grasten Schafe, die am Morgen noch nicht da gewesen waren. Ich wusste noch immer nicht, wer sie herbrachte. Dot hatte sonst immer auf alles eine Antwort, also fragte ich sie.

»Wer bringt sie her?«

Dot drückte ihr Zigarette aus. »Dreckige Hurensöhne. Sie sollen in der Hölle schmoren mit ihrem Kadavergehorsam!«

Diese Antwort hatte ich nicht erwartet. Ich sah mich um, aber weit und breit waren keine Kadaver zu sehen.

»Hier sind nirgendwo Kadaver, Dot. Nur Schafe.« Ich zeigte mit dem Finger auf die Tiere.

Sie atmete aus. Aus ihrem Mund kam eine Menge Rauch, obwohl sie ihre Zigarette schon zu Ende geraucht hatte. Sie musste den Rauch lange im Mund behalten haben. Es sah aber nicht so elegant aus wie bei Bette Davis, eher grimmig und furchterregend.

»Verzeih mir, Kleines. Ich habe gerade an Mrs Fishbein gedacht ... und an den Krieg.« Sie schüttelte den Kopf. »Mein Gott, wie kann man mit so etwas leben!«

Das wüsste ich auch nicht, erwiderte ich. Dot verfiel wieder in Schweigen und ich fragte nicht noch einmal nach den Schafen.

»Wenn wir nach Hause kommen, flicke ich dir den Reifen«, sagte sie. Das hatte ich schon völlig vergessen und ich hatte auch keine Ahnung, wieso Dot gerade jetzt darauf kam.

»Ist schon gut. Ich gehe gern zu Fuß.«

Sie drehte sich zu mir herum. Wir saßen nebeneinander, nur dass ich auf den Kieselsteinen saß und sie auf einem Felsblock. »Du bist ein liebes Kind, Ellie«, sagte sie. Das hatte sie schon mal gesagt, und ich dachte darüber nach, was es doch für eine eigentümliche Genugtuung war zu wissen, dass man ein liebes Kind war. Ich freute mich, das gedacht zu haben, weil ich das schillernde Wort »eigentümlich« so schön fand, dass ich es möglichst oft benutzte. »Genugtuung« war ebenfalls ein schönes Wort. Es war genau so, wie es klang – eine Genugtuung.

»*Zu* lieb«, fuhr Dot fort und machte damit alles zunichte. »Du musst ein bisschen härter werden.«

Dad hatte das auch einmal zu mir gesagt – ich weinte, weil er sich über Mum aufregte – und mich dann ins Bett geschickt. Das waren zwar nicht genau seine Worte gewesen, aber er hatte dasselbe gemeint: »Du musst lernen hart zu sein, Ellie – vor allem dir selbst gegenüber.« Das hatte ich nicht vergessen.

»Ich bin schon härter geworden«, antwortete ich. Es war gut, wenn Dot sich darüber im Klaren war. Das würde ihr helfen, alles zu verstehen, wenn Mr Starling kam.

Sie nickte und zeigte auf einen großen Vogel, der in der Ferne über Dots Bergen kreiste. »Siehst du den Vogel?«

Ich nickte.

»Das ist ein Falke, Ellie. Falken fliegen allein. Schafe dagegen ...« Sie musste sie mir nicht zeigen, ich wusste, wo sie waren. »... Schafe laufen in der Herde. In dieser Welt muss man ein Falke sein, wenn man es zu etwas bringen will. Man muss lernen allein zu fliegen.«

Ich hatte nie näher mit Schafen zu tun gehabt, aber ich hatte das Gefühl, dass sie irgendwie angenehmere Tiere waren als Falken – und kuscheliger, wenn man sie anfasste.

»Ach, hör nicht auf mich«, sagte Dot dann. »Der Krieg ist vorbei, wenigstens für die meisten von uns, und wir können nicht alle Falken sein. Das Beste ist, zu vergeben und zu vergessen ...«

Sie schwieg einen Augenblick, dann fuhr sie fort: »Als dein Vater klein war, hat ihn mal ein Hund gebissen. Ich saß die halbe Nacht an seinem Bett – er hatte Schmerzen und Albträume. Bis heute hat er Angst vor Hunden. Trotzdem wäre es doch falsch, Hooligan für das verantwortlich zu machen, was ein anderer Hund getan hat, oder?«

Jetzt verstand ich, warum ich nie ein Hündchen bekommen hatte. Als ich sieben war, versprach Mum mir eins zu Weihnachten zu schenken, aber dann bekam ich doch keins und Mum sagte, Dad sei dagegen gewesen und ich bekäme stattdessen etwas anderes. Ich erinnerte mich auch daran, dass Mum auf eine merkwürdige Art sogar froh darüber zu sein schien, was mich besonders enttäuschte. Sie ging zwar in der Woche darauf gleich zweimal mit mir ins Kino, aber das war keine Entschädigung dafür, dass ich kein Hündchen bekommen hatte.

»Und wenn man Hooligan nicht für das verantwortlich machen kann, was andere Hunde tun, dann kann man auch die Deutschen nicht alle verantwortlich machen«, antwortete ich; ich wollte Dot zeigen, dass ich verstanden hatte, worauf sie hinauswollte. Trotzdem – alle gaben den Deutschen die Schuld; sogar in der Schule. Und den Japanern. Natürlich waren die Japaner ganz anders als wir, die Deutschen aber nicht. Die sahen ziemlich britisch aus.

»Und wie soll man wissen, welches die Falken und wel-

ches die Schafe sind?«, fragte ich. Ich sah nicht ein, wieso eins besser sein sollte als das andere.
Dot warf den Kopf zurück und lachte laut. Es war ihr typisches Lachen, das einem durch Mark und Bein ging. Aber es erschreckte mich nicht mehr – so wenig wie Hughs Gebrüll.

»Ich glaube, du kannst deinen Reifen auch selber flicken, Ellie.« Ich wusste, dass sie mir damit ein Kompliment gemacht hatte; wofür, wusste ich allerdings nicht.

»Warst du im Krieg, Dot?«

»Bis über beide Ohren!«, antwortete sie. »Wenn du einmal Zeit hast, erzähle ich dir davon.«

Ich hatte Zeit, jetzt gleich sogar, aber Dot stand auf und wir gingen nach Hause. Hooligan war nicht da. Dot zeigte mir, wie ich den Reifen flicken sollte, und dann aßen wir zu Abend. Dot legte nicht eine einzige Platte auf.

Es war schon nach acht und ich machte mir jetzt wirklich Sorgen. Dann endlich hörte ich sein Auto.

Dot stand auf und ging ans Fenster. Sie lächelte, sie lächelte wirklich. »Es ist dein Neger, Kleines«, sagte sie, öffnete die Hintertür sperrangelweit und machte Mr Smith ein Zeichen, dass er ums Haus herumgehen sollte.

Er hatte eine kleine Flasche in der Hand und Dot bedankte sich für seinen Besuch und für das Mitbringsel.

»Eins habe ich gelernt, Dot«, sagte er lachend. »Ohne ein Fläschchen Whisky darf man in den Highlands niemandem einen Besuch abstatten. Und eine Geste der Höflichkeit ist es obendrein«, fügte er hinzu.

»Ich lege keinen Wert auf Höflichkeiten, mein Junge«, erwiderte Dot, »aber das sind eben die hiesigen Gepflogenheiten. Sie haben schnell gelernt.«

Mr. Smith streckte mir wieder die Hand entgegen. »Na, Ellie, wie geht's?«

»Danke, gut«. Ich sah ihn forschend an, konnte aber nichts in seinen Augen lesen.

Dot bot Mr Smith einen Stuhl an und ging in die Küche um noch ein Glas zu holen.

»Danke«, flüsterte ich. »Mr Starling hat zweimal angerufen. Er kommt nächste Woche.«

»Ja, Dot, ausgezeichnet ... Hochinteressant«, rief Mr Smith. Dot hatte ihn gefragt, wie die Reise war. Er legte den Finger an seine vollen Lippen und zog einen Brief aus der Tasche. Ich nahm ihn – gerade noch rechtzeitig, bevor Dot wieder hereinkam.

Sie prosteten sich zu und ich spürte, wie der Brief in meiner Hand brannte.

»Tja, Gerry«, sagte Dot. »Mit Connie Francis kann ich nicht dienen, aber ich werde die Gelegenheit nicht versäumen Sie über Lady Day aufzuklären. Einverstanden?«

Mr Smith lachte. »Aufklärung ist etwas Wunderbares, Dot. Gäbe es sie nicht, wäre ich heute nicht hier.«

»Sie haben vermutlich schon gegessen, oder?«, fragte Dot, ganz auf Höflichkeit bedacht. Falls er noch nicht gegessen hatte, hätte er Pech gehabt. Die Nudeln waren alle, außerdem hatten sie nicht besonders geschmeckt.

»Die beste Suppe meines Lebens«, antwortete er und wiegte genießerisch den Kopf.

»Kann ich mal nachsehen, ob Hooligan schon kommt?«, fragte ich.

Dot war gerade mit dem Tonarm des Plattenspielers beschäftigt. Sie drehte sich um. »Du darfst gerne bei uns bleiben, Ellie.« Es klang eher nach einer Frage als nach einer Einladung.

»Ich ... ich komme gleich wieder ... ich laufe nur mal schnell die Straße rauf und runter.«

Sie zuckte die Schultern. Ich sprang auf und zwang mich dann dazu, ganz normal aus dem Haus zu gehen. Sobald ich die Hausecke erreicht hatte, begann ich zu rennen, an den Fliederbüschen vorbei und das Wiesenstück entlang bis zur Straße. Ich öffnete den Brief und fing an zu lesen.

KAPITEL 16

> Liebe Ellie,
> da es sich als schwierig erweisen könnte, nach meiner Rückkehr allein mit dir zu sprechen, habe ich diesen Brief vorbereitet. Ich muss dich aber vorwarnen: Ich werde nicht aus Inchbrae abreisen ohne deine Großmutter über alles zu informieren, was ich bisher unternommen habe.

Mir rutschte das Herz in die Hose. Wahrscheinlich erzählte er Dot gerade in diesem Augenblick die ganze Geschichte. Das war mehr, als ich verkraften konnte. Ich las weiter.

> Am Dienstagmorgen rief ich im Büro an und sprach mit meinem Chef. Obwohl ich immer wieder erlebt habe, dass das Leben voller erstaunlicher Zufälle ist, war ich doch überrascht zu erfahren, dass mein Chef nur ein paar Straßen von der Seaton Road und von Mrs Parkins Mietquartieren entfernt aufgewachsen ist. Er versicherte mir, dass es die Adresse heute noch gebe, und obwohl er mir wenig Hoffnung machte Mr Starling dort zu finden (den wahren Grund meiner Nachforschungen teilte ich ihm natürlich nicht mit), versprach er für mich weiterzuforschen.
> Von Lochcarron aus rief ich gegen Mittag noch einmal an und war noch verblüffter, als ich erfuhr, dass Mr

Starling mittlerweile der Besitzer des Anwesens ist, und zwar schon seit mehreren Jahren.

Mein Chef (ein verdienstvoller und außerordentlich freundlicher Mann) hat sich die Mühe gemacht Mr Starlings Telefonnummer für mich herauszufinden und nach reiflichem Überlegen beschloss ich ihn anzurufen. Es war nicht schwer, mich mit Mr Starling zu verständigen, und ich muss dir sagen, er war ganz aus dem Häuschen und schrecklich neugierig. Er deutete an, dass er umgehend Kontakt aufnehmen und Inchbrae in allernächster Zeit besuchen wolle. Das weißt du aber vielleicht schon, denn er scheint nicht der Typ Mensch zu sein, der lange zögert, bevor er zur Tat schreitet.

Also, liebe Ellie, das Übrige hängt jetzt vor allem von dir und Dot ab. Wenn es ein Fehler war, das Versprechen zu halten, das ich dir gegeben habe, wird mir deine Großmutter sicher gehörig die Leviten lesen. Ich hoffe aber, dass wir Freunde bleiben und dass Mr Starling tatsächlich dein Großvater ist.

Mit den besten Wünschen von deinem Mitverschworenen

Gerald Smith

Mein Herz pochte so heftig, als hätte ich eine Dampfmaschine in meiner Brust. Was würde Dot dazu sagen? Würde sie es ablehnen, Mr Starling zu sehen? Würde ich ihn kennen lernen? Würde sie sehr böse auf mich sein?

Ich ging zum Haus zurück. Die Hintertür stand wie gewöhnlich offen und ich hörte, dass Dot sich mit Mr Smith unterhielt. Kaum war ich eingetreten, verstummten sie und Dot musterte mich lange und eindringlich.

»Na, mein Fräulein, und was hast du selbst dazu zu sagen?«

Ich sah Mr Smith an. Seine Miene verriet weder Missbilligung noch Freude. Er saß einfach nur da, den Hut auf dem Schoß. Sein eines Hosenbein war etwas nach oben gerutscht, weil er die Beine übereinander geschlagen hatte, und ich sah, dass er Sockenhalter trug. Sie waren braun, wirkten aber sehr hell auf seinen dunklen Beinen. Ich hielt meinen Blick starr auf die Sockenhalter gerichtet.

Dot seufzte. »Ellie, das Leben ist kein Hollywood-Film. Du hattest kein Recht das zu tun, was du getan hast. Ist dir das klar?«

»Aber er ist doch mein Großvater ... ich wollte doch nur ...«

»Wer sagt das?«, herrschte mich Dot so barsch an, dass ich zusammenzuckte. »Wer dein Großvater ist, weiß ich wohl am besten, und ich entscheide, wer etwas darüber erfährt. Vor allen Dingen –«, sie bohrte mir beinahe den Zeigefinger in die Brust, »liest man niemals Briefe, die nicht an einen selbst adressiert sind. Ich dachte, das wüsstest du schon.«

»Ich ... ich ...«

»Außerdem war es unfair, Gerald ein Versprechen abzufordern, an das er sich gebunden fühlte.«

»Er hat es mir an- ...« Ich wollte eigentlich sagen, dass er es mir angeboten hatte, aber das stimmte nicht. Ich wagte nicht ihn anzusehen. Dots Augen blitzten mich immer noch zornig an. Ich schluckte und kämpfte mit den Tränen.

Dot lehnte sich zurück und seufzte wieder. »Du hast keine Ahnung, Kleines, was du da angerichtet hast. Du kannst hier nicht einfach Schicksal spielen. Vielleicht möchten andere Leute mit gewissen Dingen nichts mehr zu tun haben. Verstehst du? Es ist eben nicht ... wie im Kino.«

Ich versuchte die Tränen hinunterzuwürgen, aber es

half nichts. Meine Nase fing an zu laufen und ich schniefte. Ich schloss die Augen und plötzlich liefen mir die Tränen übers Gesicht.

Dot packte mich und zog mich auf ihren Schoß. »Kind, Kind ...«, versuchte sie mich zu beruhigen und wischte mir mit ihrem riesigen Taschentuch das Gesicht ab. »Schluss mit den Tränen.«

»Wirst du mit ihm sprechen, wenn er kommt? Tust du das?«, fragte ich flehentlich. Ich hatte solche Angst, dass Dot ihn wegschickte und ich ihn nie kennen lernen und nie erfahren würde, ob ich überhaupt einen Großvater hatte. Sie griff mit zwei Fingern unter mein Kinn und sah mich prüfend an. Über ihre klaren blauen Augen, die mich vorhin so wütend angefunkelt hatten, legte sich jetzt ein Schleier. »Ich weiß nicht, Kleines. Wir werden sehen. Warten wir erst mal ab.«

Mr Smith stand auf. »Meine Damen, ich muss mich verabschieden. Ich habe morgen einen weiten Weg vor mir.«

Dot setzte mich ab und stand ebenfalls auf. Sie legte ihm den Arm um die Taille und begleitete ihn hinaus. »Ich weiß nicht, ob Sie mir da einen Gefallen getan haben oder nicht, mein Junge«, sagte sie, »aber trotzdem vielen Dank, dass Sie dieser Lana Turner hier geholfen haben.« Sie lächelte und ich hörte auf zu weinen. Ich lief voraus zu Mr Smiths Auto und machte ihm die Tür auf.

Er legte seinen Hut auf den Beifahrersitz und streckte Dot die Hand entgegen. Sie nahm sie aber nicht, sondern umarmte ihn. Neben ihm wirkte sie sehr klein, was mich überraschte, da sie mir sonst immer so groß vorkam. »Ich will Ihnen noch ein Versprechen abnehmen«, sagte Dot und löste sich aus der Umarmung. »Sie dürfen uns nicht so einfach für immer verlassen. Sie müssen wiederkommen und mich besuchen.«

»Uns«, korrigierte ich.

Mr. Smith lächelte mich an und ergriff meine Hände. »Das verspreche ich«, antwortete er. »Mach's gut, Ellie. Ich hoffe, dass für dich alles gut wird.«

Ich hatte damit gerechnet, noch mehr Vorwürfe von Dot zu hören, sobald wir wieder im Haus waren, aber sie sagte nichts. Schließlich fragte sie: »Meinen Brief ... wo hast du den eigentlich gefunden?«

»In meinem Schrank neben dem Bett.«

»In *meinem* Schrank«, stellte sie richtig.

Ich schluckte. »Soll ich's dir zeigen?«

Sie nickte und ich führte sie nach oben und reichte ihr den Brief. Sie sah ihn einen Moment lang an, dann zerriss sie ihn ohne ihn gelesen zu haben, ging wieder hinunter und warf die Schnipsel in den Abfalleimer.

Es gab so vieles, was ich sie fragen wollte. Ich beschloss lieber einen besseren Zeitpunkt abzuwarten.

Am nächsten Morgen setzten wir uns zum Frühstück an den Tisch. Ich starrte auf den Porridge vor mir auf dem Teller, der wirklich widerlich aussah.

»Und der Krieg, Dot?«, fragte ich, in der Hoffnung, dass ich das Essen auf diese Weise noch ein wenig hinauszögern konnte.

»Der Krieg?«

»Du wolltest mir doch erzählen, was du im Krieg gemacht hast.«

»Ach so, ja.« Dot dachte einen Augenblick nach. »Ich habe in einer Fabrik am Clyde gearbeitet. Ich konnte nicht schweißen, aber viele Frauen konnten es. Es gab kaum eine Tätigkeit, die nicht von Frauen verrichtet wurde. Das war kein Problem für uns.«

Billie Holiday sang gerade ein Lied mit dem Titel »Yesterday«, was sehr gut passte. Ich freute mich auf Dots

Geschichte, noch bevor sie richtig angefangen hatte zu erzählen. Sie hatte so eine Art es spannend zu machen.

»Eine seltsame Zeit war das, Ellie. Am Ufer des Clyde gingen die Bomben nieder, und diese Frauen ... mein Gott, die waren nicht unterzukriegen. Im Rückblick kommt einem das alles ganz unwirklich vor.« Sie blies über ihren Teller, damit ihr Porridge schneller abkühlte. Es war das erste Mal, dass sie Porridge gekocht hatte, und er war ganz anders als der, den Mum immer machte. Dot nannte ihn »Brei«. Er schmeckte genauso scheußlich, wie er aussah.

»Wir haben fast rund um die Uhr gearbeitet«, fuhr Dot fort. »Wir haben die Maschinen beschickt und gewusst, dass am anderen Ende etwas Brauchbares herauskam ... irgendwelche Teile ... Motoren oder Turbinen, mit denen wir den Krieg gewinnen konnten.«

»Und es hat geklappt«, fiel ich ihr ins Wort. Ich wusste, dass wir den Krieg gewonnen hatten. Jeder wusste das.

Dot sah mich aufgebracht an. »Ellie, wir haben zweiundneunzig Stunden gearbeitet – für den gleichen Lohn, den man den Männern für achtundvierzig Arbeitsstunden zahlte. Zweiundneunzig Stunden haben wir uns abgerackert! Für zwei Pfund zwölf und sechs Pence. Kannst du dir das vorstellen?«

Ich konnte gar nicht so schnell nachrechnen, wie sie redete. »Wir haben für gleichen Lohn gestreikt und wir haben ihn bekommen. Neunzehnhundertdreiundvierzig. Frauen, Schulter an Schulter, wie die Tänzerinnen, die im *Moulin Rouge* die Beine in die Luft werfen. Es war mitten im Krieg ... und wir Frauen haben auch für unsere Freiheit gekämpft. Wir hatten die Nase voll.« Sie beruhigte sich allmählich wieder.

»Es war ein Neuanfang, Ellie ... ein echter Neuanfang für die Frauen. Nun ist die Reihe an euch. Ihr müsst dafür kämpfen, dass wir nicht länger für den Hungerlohn arbeiten müssen, den die Männer uns zu zahlen bereit sind. Man muss wissen, wie viel man wert ist! Man muss Forderungen stellen! Der Tag wird kommen, an dem wir uns alle erheben müssen. Es wird auf jede Einzelne ankommen. Merk dir meine Worte, Ellie, merk dir meine Worte!«

Ich merkte mir ihre Worte, während mir gleichzeitig durch den Kopf ging, ob Hooligan meinen Brei wohl mochte und wo ich die Pampe hintun konnte, bis er kam.

Dot zündete sich eine Zigarette an und lehnte sich zurück. »Es war die glücklichste Zeit meines Lebens«, sagte sie mit vollkommen veränderter Stimme. Ich vergaß den Brei sofort wieder.

»Wie bitte? Meinst du das ernst?«

»Das kannst du nicht verstehen, Ellie. Die Musik war damals besser. Wir tanzten, wann immer sich eine Gelegenheit ergab. Tanzen, arbeiten, marschieren ... wir sprühten vor Leben. Und Glasgow gehörte allen. Es war die verzweifeltste, längste und wildeste Tanzparty meines Lebens. Mein Gott, das kann man wohl sagen!« Dot kam richtig in Fahrt. Offenbar machte der Krieg sie immer noch glücklich.

Jetzt oder nie, dachte ich. »Und wo war mein Vater?«

»Er saß hinter einem Schreibtisch – zum Glück. Mit vierzehn hatte er einen Trommelfellriss, weil ein billiger Feuerwerkskörper ganz in seiner Nähe explodierte. Er gehörte zu den Glücklichen, die nicht kämpfen konnten ... und nicht sterben mussten.« Das hatte ich nicht gewusst. Vielleicht war Dad deshalb so allergisch gegen Lärm und sprach deswegen immer so leise. Ich fragte Dot danach.

»Nein, nein«, sagte sie. »Wenn man ein geplatztes Trommelfell hat, möchte man schreien um sich selbst besser hören zu können. Das ist einfach eine Eigenart deines Vaters.« Dots Stimmung schlug wieder um. Ich legte die Hand über meinen Teller. Ich wollte nicht, dass sie sich im gleichen Atemzug über meinen Brei und meinen Vater aufregte. »Es hat trotzdem seine Spuren hinterlassen.«

Sie ging ins Wohnzimmer. Erneut drangen die ersten Takte von »Yesterday« an mein Ohr. Ich horchte auf die Stelle, an der Miss Holiday so richtig aufdrehte. Das gefiel mir. Dot auch. Als sie wieder hereinkam, tanzte sie mit einem imaginären Partner. Ich stand auf und nahm sie beim Arm. Wenn der Brei kalt war, musste ich ihn wenigstens nicht mehr essen. Wir tanzten und lachten und Dot legte die gleiche Platte noch einmal auf und wir hörten noch einmal die Stelle, die so richtig beschwingt war. Wir tanzten wieder. Dann setzten wir uns.

»War Dad denn glücklich im Krieg?«, fragte ich, noch ganz außer Atem.

»Nein«, sagte sie traurig. »Alle waren wir glücklicher, als der Krieg zu Ende war«, fuhr sie lächelnd fort. »Dann bekam er die Stelle in Kilmoran ... und er wollte nichts lieber als weg von Glasgow.«

»Warum?«

Sie schnaubte wütend. »Entweder Kilmoran oder mit mir zurück nach Inchbrae – die Wahl fiel ihm nicht schwer.« Dot zündete sich eine Zigarette an und stützte sich auf die Ellbogen. »Er hat deine Mum im Schuhladen kennen gelernt.«

Das wusste ich schon. Dot stand auf um eine neue Schallplatte aufzulegen. »War Dads Vater auch im Krieg?«, fragte ich.

Dot ließ die Nadel über die Platte kratzen. Wenn man das tat, ging die Platte kaputt.

»Ich habe keine Ahnung«, antwortete sie. Dann ging sie die Treppe hinauf und kam mit einem anderen Turban auf dem Kopf herunter. Er war aus blauem Chiffon. Den sah ich zum ersten Mal.

»Die Farbe gefällt mir. Sie passt gut zu deinen Augen«, sagte ich.

»Ich nehme wohl doch einen anderen«, erwiderte sie und ging erneut nach oben. Aus irgendeinem Grund fiel mir plötzlich Iona Murchison ein. Sie konnte zwar giftig sein, aber bei ihr wusste man wenigstens, woran man war. Sogar was man von Walter Cummings zu erwarten hatte, wusste man. Von den Leuten in Inchbrae konnte man das nicht behaupten.

Ich aß den Brei. Er schmeckte nach überhaupt nichts mehr. Es roch jetzt nach Sonne. Sie war überall im Zimmer. Mir war kalt.

Dot hatte den Turban nicht gewechselt. Sie trug denselben wie vorher, als sie wieder herunterkam, sagte aber nichts. Ich wusste, dass sie mich ignorieren würde, genau wie bei der Preisverleihung in der Schule. Viele Schüler, eigentlich die meisten, bekamen keinen Preis, aber man hatte das Gefühl, man sei nur deswegen da, damit diejenigen Schüler, die Preise bekamen – und ihre stolzen Eltern natürlich –, sich in der allgemeinen Aufmerksamkeit sonnen konnten.

Bei der letzten Preisverleihung war niemand da gewesen, der stolz auf mich gewesen wäre, obwohl ich im ganzen Schuljahr nur ein einziges Mal gefehlt hatte; Janet hatte mit nur drei Punkten Vorsprung vor mir den Preis in Englisch bekommen, und das war eine beachtliche Leistung für mich gewesen – schließlich hatte ich eine Mutter, die den ganzen Tag Trübsal blies, und einen Vater, der noch immer nicht die geringste Ahnung hatte, weshalb sie Trübsal blies.

Es war halb zehn. Der Tag war schon viele Stunden alt und trotzdem war es erst halb zehn. Ich wünschte mir

Tänzerin im *Moulin Rouge* zu sein. Oder nein, doch lieber nicht. Dad fände es abscheulich und Mum würde mich für ordinär halten. Ich würde lieber auf andere Weise berühmt werden.

»Warst du schon mal in Paris?«, fragte ich Dot.

»Nein, noch nie.«

»Aber ich werde nach Paris gehen ... Wenn ich mich gegen eine Karriere als Filmstar entscheide, gehe ich nach Paris.«

»Und warum ausgerechnet nach Paris?«

»Wer weiß, ob ich denen in Hollywood gefalle.«

»Du gefällst ihnen bestimmt.«

»Vielleicht aber auch nicht. Und falls ich kein berühmter Filmstar werden sollte, werde ich Schriftstellerin.«

»Bist du denn gut in Englisch?«

»Ja. Es ist sogar mein bestes Fach.«

»Ah, ich verstehe. Und die Schriftsteller gehen alle nach Paris.«

»Ja, genau.«

»Na, wenn du gut in Englisch bist, wäre es schade, dein Talent zu vergeuden. Und außerdem sehen die Schriftsteller in Paris alle aus wie Filmstars.«

»Das habe ich auch schon gehört.«

»Ich auch«, sagte Dot. Wir unterhielten uns noch ein Weilchen darüber. Sie meinte, ich hätte eine echte ›Tenderenz‹ zum Schreiben und sei vielleicht sogar ein großes Talent.

»Tenderenz? Das Wort gibt es doch gar nicht!«

»Oh doch«, sagte Dot. »Ich habe es eben erfunden.«

»Das meine ich doch. Es ist ein erfundenes Wort.«

»Die Sprache, die Englisch heißt, Ellie, existiert in Wirklichkeit gar nicht«, erklärte Dot. Sie polierte die Schallplatte, die sie eben kaputtgemacht hatte, aber der Kratzer ging davon bestimmt nicht weg. »Weißt du«, fuhr sie fort, »unsere Sprache ist wie ein großes elastisches Band, zusammengesetzt aus Französisch und Latein, aus Norwegisch und Gälisch. Und solange sie gesprochen wird, werden auch immer wieder neue Wörter erfunden ... das Band wird gedehnt und auseinander gezogen.« Sie steckte die Platte in die Hülle zurück. »Und deshalb gibt es genügend Raum für neue Wörter – wie ›Tenderenz‹ zum Beispiel.«

Es war ein schönes Wort. Ich würde versuchen es zu benutzen. Trotzdem hatte ich das Gefühl, ich sollte Dot zeigen, wie gut ich in Grammatik war.

»Man sollte nie einen Satz mit ›und‹ anfangen.«

»Wieso nicht?«, fragte Dot. »Und ... und ... und ... Solange man das Wörtchen ›und‹ gebraucht, ist das Ende nicht gekommen. Ein großartiges Wort: ›und‹. Und du würdest also nach Paris gehen um zu schreiben?«, fragte sie und betonte das »und« ganz besonders. Ich kannte die Antwort. Ich hatte oft darüber nachgedacht. Es war Plan B. Ich wusste, dass meine Aufsätze gut waren, und es machte mir auch Spaß, etwas zu erfinden. Das war vielleicht noch besser, als zum Film zu gehen, weil man in einer Geschichte sein konnte, wer man wollte.

»Nicht nur um zu schreiben. Ich werde in der Nachmittagshitze in Cafés sitzen und über das Schreiben diskutieren.«

»Das könnte auf die Dauer ermüdend sein ... jeden Tag ... und in der Hitze ...«

»Nein, ganz bestimmt nicht. Ich werde einen großen Hut tragen und eine Sonnenbrille. Vor den Buchhandlungen werden die Leute Schlange stehen um mein neues Buch zu kaufen. Manche werden sogar auf dem Gehsteig übernachten.«

»Schon möglich«, meinte Dot. Sie zündete sich wieder eine Zigarette an.

»Und ich werde rauchen. Ich werde etwas trinken, das Pernod heißt, und Zigaretten rauchen.«

Dot schüttelte den Kopf. »Nein, Kleines, wenn du trinkst, halte dich lieber an Whisky. Die ausländischen Schriftsteller werden dich dafür bewundern. Sie werden dich immer wieder in deiner Pension besuchen und Whisky – echten Whisky – bei dir trinken wollen. Ja, ich glaube, das würde deinen Freunden gefallen. Und was das Rauchen betrifft ...« Sie seufzte. »Ich würde dir ja davon abraten, aber du wirst selber merken, ob es das Richtige für dich ist. Du wirst es bestimmt einmal ausprobieren.«

Ich hatte es schon ausprobiert. Ich hatte geglaubt sterben zu müssen, gleich dort hinter dem Fahrradschuppen, und Janet hatte nicht nur ihr Fahrrad, sondern auch meines nach Hause schieben müssen. Sie hatte es auch probiert, aber ihr hatte es geschmeckt. Ich dachte über alles nach, was Dot gesagt hatte, und beschloss mir ihren Rat zu Herzen zu nehmen. Auch einen guten BH würde ich mir kaufen.

»Das passt besser zu dir – Schriftstellerin ... in Paris«, entschied Dot. »In Hollywood wird so viel Schund produziert.« Da musste ich ihr Recht geben. In letzter Zeit hatte es so viele Filme gegeben, die nur für Erwachsene waren. Bücherschreiben dagegen wurde überall anerkannt. Es war mir schon immer am zweitwichtigsten gewesen, deshalb konnte es leicht auf den ersten Platz aufrücken. Es gab nur ein Problem.

»Ich habe leider schon mehreren Leuten gesagt, dass ich Filmstar werde.«

»Darüber würde ich mir nicht den Kopf zerbrechen«, meinte Dot. »Wegen der paar Leute hier in Inchbrae ...« Sie tat es mit einem Achselzucken ab. »Außerdem würden sie nicht weniger stolz sein zu wissen, dass sich in ihrer Mitte eine berühmte Schriftstellerin befindet.«

Das klang einleuchtend. Berühmt würde ich ja trotzdem sein. Es würde ihnen sicher überhaupt nichts ausmachen.

Dot versuchte meine Kleider zu bügeln, aber es gelang ihr nicht besonders gut. Sie hatten noch jede Menge Falten und manche Teile hatte sie ganz vergessen zu bügeln. Sie erklärte, sie sei es eben nicht gewöhnt, Kleider zu bügeln, aber die Kopfkissenbezüge wurden auch nicht viel besser. Ich sagte, vielleicht funktioniere das Bügeleisen besser, wenn sie die Beläge von der Unterseite abkratzen würde. Aber sie meinte nur, es gäbe noch andere Dinge im Leben als Bügeln.

Ich traute meinen Augen kaum, als ich Joseph die Straße heraufradeln sah.

»Was machst du denn hier?«, fragte ich.

Er hätte sein Rad leicht an die Wand lehnen können, stattdessen warf er es einfach auf den Boden. »Hast du schon was zusammengesucht?« Das Zelt hatte ich vollkommen vergessen. »Ich will gar kein Zelt bauen, Joseph. Das habe ich dir doch schon gesagt.«

»Du hast versprochen, dass du mitmachst!«, widersprach er.

»Hab ich nicht!« Wie kam er darauf, dass ich das versprochen hätte?

»Du bist zu nichts zu gebrauchen!«, stieß er wütend hervor. »Ich dachte, du hättest inzwischen Material dafür gesammelt.«

»Wer will ein Zelt bauen?«, mischte sich Dot ein. Sie kam gerade aus dem Schuppen, wo sie nach einem Hammer gesucht hatte. Als sie am Tag zuvor die Wäsche hereingeholt hatte, hatte sie entdeckt, dass ein Zaunpfosten hinter der Hecke locker saß, und sie hatte sich vorgenommen ihn so bald wie möglich festzuklopfen. Joe musterte den Hammer in Dots Hand.

»Niemand«, antwortete er. Er sah aus, als fürchte er sich.

»Ich habe eine alte Plane, die könnt ihr bestimmt gebrauchen«, bot Dot an. »Sie hat allerdings ihre besten Zeiten schon hinter sich, regenfest ist sie also nicht mehr.« Sie blickte zum Himmel. »Falls es überhaupt regnet.«

Ich stellte mir vor, wie es wohl wäre, wenn ich ihr jetzt mit dem Hammer eins überbraten würde.

»Toll! Vielen Dank!«, rief Joe und nickte begeistert.

»Dann komm mal mit«, sagte Dot und ging wieder in den Schuppen.

Joe knuffte mich. »Geh du«, flüsterte er.

Ich seufzte und folgte Dot. Aber dann blieb ich stehen. Warum eigentlich ich? Ich wollte doch gar keine Plane. Ich hatte schließlich auch keine Angst vor Dot.

»Hol sie dir doch selbst«, sagte ich. Er starrte mich wütend an, aber ich hatte beschlossen nicht nachzugeben. Zaghaft machte er einen Schritt auf den Schuppen zu. Dot hatte wohl inzwischen die Geduld verloren. Sie erschien mit der Plane in der Hand.

»Willst du sie nun oder willst du sie nicht?«, fragte sie. Joe riss ihr die Plane förmlich aus der Hand, aber sie war offenbar schwerer, als sie aussah, denn sie fiel ihm zu Boden. Dot half ihm sie wieder zusammenzufalten.

»Wo soll denn das Zelt aufgestellt werden?«, erkundigte sie sich.

»Am Fluss«, erwiderte Joe.

Dot machte ein ernstes Gesicht. »Nur, wenn ihr gut aufeinander aufpasst«, meinte sie warnend. »Ich habe keine Lust euch tot aus dem Wasser zu fischen.«

Joe sah mich triumphierend an. Er strahlte übers ganze Gesicht. »Dann sagen Sie ihr, sie soll mitkommen«, sagte er mit einem Blick auf mich.

»Das mach ich nicht«, meinte Dot. »Wenn sie will, kann

sie mitkommen. Wenn nicht, dann lass dich bloß nicht dabei erwischen, dass du sie bedrängst.« Der Hammer war jetzt gefährlich nahe an Joes Schädel.

»Ich geh mit«, sagte ich. »Mir ist es egal.« Wenigstens mussten wir jetzt nichts von der Müllkippe holen.

»In Ordnung«, meinte Dot und wandte sich wieder an Joe. »Weiß dein Vater, wo du bist?«

Joe nickte. »Ich hab gesagt, dass ich zum Abendessen wieder zu Hause bin.«

»Und das Mittagessen? Es ist noch nicht mal zwölf!«

»Ich habe was zu essen für uns dabei.« Er bückte sich und lehnte sein Fahrrad an den Schuppen. Behutsam hängte er die gefaltete Plane über die Stange seines Rads (vielleicht waren die Stangen dafür gedacht!) und klappte seine Satteltasche auf. Darin waren zwei braune Tüten, aber er zeigte Dot nicht, was sie enthielten. Er hatte auch ein paar in Butterbrotpapier eingewickelte Sandwiches dabei.

Dot warf einen Blick hinein. »Was ist da drauf?«

»Dosenfleisch und Tomaten.« Ich mochte Dosenfleisch. Das war in Ordnung.

»Dann zieht mal los«, sagte Dot. »Aber seid vorsichtig!«

»Ich muss dir was erzählen«, rief ich Joe zu, als wir die Straße entlangradelten.

Er überholte mich. »Bestimmt Weibergeschwätz«, sagte er.

Plötzlich hatte ich keine Lust mehr ihm irgendetwas zu erzählen.

KAPITEL 17

Der ideale Platz für das Zelt – eine Senke zwischen zwei Dünen – war schnell gefunden. Joe meinte, hier seien wir vor Störenfrieden sicher. Da konnte ich ihm nicht zustimmen. Das Zelt war überhaupt nicht schwer zu entdecken, fand ich. Ich dachte an die Zigeuner und beschloss lieber nichts zu sagen. Wenn irgendwer kam, wollte ich ihn sehen.

Es dauerte eine halbe Ewigkeit, das Zelt aufzubauen. Wir mussten lange suchen, bis wir Stöcke fanden, die als Stützstangen geeignet waren, und dann fiel das Zelt immer wieder zusammen, weil wir die Stöcke nicht richtig im Boden verankern konnten. Joseph erteilte mir Befehle, und da ich nicht alle widerspruchslos hinnahm, stritten wir uns immer wieder. Aber dazwischen verstanden wir uns ganz gut.

Wir mussten etwas essen, bevor wir das Zelt ganz aufgebaut hatten. Es war Knochenarbeit und wir waren viel zu hungrig, als dass wir bis zum Ende hätten warten können. In einer von Joes Tüten waren Kekse (darunter Schokoladenkekse, die aneinander klebten), in der anderen zwei Bananen und vier Karamellbonbons. Wir beschlossen die belegten Brötchen für später aufzuheben um sie im Zelt zu essen – als Belohnung sozusagen.

Wenig später stellten wir fest, dass wir nichts zu trinken dabeihatten. Ich wusste, dass Joseph sich halb tot ärgerte, weil er nicht daran gedacht hatte, aber er tat so, als wäre es meine Schuld.

»Hättest du nicht auch was mitnehmen können?«

»Ohne mich hätten wir überhaupt kein Zelt«, erinnerte ich ihn.

»Das hat gar nichts mit dir zu tun. Deine Oma hat uns die Plane gegeben.« Wir zankten uns, bekamen aber nur noch mehr Durst. Ich bot an zu Dot zu fahren und Limonade zu holen, wenn Joe unterdessen weiter versuchen würde das Zelt aufzubauen.

»Abgemacht!«, meinte er.

Als Dot mich sah, sagte sie nur, dass ich mich wohl später gründlich waschen müsste, aber sie meinte auch, dass es schließlich kein richtiges Abenteuer wäre, wenn man sich dabei nicht schmutzig machte. Als Abenteuer hatte ich die ganze Sache noch gar nicht betrachtet, aber das war es tatsächlich. Wie meistens hatte Dot vollkommen Recht. Sie gab mir eine Flasche Ingwerbier (sie hatte sich eingebildet, sie hätte noch Mandarinenlimonade, aber es war wie mit den Pfirsichen: alles war aufgebraucht) und seufzte, dann müsse sie eben später nach Inchbrae radeln und einkaufen. Das gefiel ihr offenbar überhaupt nicht, aber in ihrem Vorratsschrank herrschte gähnende Leere.

Ich bot ihr von meinem Taschengeld an um die Einkäufe zu bezahlen. Ich war schließlich ein zusätzlicher Esser. Sie wuschelte mir durchs Haar und meinte, sie brauche mein Geld nicht; sie habe bloß keine Lust nach Inchbrae zu fahren.

Joseph hatte sich das Hemd ausgezogen, als ich wiederkam. Er trug Hosenträger auf der nackten Brust, was ziemlich bescheuert aussah, aber er war ziemlich mager und brauchte wohl Hosenträger, damit ihm die Hose nicht runterrutschte. Ich sagte nichts um ihn nicht in Verlegenheit zu bringen.

Das Komische war, dass es, als wir schließlich im Zelt saßen, drinnen stärker nach Fluss roch als draußen. Die Sandwiches waren ein bisschen durchgeweicht von den Tomaten, schmeckten aber trotzdem großartig. Beim Essen erzählte ich Joe von Mrs Fishbein.

»Sie hat mir heute diese vier Karamellbonbons für zwei Pence gegeben«, sagte Joe. »Aber geweint hat sie nicht. Ich hab sie noch nie weinen sehen.« Er überlegte einen Augenblick und fügte dann hinzu: »Gott sei Dank. Das könnte ich nicht ertragen.«

»War's schön im Kino?«

»Stinklangweilig«, sagte er kauend.

»I. B.!«, rief er dann plötzlich. Vor Schreck wäre ich fast aufgesprungen.

Das war geschenkt. »Ingrid Bergman«, antwortete ich. »Babyleicht.«

»Überhaupt nicht. Woher wusstest du's?«

»Rita hat mir gesagt, was im Kino läuft. Und ich weiß, dass Ingrid Bergman die Gladys Aylward spielt.«

»Das sieht ihr ähnlich!«, schnaubte er. Nie sagte er etwas Nettes über Rita.

»Dein Vater sieht gut aus.«

»Stimmt nicht«, gab Joe bissig zurück. Das konnte er wirklich – bissig sein, aber ich beschloss ihm trotzdem meine neueste Entscheidung anzuvertrauen.

»Ich gehe doch nicht nach Hollywood. Das Leben ist nicht so wie im Film.«

»Daran hab ich sowieso nie geglaubt«, antwortete er zwischen zwei Bissen. Wenigstens war er kein solcher Flegel, dass er mit vollem Mund sprach.

»Stattdessen gehe ich nach Paris.« Wenn er *dafür* Verständnis zeigte, würde ich ihm auch von Mr Starling erzählen und davon, wie ich ihn aufgespürt hatte. Vielleicht würde ich Krimis schreiben wie Agatha Christie. Sie war so berühmt wie Enid Blyton und wahrscheinlich reicher, weil Erwachsene mehr Geld für Bücher ausgeben konnten als Kinder.

»Verflixt!« Ich sah auf. Joe war ein Stück Tomate auf den Boden gefallen. Er tastete danach, bis er es gefunden hatte, dann steckte er es in den Mund.

»Was gibt's denn in Paris zu sehen?«, wollte er wissen.

»Ich gehe nicht nach Paris um etwas zu sehen. Ich werde dort leben – als berühmte Schriftstellerin.«

Im Zelt war es ziemlich dunkel, aber ich spürte genau, dass er mich anglotzte. »Du hast sie doch nicht mehr alle«, sagte er schließlich. »Das kommt davon, dass du bei dieser Gruseltante wohnst.«

Er aß sein Sandwich zu Ende. Offenbar hielt er nichts von meinem Plan eine berühmte Schriftstellerin zu werden. Ich wusste, dass ihm Dot im Kopf herumspukte, sonst hätte er nicht von ihr gesprochen, und ich wusste auch, dass es leicht sein würde, ihn zu erschrecken – hier im Dunkeln. Ich musste es einfach ausprobieren. Ich beugte mich so weit wie möglich zu ihm hinüber und stieß einen gellenden Schrei aus.

Er kreischte laut und warf sich nach hinten – beinahe hätte er unser Zelt zum Einsturz gebracht. Dann verließ er fluchtartig auf allen vieren das Zelt. Ich schüttete mich aus vor Lachen. Als ich schließlich herausgekrochen war und neben ihm stand, lachte ich immer noch.

Joe schäumte vor Wut. Sein Kinn war mit Sandwichresten und Spucke bekleckert und seine Knie waren zerkratzt und voller Grasflecken. Als ich ihn so sah, musste ich noch mehr lachen.

»Jetzt kannst du was erleben!«, rief er und hob drohend die Faust. Ich nahm Reißaus und lief hinunter zum Fluss, aber als er mich eingeholt hatte, hatte er es sich offenbar anders überlegt. Ich wusste, dass er mich nicht schlagen würde. Er jagte hinter mir her um mich zu fangen und wir rannten am Ufer entlang. Am Ende lachten wir beide, es machte richtig Spaß. Ich war froh, dass er nicht mehr wütend auf mich war.

Er schwor zwar noch einmal, dass er es mir heimzahlen würde, aber das war nicht ernst gemeint.

Bevor wir nach Hause gingen, deckten wir das Zelt mit Zweigen und Stöcken zu. Ich fand, dass es so eher noch mehr ins Auge stach, aber Joe war äußerst zufrieden mit unserem Werk und sagte, ich hätte ja keine Ahnung, wovon ich redete. Als wir die Straße erreicht hatten, bot er an mich nach Hause zu begleiten, aber ich kannte den Weg inzwischen gut genug und erwiderte, ich käme schon allein zurecht. Also radelte er nach Inchbrae zurück. Als er schon ein Stück geradelt war, drehte er sich noch einmal um und winkte. Ich winkte zurück. Ich hatte ihm nachgesehen. Vielleicht hatte er das gespürt.

Wir hatten Dot nur um ein paar Sekunden verpasst. Sie stellte eben ihr Rad im Schuppen ab, als ich auf das Haus zufuhr. Die Hintertür war offen und auf der Spüle standen Einkaufstüten. Eigentlich hätte ich für mein Fahrrad zu Hause auch gern so einen Korb wie Dot gehabt, aber leider waren solche Körbe einfach nicht mehr modern.

Dot schenkte sich in aller Seelenruhe erst einmal einen Whisky ein, ehe sie die Sachen wegräumte. Sie schien sehr nervös und hörte mir gar nicht richtig zu, als ich ihr von meinem Abenteuer erzählte und wie ich Joseph erschreckt hatte. Dass er sie »Gruseltante« genannt hatte, verschwieg ich. Ich musste sie mehrmals anstupsen um ihre Aufmerksamkeit zu erlangen.

»Soll ich die Sachen wegräumen, die du eingekauft hast?«, fragte ich, als ich zu Ende erzählt hatte. Sie schüttelte nur den Kopf.

»Geht's dir nicht gut?« Langsam wurde ich unruhig. Sie hatte schon drei Gläser getrunken, schrecklich viel in dieser kurzen Zeit. Schließlich sah sie mich an. Gleich würde sie mir etwas Schlimmes mitteilen, das merkte ich ihr an. Sie sollte lieber nichts sagen. Am liebsten hätte ich ihr den Mund zugehalten.

»Morgen rufe ich deinen Vater an, Ellie. Es ist für alle Beteiligten das Beste, wenn du dieses Wochenende wieder nach Hause fährst.«

Das war überhaupt nichts Schlimmes. Im Gegenteil, es war wunderbar – nur dass ich jetzt doch gerne noch abgewartet und Mr Starling kennen gelernt hätte.

»Dad wird nicht zu Hause sein, Dot, er muss arbeiten. Aber wir könnten ja Mum anrufen. Es muss ihr doch jetzt besser gehen und wir könnten ihr sagen, dass ich nächste Woche komme, nachdem ...«

»Nein.« Sie klang sehr entschlossen. »Ich habe die Büronummer deines Vaters. Ich spreche selbst mit ihm.«

»Auf keinen Fall! Du darfst ihn auf keinen Fall im Büro anrufen«, protestierte ich. Sie würde alles verderben. Dad würde bitterböse werden und dann würde ich ganz bestimmt nicht früher nach Hause kommen.

Sie fing an die Tüten auszupacken und aufzuräumen. »Mach dir keine Sorgen, dass dein Vater ärgerlich werden könnte, Ellie. Ich bin immerhin seine Mutter. Ich darf ihn anrufen, wenn es nötig ist.«

»Wieso nötig? Wieso kannst du nicht mit Mum sprechen?« Ich stieß bei ihr auf taube Ohren und dabei war es doch ganz, ganz wichtig, dass sie Dad nicht bei der Arbeit störte.

»Bitte, ruf Dad nicht an, bitte nicht!«

Sie drehte sich um und ging vor mir in die Hocke, so dass sie mir in die Augen sehen konnte. Es war genau wie am Tag meiner Ankunft, selbst der Geruch war derselbe.

Das schien schon so lange her zu sein – und gleichzeitig kam es mir vor, als wäre es gerade eben erst gewesen.

»Du willst doch nach Hause, stimmt's?«, fragte sie.

Ich nickte.

»Dann lass uns doch dafür sorgen, dass du nach Hause kommst. Ich verspreche dir, alles wird gut werden. Mein Ehrenwort.« Ich wusste, dass Dot ihre Versprechen halten würde, aber so eilig hatte ich es nun auch wieder nicht. Auf ein paar Tage kam es mir nicht an. Sie umarmte mich lange und ich hatte das Gefühl, etwas Feuchtes in meinem Nacken zu spüren, aber als sie mich losließ, konnte ich nichts feststellen.

Während ich mich wusch, machte Dot Tomatensuppe heiß. Dazu aßen wir Käse und Toast und danach Pfirsiche mit dickem Rahm, nicht mit Büchsenmilch. Ein Super-Abendessen. Sie lächelte, als ich ihr das sagte, aber sie selbst aß kaum etwas.

Ich glaube, sie legte im Laufe dieses Abends alle ihre Platten auf. Ich hörte die Musik noch, als ich schon im Bett lag. Dann spielte sie ein und dasselbe Lied immer wieder. Unter den immer wiederkehrenden Klängen von Billie Holidays »Somebody's On My Mind« schlief ich schließlich ein.

Mrs Alexander blätterte mit mir den *School Friend* durch. Ich war viel zu aufgeregt um mich darauf konzentrieren zu können, wollte aber nicht noch mehr Scherereien machen. Mrs Alexander versuchte mich abzulenken. Wir konnten hören, wie Dot mit meinem Vater stritt, und das beunruhigte mich wirklich sehr. Dot hatte versprochen mich mit ihm reden zu lassen, aber da ich jetzt befürchten musste, dass er auf mich böse war, hatte ich gar keine Lust mehr dazu.

Eine Dame mit einem Päckchen betrat den Laden und

Mrs Alexander musste zum Postschalter hinüber. Ich saß hinter dem Ladentisch auf ihrem Stuhl, als ich hörte, wie eine Tür zuknallte. Dann riss Dot die Tür hinter dem Schalter auf und rief mich.

»Dein Vater will dich sprechen, Ellie.« Sie versuchte zu lächeln, aber ihr Gesichtsausdruck war wild und furchterregend.

Ich blieb sitzen und schüttelte den Kopf. Meine Füße reichten ja nicht bis zum Boden und deshalb *konnte* ich gar nicht vom Stuhl herunter. Ich wollte nicht mit Dad sprechen. Ich wollte mit Mum sprechen.

»Los, mach schon, Ellie«, drängte Dot. »Wir können Jessies Telefon nicht so lange in Beschlag nehmen. Dein Vater wartet.«

Dad wartete ... Ich schaffte es irgendwie, vom Stuhl herunterzukommen, und zwängte mich an Mrs Alexander vorbei. Die Frau mit dem Päckchen beobachtete mich. Dann sagte sie etwas zu Dot.

»Ist das dein Adam ... am Telefon?«

»Na und?«, gab Dot zurück. Sie warf der Frau einen ihrer speziellen Blicke zu.

»N-n-nichts«, stotterte die Dame. »Wie geht's denn so, Dot?«

»Hundsmiserabel«, erwiderte sie und zog mich am Arm weiter. »Wir sind gleich fertig, Jessie«, sagte sie und zog die Tür hinter uns zu.

Wir gingen durch den Flur in Mrs Alexanders Wohnzimmer. Es war ein kleiner Raum, aber alles war sehr sauber und ordentlich. Das sprang mir direkt ins Auge, trotz aller Aufregung. Das Telefon war groß und schwarz – ein richtiges Ungetüm, das auf dem Sideboard thronte. Unter dem Telefon lag ein weißes Spitzendeckchen, das Dot dort verkrumpelt hatte, wo sie den Hörer abgelegt hatte. Ich strich es Mrs Alexander zuliebe glatt.

Das dauerte nur eine Sekunde, aber Dot nahm den Hörer und drückte ihn mir ungeduldig in die Hand. Ich schluckte. Der Hals tat mir weh. Wahrscheinlich bekam ich eine Erkältung, das würde auch meine Schluckbeschwerden erklären. Bis zu diesem Augenblick hatte es nicht wehgetan, aber jetzt plötzlich tat es sehr weh.

»Hallo?«

»Hallo, Eleanor. Wie geht es dir?«

»Danke, gut. Und dir?« Ich hatte überhaupt nicht das Gefühl mit meinem Dad zu sprechen. Sogar seine Stimme klang anders. Ich versuchte mich zu erinnern, wie seine richtige Stimme klang, aber es gelang mir nicht.

»Mir geht es ... gut«, sagte Dad. »Gefällt es dir bei deiner Großmutter?«

Es überraschte mich, dass er sie so nannte. Sie war doch ... Dot. Ich sah zu ihr hinüber. Sie stand an Mrs Alexanders Fenster und rauchte, damit der Qualm nicht die Luft in Mrs Alexanders Zimmer verpestete wie zu Hause. Das war nett von ihr. »Ja, gut.«

»Na prima. Es macht dir doch nichts aus, noch eine Woche zu bleiben?«

Mein Mut sank. Ich hatte gewusst, dass er das sagen würde, aber als er es tatsächlich sagte, hätte ich am liebsten losgeheult.

»Dann ist Mum also noch nicht besser dran?«

Schweigen.

»Du möchtest wissen, ob sich deine Mutter jetzt wohler fühlt?« Er klang irritiert.

»Ja«, antwortete ich. Jetzt war ich genauso verdutzt.

Kritik schwang in seiner Stimme mit. »Du redest ja schon so wie die Leute in Inchbrae, Eleanor. Und du sprichst auch viel schneller als sonst ...«

»Oh ... ich ... Wie geht es Mum?«

»Ja, schon viel besser. Aber ich glaube, sie braucht noch

eine Woche Erholung. Ich habe meinen Urlaub vorverlegt. Mr Taylor, der bald pensioniert wird, war so freundlich mit mir zu tauschen. Vom kommenden Freitagabend an habe ich Urlaub und ich dachte, es wäre schön, wenn du dann auch nach Hause kämst … wenn deine Mutter dann … wieder ganz auf den Beinen ist … und ich euch beide hier hätte.«

Mir blieb die Luft weg. Dad hatte noch nie seinen Urlaub verschoben. Mir schoss der Gedanke durch den Kopf, dass es Mum wahrscheinlich doch nicht besser ging. Vielleicht ging es ihr schlechter und Dad musste deshalb notgedrungen zu Hause bleiben. »Stimmt das … mit Mum?«

»Aber ja. Sie vermisst dich so sehr wie ich.«

»Du vermisst mich?«

»Aber Eleanor, das weißt du doch.« Seine Stimme klang leicht gereizt, aber das war nichts verglichen mit Situationen, in denen er wirklich gereizt war.

»Das Haus ist so … so groß ohne dich«, fügte er hinzu. Ich wusste, dass er lächelte, während er das sagte. Das war viel, viel besser als der Preis in Englisch.

»Ich will Schriftstellerin werden.«

Schweigen.

»Dad? Bist du noch dran?«

»Ja … Du willst also Schriftstellerin werden?«

»Ja, Dad. Eigentlich wollte ich ja Filmstar werden, aber jetzt nicht mehr. Jetzt will ich lieber Schriftstellerin werden.«

»Gut. Na ja … du warst immer gut im Aufsatz.«

»Ich hätte beinahe den Preis in Englisch gekriegt, Dad. Nur drei Punkte haben mir gefehlt.«

»Bekommen. Du hättest den Preis *bekommen.* Vielleicht nächstes Jahr. Ich bin sicher, dass du das Zeug dazu hast, einen Preis zu bekommen, mit ein wenig mehr Anstrengung.«

»Auf jeden Fall.« Das könnte ich, das würde ich. Und ich würde keinen einzigen Tag fehlen.

»Ich muss Schluss machen, Ellie. Die Pflicht ruft. Wir freuen uns darauf, dich bald wieder zu sehen. Alles Gute, Liebes.«

»Tschüss, Dad. Sag Mum, dass ich sie auch vermisse. Sag ihr ...« Ich hörte ein Klicken in der Leitung. Dann legte ich auf.

Ich wollte mich eben umdrehen und Dot die gute Nachricht mitteilen, als mir bewusst wurde, was er da gerade zu mir gesagt hatte.

»Er hat mich Ellie genannt!«, sagte ich. Ich jubelte innerlich vor Freude. Ich musste tief Luft holen.

Dot drückte ihre Zigarette aus und schob sie sich hinters Ohr. Ihr neuer Turban zischte und hatte plötzlich ein großes Loch. Sie merkte es nicht einmal.

KAPITEL 18

Dot ging zu Rita und ich lief hinüber zu Mr Conroys Laden. Der Boden war frisch mit Sägemehl bestreut. Ich sog den Geruch tief ein. Obwohl Mr Conroy gerade zwei Kunden gleichzeitig bediente, fand er die Zeit mir ein hinreißendes Lächeln zu schenken. Er hatte tiefe Grübchen, wenn er lachte. Joseph scheuerte den großen Holztisch neben der Ladentheke, sah aber nicht so aus, als strenge er sich besonders an. Joseph hatte keine Grübchen.

»Ich fahre nach Hause«, sagte ich.

»Gut«, erwiderte er. Er schmollte wieder. Langsam und lustlos schrubbte er auf dem Tisch herum.

»Es geht besser, wenn du in Kreisen bürstest«, riet ich ihm.

Mr Conroy sah herüber. »Ich muss doch nicht etwa rüberkommen, Joseph?«

Joe sah mich aus zusammengekniffenen Augen böse an, aber ich war zu glücklich um mich darüber zu ärgern.

»Nächste Woche fahre ich wahrscheinlich heim.«

Joe sah auf. »Das war doch eh klar. Ist doch allgemein bekannt.«

Er legte es darauf an, mich in Wut zu bringen, aber diesen Gefallen tat ich ihm nicht.

»Bisher war es noch nicht ganz sicher.«

Die Kunden gingen und Mr Conroy kam zu uns herüber. Er stemmte die Hände in die Hüften und begutachtete

Joes Werk. Mr Conroy trug ein blütenweißes Hemd und einen Kittel. Für einen Mann konnte er ziemlich gut Wäsche waschen.

»Es wäre grandios, Joseph, wenn du einmal etwas auf Anhieb richtig machen würdest. Dann müsstest du es nicht noch einmal machen.«

»Es *ist* richtig und ich mache es nicht noch mal.«

Mr Conroy riss Joseph die Bürste so blitzartig aus der Hand, dass wir beide zusammenzuckten. Er fuchtelte Joe damit vor der Nase herum.

»Wenn du noch einmal in diesem Ton mit mir sprichst, dann kannst du was erleben. Hast du verstanden?« Er knallte die Bürste genau in dem Moment auf den Tisch, als eine Kundin hereinkam.

»Mrs Girvan, frisch wie eine Wiese im Morgentau. Ich habe Ihnen ein wunderbares Filetstück beiseite gelegt. Für die Beste nur das Beste.«

Mrs Girvan kicherte. Sie war nicht gerade besonders hübsch.

»Arschloch«, sagte Joe – aber nur ganz leise.

»Kommst du mit zum Zelt?«, fragte ich.

Joes Miene hellte sich auf. »Ja. Wenn ich fertig bin.«

»Und wann bist du fertig?«

Mrs Girvan war gegangen. Joe zuckte die Schultern.

»Wann darf Joseph raus?«, fragte ich Mr Conroy.

»Warum verplemperst du deine Zeit eigentlich mit einem so schrecklichen Kerl wie dem da?«, fragte er zurück.

»Wir sind ... Freunde«, antwortete ich.

»Sind wir nicht«, widersprach Joseph. Er wollte sich nicht nachsagen lassen mit einem Mädchen befreundet zu sein. Das verstand ich, also ärgerte ich mich nicht.

»Freunde oder nicht, Joseph wird heute hier gebraucht. Am Freitag ist viel los, nicht wahr, Joe?«

Joe bürstete weiter. Er gab keine Antwort.

»Stimmt's, Joe?«, fragte Mr Conroy noch einmal.

Joe nickte. »Ich komme später«, sagte er. Es klang richtig traurig.

Ich ging hinaus in die Sonne. Ich war so dankbar, dass ich eine Mum und einen Dad hatte, die mich vermissten, und dass ich bald auch einen Großvater haben würde. Ich war viel besser dran als Joe.

Hooligan lag vor dem Lebensmittelladen in der Sonne. Er hob den Kopf, als er mich hörte, und ließ ihn dann wieder sinken. Gott meinte es offenbar heute besonders gut mit mir. Vielleicht wollte er etwas nachholen. Dad sagte oft, er hole freitags gern alles nach, was er die Woche über nicht geschafft hatte. Ich konnte ihn mir in seinem Büro vorstellen, obwohl ich nie dort gewesen war – wie er alles aufarbeitete, bevor er in Urlaub ging. Er hatte bestimmt eine Menge zu tun.

Ich setzte mich neben Hooligan auf den Bürgersteig. Dot war immer noch bei Rita im Laden, ich sah, wie sie hin- und herlief. Rita hatte Dot anscheinend die Stimmung vermiest. Rita war Joseph sehr ähnlich. Das war mir schon früher aufgefallen.

Hooligan hob die Hinterpfote und mir blieb beinahe das Herz stehen. An der Innenseite seines Beins klaffte ein tiefer Riss, überall war verkrustetes Blut. Die Wunde hatte sich geschlossen, aber das Fell war abgeschürft und die blanke Haut war rot und übel zugerichtet. Ich legte ihm die Hand unter die Pfote und hob sie behutsam an. Er sah mich an und lächelte. Er war so tapfer. Ich wollte nicht zu Dot laufen und ihn hier allein lassen. Unschlüssig blieb ich sitzen und überlegte. Mr Fishbeins Ladentisch stand in der Nähe des Fensters. Ich stand auf und klopfte an die Scheibe. Nichts rührte sich. Ich klopfte noch einmal.

Die Ladentür öffnete sich. Mrs Fishbein kam heraus, hinter ihr tauchte Mr Fishbein auf.

»Hooligan ist verletzt.«

Mrs Fishbein war mit einem Sprung bei mir. Sie hockte sich neben mich auf den Boden und untersuchte sein Bein. »Mein Gott, das sieht ja schlimm aus.«

Mr Fishbein kam näher. »Ach, es heilt ja schon ab. Ein tapferer Kerl. Nicht unterzukriegen, hm?«

Ich musste ihm zustimmen.

»Bring mir den Verbandskasten, Greta.«

Mrs Fishbein lief hinein und kam mit einem weißen Erste-Hilfe-Kasten mit einem roten Kreuz auf dem Deckel wieder. Ich hoffte, dass sie dadurch nicht an den Krieg erinnert werden würde. In null Komma nichts hatte Mr Fishbein Hooligans Wunde gereinigt und ihm einen Verband angelegt. Dann stand er auf und ging wieder in den Laden, Mrs Fishbein folgte ihm.

Hooligan schien zu wissen, dass er jetzt aufstehen konnte. Er schüttelte sich und lief zur Probe ein paar Mal im Kreis herum. Dann zerrte er mit dem Maul an seinem Verband, aber als ich ihm erklärte, dass der jetzt eine Zeit lang dranbleiben müsse, ließ er es sein.

Mrs Fishbein kam wieder heraus und brachte mir zwei Bonbons, einen gelben und einen roten.

»Such dir einen aus«, sagte sie und hielt sie mir hin. »Deinem Hund ist es egal, welche Farbe er bekommt.« MEINEM Hund!

Ich gab Hooligan den roten. Seine Schnauze wurde ganz klebrig, als der Zucker schmolz, aber er genoss es. Er verzog das Maul um auch noch das letzte Restchen von seiner Schnauze zu schlecken. Daraufhin gab ich ihm meinen auch noch. Er hatte ihn sich verdient.

Mrs Fishbein hielt sich die Seiten, so sehr musste sie über seine Grimassen lachen. Abel, ihr ermordeter Sohn, hätte einen Hund wie Hooligan gemocht, sagte sie. Heute verstand ich jedes Wort von dem, was sie sagte. Wenn Joseph raus gedurft hätte, wäre der Tag vollkommen gewesen.

Dot meinte, es wäre nicht gut, wenn Hooligan mit uns nach Hause käme. Er würde versuchen der Erste zu sein und dann würde Mr Fishbeins Verband aufgehen. Ich wollte ihn nicht hier lassen, aber Dot meinte, er sei es gewohnt, auf sich allein gestellt zu sein, und es sei schade, dass es nicht mehr von seiner Sorte gebe. Wäre sie doch bloß in besserer Stimmung gewesen. Hooligan humpelte zurück zur Müllkippe. Er schien zu begreifen, dass ich ihn nicht im Stich ließ. An der Straßenecke drehte er sich nach mir um. Ich sagte Dot, dass Joe nicht raus durfte, und wir fuhren mit den Rädern los. Wir waren noch gar nicht im *Jacobite* gewesen und als wir an der Tür vorbeikamen, drang kein Geräusch heraus. Dot meinte, es sei Blödsinn, jedes Mal reinzugehen, wenn man in die Stadt kam. Man sollte sich nicht derart verpflichtet fühlen.

Nicht einmal am Fluss hielten wir an.

»Fahre ich mit dem Bus nach Hause?«

»Ja. Ich glaube, am Samstagvormittag fährt einer. Ich werde mich erkundigen.«

»Freitag. Ich fahre nächsten Freitag heim.«

Dot schüttelte den Kopf. Sie drosch mit dem Hammer auf die Zaunpfosten ein. Den, der locker gewesen war, hatte sie schon bearbeitet und mir war schleierhaft, warum sie jetzt alle Pfosten festklopfen musste.

»Nein. Dein Vater hat erst ab Samstag richtig Urlaub. Deshalb fährst du am Samstag.«

Das war nur eine Nacht mehr.

»Weißt du, wann der Bus abfährt?«

Dot schnellte herum. »Ich hab dir doch gesagt, ich werde mich erkundigen!«

Rita hatte Dot die Laune verdorben. Ich seufzte.

»Ellie!«, rief Dot. Ich war schon fast an der Hintertür. »Hör zu, Kleines, such dir was Sauberes zum Anziehen. Wir gehen gleich zu Rita hinüber um zu baden. Ihr Haus wird dir gefallen ... Es ist ganz anders als meins.«

Dass wir baden wollten, hatte ich vollkommen vergessen. Dot lächelte, also hatte sie sich offenbar entschlossen Rita zu verzeihen. Sie war wirklich nicht nachtragend.

Es war ein kurzer Spaziergang bis zu Ritas Haus. Wir hatten Handtücher und alles dabei und Dot hatte ihre *Lifebuoy*-Seife in ihren Toilettenbeutel gesteckt; aber sie meinte, Rita würde mich bestimmt ihre *Imperial Leather* benutzen lassen, wenn ich sie darum bat. Das würde ich tun. Mir gefiel die Form; sie war ganz anders.

Ritas Haus war sehr hell. Sie hatte jede Menge moderne Möbel, bis auf einen Geschirrschrank, der aussah wie unserer zu Hause. In der Küche standen Plastikstühle – gelb, passend zum Tisch. Das Haus war tipptopp sauber. Dot hatte Recht; Ritas Haus war anders als ihres, das irgendwie gemütlich war, wenn man sich erst daran gewöhnt hatte. Unser Haus, ich meine unser Haus daheim, war nicht gemütlich. Aber sauber.

Mr Conroy saß am Kamin. Es war ein elektrischer Kamin, mit Kohlen, die aussahen wie echte. So etwas hatte ich noch nie gesehen, bestimmt war es sehr teuer. Wir hatten zu Hause einen Elektroofen, den wir im Winter in den Gang stellten, aber der sah ganz anders aus als der von Rita, gar nicht schön, und Dad beklagte sich, dass er so viel Strom verbrauchte. Mum drehte ihn immer ab, bevor Dad nach Hause kam, selbst wenn es sehr kalt war.

Mr Conroy stand auf, als wir hereinkamen. »Rita!«, rief er.

Rita kam aus der Küche. Sie trug ein türkisfarbenes Kleid mit einem weit schwingenden Rock und einem kurzen Bolerojäckchen darüber, dazu schwarze Lackschuhe und eine schwarze Lacktasche. Als ich sah, wie Mr Conroy sie anstarrte, konnte ich mir gut vorstellen, wie er sie mit seinen Metzgerhänden berührte. Mir gruselte.

»Ist dir kalt, Ellie?«, fragte Rita.

»Nein, überhaupt nicht, danke.«

»Macht das Feuer an, wenn ihr wollt. Mir ist es zu warm hier drin, aber ich will nicht, dass ihr euch eine Erkältung holt.«

Dot ging in die Küche. »Es ist sechsundzwanzig Grad hier drin. Wer soll sich denn da eine Erkältung holen?«

»Wir gehen zum Essen zu Jim und Elsie. Sie hat in *Woman's Realm* ein gutes Hähnchenrezept entdeckt. Das gelingt ihr hoffentlich besser als ihr letzter Kochversuch – Lamm mit Minze. Mir war speiübel danach.«

»Toi, toi, toi«, sagte Mr Conroy lachend.

»Wo ist Joseph?«, fragte ich.

Rita spitzte die Lippen. »Jessie spielt Babysitter.«

Das war sicher schrecklich für Joe. Nicht wegen Mrs Alexander; er mochte sie, das wusste ich, aber jetzt war er schon wieder allein. Ich war froh, dass wir nicht zum Zelt gegangen waren, denn dann hätte ich ihm von der Suche nach meinem Großvater erzählt und davon, dass ich nach Hause zurückkehren würde, und ich wäre so glücklich gewesen, dass er sich bestimmt noch miserabler gefühlt hätte.

»Darf er morgen mit mir spielen?«, fragte ich Mr Conroy.

»Hm, eigentlich ist samstags noch mehr los als …«

Rita versetzte Mr Conroy einen Klaps mit ihrer Handtasche. Er duckte sich und lachte wieder. Sie waren ein schönes Paar.

»Ja, er darf«, antwortete Rita dann an seiner Stelle. »Ich sorge schon dafür, Ellie.«

Sie lehnte in der Küchentür. Dot saß allein am Tisch und rauchte. »Warum bleibt ihr nicht über Nacht? Mit nassen Haaren sollte das Kind nicht rausgehen.«

»Mal sehen«, meinte Dot.

Rita nahm meine Hand und führte mich in ihr Bad. Es war wie in einem Film. Alle Rohre waren verkleidet und über der Wanne hingen farblich passende Handtücher. Auch zwei Flaschen Badeschaum und ein Schälchen mit drei Sorten *Imperial-Leather*-Seife standen da. Nur eine davon war benutzt.

»Nimm dir, was du magst«, sagte sie und wies auf die Seife und den Badeschaum. Sie öffnete das Schränkchen. »Und sie soll dir die Haare bloß nicht mit Seife waschen«, fügte sie hinzu und gab mir ein blaues Tütchen mit Shampoo. »Da ist echtes französisches Parfüm drin.« Es hieß *Supersoft* und kostete vier Pence. Das wusste ich, weil Janet es anlässlich der Preisverleihung benutzt hatte. Ich konnte kaum erwarten es auszuprobieren.

»Und bade du bitte vor Dot. Ich habe keine Ahnung, wie sie das schafft, aber ich brauche immer verdammt viel Scheuerpulver um die Wanne sauber zu kriegen, wenn sie drin war.«

Dot hatte nichts dagegen, dass ich zuerst badete. Sie brachte mir ein Plastikgefäß aus der Küche, mit dem ich mir die Haare ausspülen konnte, aber ich spülte sie absichtlich nicht so furchtbar gründlich aus, weil ich wollte, dass das französische Parfüm drin blieb. Sie waren etwas klebrig, als sie trocken waren.

Ich hatte meinen Schlafanzug nicht mitgebracht, aber Dot meinte, mein sauberes Unterhemd und meine Unterhose täten es auch. Sie steckte mich in eins der beiden Einzelbetten in Ritas Gästezimmer. Kissen und Decke waren mit apfelgrüner Chenille-Bettwäsche überzogen, die neu roch, doch Dot sagte, Rita habe sie schon seit jeher. Es war ein schönes Zimmer, wie in einem Hotel; ich war zwar noch nie in einem Hotel gewesen, aber es war dort genauso, das wusste ich einfach.

Ich weiß nicht, wann Mrs Bryce kam. Ich hatte kein Auto oder sonst irgendetwas gehört; nur ihre Stimme. Dot hatte meine Tür offen gelassen. Ich hatte sie zwar nicht darum gebeten, aber sie hatte gespürt, dass mir das lieber war in einem fremden Haus. Ich wollte gerade aufs Klo gehen, doch als Mrs Bryce meinen Vater erwähnte, musste ich plötzlich nicht mehr.

»Wie kannst du nur so etwas über Adam sagen, deinen eigenen Sohn?«

KAPITEL 19

»Mein Sohn oder nicht, es ist die Wahrheit, Lil. Er bringt mich auf die Palme. Dem Kind fehlt es an Zuwendung.«

Fehlt es an Zuwendung. Dot sprach von mir. Wie konnte sie so etwas sagen? Dad hatte mich Ellie genannt. Er hatte gesagt, das Haus sei groß ohne mich. Er hatte gesagt ...

»Und mir zu sagen, es sei meine Pflicht, mich um sie zu kümmern! Wo er mich all die Jahre nicht in ihre Nähe gelassen hat ...«

»Das stimmt nicht, Dot. Du hättest sie jederzeit besuchen können. Hat er dich etwa daran gehindert? Nein.«

»Und wie hätte ich hinkommen sollen? Schließlich hat *er* ein Auto, nicht ich. Und außerdem bin ich nicht darauf angewiesen, dass er mir Gesellschaft leistet.«

»Ach, Dot. Verstehst du denn nicht, dass auch er seinen Stolz hat? Er hätte es sich wohl nicht träumen lassen, dass diese Frau für ihn zu einer solchen Belastung wird ...«

»Belastung! Dass ich nicht lache. Genau das wollte er doch – eine Frau und ein Kind, die er unter seiner Fuchtel hat. Bei mir ist ihm das nie gelungen!«

»Als ob dich jemand unter seine Fuchtel bringen könnte!«, seufzte Lil.

Mum war keine Belastung! Nein! Ich stieß die Bettdecke weg. Ich wollte Dot unbedingt die Meinung sagen, auf der Stelle. Meine Socken waren nirgends zu finden. Mum sagte immer, ich dürfe nicht barfuß herumlaufen;

man könne sich dabei sonst was holen. So klug war Mum!

»Machen ihr vielleicht die Wechseljahre zu schaffen?«, fragte Mrs Bryce.

Wechseljahre? Ich beschloss doch lieber noch zu warten und mir anzuhören, was es damit auf sich hatte.

»Ach, keine Spur. Sie ist doch nicht mal vierzig.«

»Denk nur an Annie Macpherson. Sie war erst neununddreißig, als es anfing bei ihr«, wandte Mrs Bryce ein.

»Viel zu früh! Und du siehst ja, wohin es sie gebracht hat«, rief Dot. »In die Klapsmühle, eingesperrt wie in einem Gefängnis.«

»Da habe ich aber was anderes gehört, Dot. Es waren angeblich doch nicht die Wechseljahre, sondern ihr Mann, der sie fast jeden Abend verdroschen hat. Das hält keiner lange aus!«

»Wer weiß«, sagte Dot. »Ich könnte nicht sagen, dass mir die Wechseljahre zu schaffen gemacht hätten. Ich verstehe gar nicht, warum alle so einen Wirbel darum machen. Rita sagt, sogar in den Zeitschriften schreiben sie jetzt darüber.«

»Ich hör wohl nicht recht?«, posaunte Mrs Bryce. »Wer ist denn monate-, ach was, jahrelang herumgeschlichen und hat sich mit Gott und der Welt angelegt? Ich vielleicht? Nein! Du warst das, Dorothy Fairbairn, und so manch armer Teufel, der das Glück hatte, mit heiler Haut davongekommen zu sein, kann heute noch ein Lied davon singen.«

Dots Lachen war entschieden zu laut. Wenn ich geschlafen hätte, wäre ich davon aufgewacht, aber das wäre ihr egal gewesen.

»Vielleicht war ich ein, zwei Tage nicht ganz auf dem Damm ... Aber das war alles, wohlgemerkt! Sei's drum! Was – oder wer – hat dich eigentlich heute Abend hergeführt? War denn nichts los in der Kneipe?«

»Es war sogar ziemlich viel los«, meinte Mrs Bryce. »Aly Cameron hat mich hergefahren. Er wollte früher nach Hause.« Sie senkte die Stimme und ich musste mich anstrengen um noch etwas zu verstehen. Aber nicht lange.

»Mit mir reden? Worüber willst du mit mir reden?« Dots Stimme war laut wie immer.

Ich hörte Gläser klirren. »Magst du einen?«, fragte Dot. Ich hörte ihre Schritte. Mrs Bryce setzte immer wieder an um etwas zu sagen, aber Dot unterbrach sie ständig. Ich musste die Augen fest zusammenkneifen um zu hören, wer was sagte. Irgendwie hörte man auf diese Weise besser.

»Du weißt, dass ich keinen Whisky anrühre, Dot. Jetzt hör auf mir einzuschenken ...«

»Von einem wirst du schon nicht gleich süchtig.«

»Ich habe gesagt, nein! Hör mir zu! Hör mir nur *einmal* zu!«

»Du hast doch sonst immer gerne einen getrunken, als wir –«

»Das ist Jahre her. Vielleicht einen einzigen in –«

»Jetzt stell dich nicht so an. Trink!«

Stille. Dot hatte gewonnen.

»Ich hatte ganz vergessen, dass er gar nicht so schlecht schmeckt ... Einen Schuss Zitronenlimonade vielleicht ... zum Süßen«, sagte Mrs Bryce.

Es rumorte. Dann hörte ich das Zischen einer Sprudelflasche.

»Ja, das ist besser.« Wieder Stille. »Also, ich wollte mit dir über ... Nein, Dot, einer genügt.«

»Ja?« Das war Dot. Ihre Stimme klang rau und ich wusste, dass sie rauchte.

»Wegen Johnny, Dot. Wirst du es ihm sagen?«

»Was soll ich ihm sagen?« Das klang kalt, beinahe barsch. Es war der gleiche Ton, in dem einer meiner Lehrer immer »Soll das etwa eine Bestleistung sein, *Miss* Fairbairn?« sagte, selbst wenn man sich noch so angestrengt hatte.

»Du weißt ganz genau, was ich meine, Dot!«

»Und was bildest du dir ein zu wissen, Lilian?«

»Ich weiß, dass es Johnny war, Dot. Ich habe es immer gewusst.«

»Was weißt du denn schon. Ich hab mir schon gedacht, dass dir so was im Kopf herumspukt, aber ...«

»Dot. Das ist doch jetzt gleichgültig. Wir sind so lange befreundet, oder etwa nicht? Es gab nie etwas, das zwischen uns gestanden hätte ...«

Dot hustete. Dann hustete sie noch einmal. Es war kein richtiges Husten.

»Dot.« Mrs Bryce sprach jetzt mit leiser, aber sehr deutlicher Stimme. »Wer hätte es denn sonst gewesen sein können, in einem Nest wie diesem?«

»Du warst am Boden zerstört, als er abgehauen ist ...«

»Das stimmt. Aber ich hatte damals Mum und Dad. Du hattest niemanden ... und ein Kind war unterwegs. Alle sprachen über dich ... deine Tante Mary posaunte es überall herum und die Leute bemitleideten dich und dann drehten sie sich um und zogen über dich her.«

»Mir war es immer scheißegal, was die Leute über mich sagen.«

»Damals war es dir nicht egal, Dot. Du wolltest es nur nicht zugeben. Und ich war die Letzte, die von dir hören wollte, dass ... dass ... dass es von ihm war.«

»Mein Gott, Lil. Nach all diesen Jahren ...«

»Er war so nett am Telefon, Dot. Er sagte, er habe mich niemals verletzen wollen und er sei froh, dass ich Eckie habe. Wir haben uns lange unterhalten. Er hat diese Frau geheiratet, bei der er zur Miete wohnte. Eine Witwe, etwas älter als er. Vor ein paar Jahren ist sie an Schwindsucht gestorben. Er wollte so viel wissen ... über dich ... und Ellie. Ich hatte ja keinen Schimmer, was Mr Smith ihm erzählt hat oder wie Ellie überhaupt von Johnny erfahren hat. Was hast du dem Kind gesagt, Dot?«

»Nichts«, gab Dot zurück. »Überhaupt nichts.«

»Wie ist es dann möglich ...?«

Die Flasche zischte wieder und ich wusste, dass Dot Mrs Bryce noch einen Whisky eingeschenkt hatte. Ich hoffte nur, dass Mrs Bryce es auch merkte. Ich wurde inzwischen müde vor lauter Anstrengung alles mitzubekommen. Wenn doch nur eine von beiden jemals einen Satz zu Ende bringen würde!

»Na, dann lässt du's eben bleiben«, sagte Mrs Bryce. Es schien ihr nichts auszumachen. Dann kicherte sie tatsächlich! »Einfach lächerlich, die Vorstellung – dass Johnny und ich geheiratet hätten! Weißt du noch, Dot, damals? Ich, eingesponnen in meine Welt, ›Roses of Picardy‹ und Dodos Gedichte. Und du und er, wie ihr zum ›Tiger Rag‹ über die Tanzfläche gefegt seid ... Ich wusste, dass er ein Auge auf dich geworfen hatte. Ich hätte nur nicht gedacht, dass er sich so einfach davonmacht ...« Mrs Bryce seufzte tief auf. »Aber es war trotzdem eine glückliche Zeit. Nicht wahr, Dot?«

Sie lachten beide, aber nicht besonders laut. Glücklich und traurig zugleich. Erwachsene lachten oft so.

»Mein Gott, bloß kein ›Tiger Rag‹!« Das war Ritas Stimme. Sie war wohl gerade hereingekommen, obwohl ich die Tür nicht gehört hatte. »Ich lege lieber Elvis auf, bevor ihr beide ... Ihr seid ja betrunken!« Ritas Stimme klang überrascht.

Dot und Mrs Bryce kicherten. »Sind wir betrunken?«, fragte Mrs Bryce.

»Wir sind betrunken!« Das waren Dot und Mrs Bryce zusammen.

»Solche Typen wie Elvis!«, empörte sich Mrs Bryce. »Sich so zu verrenken! Seine Mutter wird sich für ihn schämen!«

»Ich hätte nichts dagegen, wenn er sich mal mit mir so verrenken würde«, antwortete Rita.

»Gott möge dir verzeihen«, sagte Mrs Bryce. Dann lachten sie alle drei und das klang wirklich dämlich. Das Letzte, an das ich mich erinnere, war ›A Fool Such As I‹, ein Lied von Elvis. Ich war zu müde um noch auf die Toilette zu gehen.

Dot ging es nicht gut am nächsten Morgen. Ich spreche es ungern aus, aber ich glaube, sie war immer noch betrunken. Rita bot an uns nach Hause zu fahren, aber Dot meinte, sie würde kotzen, wenn sie ins Auto steigen müsste. Also gingen wir zu Fuß und Dot stolperte mehr als einmal. Zu Hause angelangt, legte sie sich flach auf den Wohnzimmerfußboden. Sie sagte, sie sei froh wieder daheim zu sein und sie wäre am Abend wieder ganz die Alte.

Wir hatten nicht gefrühstückt. Rita hatte zwar den Toaster eingeschaltet, ihn dann aber vergessen. Beinahe wäre er in Flammen aufgegangen. Sie fing an sich für die Arbeit fertig zu machen, dann überlegte sie es sich doch anders.

»Teufel noch mal«, sagte sie, »ich bin schließlich der Boss und heute bleibt der Laden zu.« Sie legte sich wieder ins Bett. Ich fragte sie, ob Joseph käme, und sie meinte, das sei ihr schnuppe.

Ich glaubte, Dot würde es besser gehen, wenn sie etwas aß. Ich hatte Hunger und so machte ich Bohnen auf Toast für uns beide. Ich hätte gerne probiert Pommes frites zu machen, aber ohne Aufsicht ließ Mum mich nicht und Dot meinte, sie könne nicht mal eine Laus auf einer Glatze beaufsichtigen. Ich wusste zwar nicht, was das bedeutete, aber mir war klar, dass es mit den Pommes frites nichts werden würde. Als ich Dot ihren Teller brachte, wälzte sie sich mühsam herum und legte ihr Gesicht auf den kühlen Linoleumboden. Sie sagte, ich solle den Teller sofort wegnehmen. Ich hatte gelernt verständnisvoll zu sein. Also aß ich ihre Portion auch noch auf.

Dann überlegte ich, ob ich zu Joe in die Stadt radeln sollte. Am besten wäre es wohl, dachte ich, wenn ich das Zelt zuerst alleine inspizierte. Denn Joseph wäre schrecklich enttäuscht, wenn alles verlorene Liebesmüh gewesen wäre. (Der Ausdruck gefiel mir. Zu Janet hatte ich gesagt, dass meine ganze Anstrengung den Preis in Englisch zu bekommen verlorene Liebesmüh gewesen sei, aber sie hatte nur gemeint, ich solle mal schön auf dem Teppich bleiben.)

Ich war eben unten an der Straße angelangt, als Mr Bryce angeradelt kam. Beinahe wären wir zusammengestoßen, aber er riss seinen Lenker schneller herum als ich.

»Wo ist sie?«

Ich wusste, er meinte Dot. Er war sehr wütend. Ich wusste nicht, ob ich ihn zum Haus führen sollte, aber darüber musste ich mir nicht lange den Kopf zerbrechen. Er rannte einfach rein. Wie ein geölter Blitz schoss er ins Wohnzimmer und starrte die immer noch auf dem Boden liegende Dot an.

»Und wie geht's *dir*, Dorothy?«

Dot versuchte sich aufzurichten. »Hundsmiserabel. Und dir, Eck?«

»Du benimmst dich wirklich wie der letzte Grobian!«

Dot lächelte. »Da hast du Recht.«

»Weißt du eigentlich, was du Lil angetan hast? Aber vielleicht interessiert dich das ja gar nicht!«

»Wie meinst du das?« Dot ließ sich wieder auf den Linoleumboden sinken.

»Lil ist krank. *Krank!* Deinetwegen! Weil sie an einem

Freitagabend trotz Hochbetrieb den ganzen langen Weg zu Rita rausgefahren ist nur um dir zu helfen. Dabei bist du es gar nicht wert, dass man etwas für dich tut!«

Dots Antwort war kaum zu verstehen. »Geh heim zu deiner Frau, Eck. Ich habe niemanden um Hilfe gebeten.«

Mr Bryce kauerte sich neben sie, griff nach ihrem Arm und sagte dann mit sanfterer Stimme: »Komm schon, Dot, der Krieg ist vorbei!« Er half ihr sich aufzusetzen. In Inchbrae redeten sie schrecklich viel über den Krieg.

Dot lehnte sich gegen die Wand. Sie breitete die Arme weit aus.

»I wished on the moon, Eck.« So hieß ein Lied von Miss Holiday. Dot fing an zu summen. »None in all the world to love me ...« Sie summte weiter.

Eck legte seine langen Arme um sie. Und dann fing Dot an zu weinen. Ich ging hinaus in den Sonnenschein und lief die Straße hinunter und wieder zurück. Ich wusste nicht, was ich sonst machen sollte.

Mr Bryce stieg gerade auf sein Rad, als ich zurückkam. »Sie liegt jetzt im Bett«, sagte er. »*Auf* dem Bett vielmehr. Sie muss sich ausschlafen. Weiß der Himmel, was sie alles gekippt haben.«

»Whisky und Limo«, klärte ich ihn auf.

Er starrte mich entgeistert an. »Du warst doch nicht etwa dabei?«

»Nein«, beeilte ich mich zu versichern. »Aber ich habe gehört, wie Mrs Bryce Dot um Limonade gebeten hat.«

Mr Bryce nickte. »Kein Wunder, dass sie krank ist. Das macht diese Limonade.«

Ich war allerdings von Limonade noch nie krank geworden.

»Ellie«, sagte er. »Lil ist nicht ganz auf dem Damm, aber du kannst gerne mit mir kommen und Hugh Gesellschaft leisten.«

Ich schluckte. »Danke.«

»Der kleine Conroy weiß wahrscheinlich auch nichts mit sich anzufangen«, fuhr Mr Bryce fort. Dabei hatte ich nichts davon gesagt, dass ich Hugh *nicht* Gesellschaft leisten wollte. Ich radelte hinter Mr Bryce her und er drehte sich ein paar Mal zu mir herum um zu sehen, ob alles in Ordnung war. Allmählich wurde er richtig nett.

Mrs Bryce saß in der Küche. Sie hatte den Kopf auf den Tisch gelegt und neben ihr am Boden stand ein Eimer. Sie blickte auf, als wir hereinkamen, und ihr Gesicht war sehr, sehr blass. Sie sah wirklich elend aus, elender als Dot.

Hugh saß auch am Tisch, aber er schien sich nicht sonderlich um seine Mutter zu sorgen. Er versuchte Marmelade auf ein Stück Brot zu streichen – mit einer Gabel. Dabei machte er eine furchtbare Sauerei. Mr Bryce nahm ihm die Gabel ab und schimpfte mit ihm, weil er »die Gelegenheit ausgenutzt« hatte. Während er Hugh mit einem nassen Lappen die Hände abwischte, sprach er mit seiner Frau.

»Geh rauf und leg dich ins Bett. Das wird dir gut tun.«

»Und Dot ...?«

»Ihr geht's auch nicht gerade blendend. Ich hab sie in ihr Bett tragen müssen.«

»Du hast nicht mit ihr gestritten?«

»Nein. Mein Zorn ist schnell verflogen, als ich sie in diesem Zustand sah.«

Mrs Bryce stöhnte. Sie konnte kaum die Augen offen halten. »Ellie«, flüsterte sie. »Tut mir Leid, Kleines.«

Ich wusste nicht, wofür sie sich bei mir entschuldigte. Sie hatte mir ja nichts getan. Ich sah Mr Bryce überrascht an, aber er schüttelte nur den Kopf, als wollte er sagen: »Hör nicht auf sie.«

Mrs Bryce gelang es nur mit Mühe aufzustehen. Sie

brauchte zwei Anläufe und Mr. Bryce legte den Arm um sie. »Der Kübel ...«, erinnerte sie ihn. Er nickte und nahm ihn mit. Hugh hielt mir einen Vortrag, als sie oben waren, aber ich verstand kein Wort, außer einmal etwas wie »Entschuldigung«, als er mich versehentlich unter dem Tisch mit dem Fuß angestoßen hatte.

»Tschuuudiiig!«

Ich wollte nicht gleich wieder gehen, als Mr Bryce herunterkam, aber er meinte, ich solle Mr Conroy Bescheid sagen, dass Rita ihren Laden nicht aufmache. Auf diese Weise würde ich auch gleich erfahren, ob Joseph mit rausgehen durfte. Hugh stand auf um mir zu folgen, aber Mr Bryce hielt ihn am Arm fest und meinte, er müsse da bleiben. Er tat mir ein wenig Leid und so versprach ich ihm, dass Joe und ich kommen und mit ihm spielen würden.

»Ist schon gut, meine Kleine. Er legt sich jetzt gleich hin und macht ein Nickerchen.« Hugh schüttelte energisch den Kopf. Es gefiel ihm offenbar gar nicht, dass er sich so oft schlafen legen musste. Im Metzgerladen war niemand, aber kurz darauf kam Mr Conroy aus dem hinteren Teil des Ladens – mit einem großen Hackbeil in der Hand.

»Guten Morgen, mein Sonnenschein.« Er lächelte. »Ich hoffe doch, dein Besuch gilt mir.«

Ich lächelte zurück. »Ich wollte fragen, ob Joseph heute raus darf.«

Er legte das Hackbeil aus der Hand. »Er ist drüben«, sagte er. »Jessie gibt ihm eine Kleinigkeit dafür, dass er ihr den Rasen mäht, aber er darf nicht am Sonntag arbeiten. Sie ist wirklich eine Seele von Mensch, aber so schrecklich religiös.«

»Darf er spielen gehen, wenn er mit dem Rasenmähen fertig ist?«

»Tja, wenn du so nett fragst ...« Er zeigte mit dem Hackbeil zur Tür. »Aber er soll nicht schludern!«

»Oh …« Beinahe hätte ich vergessen, was ich ausrichten sollte. »Mrs Gilchrist lässt heute ihren Laden zu. Sie liegt zu Hause im Bett.«

»Was hat sie denn?«, fragte er besorgt.

»Sie fühlt sich ein wenig krank.«

»Seit wann? Seit heute Morgen?« Er sah mich stirnrunzelnd an und schien über Ritas Gesundheitszustand sehr beunruhigt zu sein.

»Ja, aber sie sind alle krank.«

»Wer?«

»Dot und Mrs Bryce und Ri- … Mrs Gilchrist.«

Er holte tief Luft, es klang beinahe wie ein Seufzer der Erleichterung. »Von was denn?«

»Also, Mrs Bryce ist gekommen und später dann Mrs Gilchrist … und Dot …«

»… hat ihnen eingeschenkt«, vollendete er an meiner Stelle den Satz.

Ich sah zu Boden und nickte.

Mr Conroy schüttelte den Kopf. Er schüttelte ihn noch, als ich ging.

KAPITEL 20

Mrs Alexander meinte, Joe werde mit dem Rasenmähen gleich fertig sein, und fragte, ob wir Limonade und Kekse haben wollten. Ich sagte für uns beide Ja. Joe hatte sich inzwischen wieder das Hemd ausgezogen und war vor lauter Anstrengung ganz rot im Gesicht. Der Garten war nicht groß. Er bestand lediglich aus zwei quadratischen Rasenstücken, die von Blumenrabatten eingefasst waren. Unter den Fenstern auf der Rückseite des Hauses waren Rosen gepflanzt und wenn man die Augen schloss, vermischte sich ihr Duft mit dem des frisch gemähten Grases. Zwei meiner Lieblingsdüfte. Ein Parfüm aus diesen beiden Wohlgerüchen wäre bestimmt so ein Verkaufsschlager wie *Evening in Paris*.

Joe reinigte den Rasenmäher und stellte ihn in den Schuppen zurück. Dann half ich ihm beim Aufsammeln des gemähten Grases, das wir in einen Karton warfen, den Mrs Alexander uns herausgebracht hatte. Die Limonade und das Gebäck stellte sie uns auf die Hintertreppe. Es waren sechs Kekse. Joe nahm sich die beiden rosafarbenen Waffeln und dazu noch zwei weitere, was nur fair war, denn er hatte sich mächtig angestrengt. Trotzdem hätte ich auch gerne eine rosa Waffel gehabt.

Wir beschlossen zum Zelt zu gehen. Ich hatte fünf Shilling dabei und nachdem Mrs Alexander Joe seinen Lohn von anderthalb Shilling ausbezahlt hatte, waren wir sehr gut bei Kasse. Zwar hatte er erst am Abend zuvor sein Taschengeld bekommen, doch das hatte er bereits ausgegeben. Er hatte sich davon Bonbons und Comics gekauft um sich den Abend zu versüßen, an dem er allein zu Hause gewesen war. Ich hätte es genauso gemacht, wenn ich an seiner Stelle gewesen wäre.

Joe wollte seinem Vater Bescheid sagen, während ich ins *Jacobite* ging. Hugh lag wohl schon im Bett, denn Mr Bryce war alleine.

»Samstags ist viel Verkehr«, meinte er warnend. »Seid vorsichtig und passt auf, dass euch nichts passiert. Kommst du später noch mal hierher?«

»Wahrscheinlich gehe ich direkt nach Hause.«

»Dann nimm Joseph mit und falls Dot noch im Bett liegt, kommt her und esst mit uns zu Abend.« Ich bedankte mich und ging.

Joe und ich gingen hinunter zur Müllkippe und hielten Ausschau nach Hooligan. Aber er war nicht da. Dann zogen wir weiter zum Lebensmittelladen. Mr Fishbein hatte Hooligan auch nicht gesehen, aber er sagte, Dreep sei gerade vorbeigekommen und habe ihm erklärt, Hooligan würde bald wieder auf dem Damm sein. Mr Fishbein meinte noch, Dreep sei zur Zeit lammfromm, was ziemlich Besorgnis erregend sei.

Wir wurden von Mrs Fishbein bedient. Sie sprach langsamer als neulich und war die Ruhe selbst. Sie sah auch glücklicher aus und ließ uns viel Zeit zum Aussuchen; sie teilte unsere Meinung, dass man ausreichend Proviant brauchte, wenn man sich nicht den Tag verderben wollte. Jedem von uns schenkte sie eine Tüte Chips und ihr Mann bestrich vier Brötchen mit Hühnerpastete ohne etwas dafür zu berechnen. Joe meinte hinterher, ihm sei wohl die Hitze zu Kopf gestiegen.

Diesmal dachten wir auch an dic Limonade. Da Joe Limo mit Vanillegeschmack lieber mochte als Mandarinensaft, entschieden wir uns dafür. Es schmeckte mir auch.

Wir hatten es nicht weit bis zum Zelt und fanden es so vor, wie wir es verlassen hatten. Joseph meinte, er wisse eben, wie man ein Zelt aufstellt. Als ich ihn daran erinnerte, dass es unser gemeinsames Werk sei, sagte er, ich hätte bloß geholfen und das sei nicht das Gleiche.

»Wenn du vorhast den ganzen Tag zu streiten, geh ich nicht mit rein«, warnte ich ihn.

»Ich hätte es auch allein aufbauen können ... nur hätte es dann länger gedauert.« Das reichte mir aber nicht.

»Na ja, ist auch egal«, seufzte er. »Also, wir mussten beide anpacken. Bist du nun glücklich?«

Das war ich allerdings. Wir krochen hinein. Es roch an diesem Tag noch stärker nach Fluss. Vielleicht weil das Zelt die ganze Nacht leer gestanden hatte, meinte Joe. Ich fing an ihm von den Geschehnissen bei Rita zu erzählen, aber er unterbrach mich einfach. Er hörte überhaupt nicht zu. Eine schlechte Angewohnheit von ihm.

»Ich habe etwas herausgefunden«, sagte er.

»Was denn?«

»Dad hat sich von meiner Mum scheiden lassen.«

Er klang nicht einmal traurig, als er das sagte. Es kam ihm über die Lippen wie »zwei und zwei ist vier«. Manchmal war dieser Junge wirklich nicht leicht zu verstehen.

»Woher weißt du das?«

»Als er gestern Abend heimkam, setzte er sich zu mir ans Bett. Ich las gerade den *Eagle* und als er kam, warf ich das Heft auf den Boden und tat so, als würde ich schlafen. Ich kann seinen Geruch nicht leiden, wenn er bei *ihr* gewesen ist. Er stinkt dann immer nach diesem ekligen Parfüm.« Joe stocherte mit einem Stock im Sand. Er dachte gar nicht ans Essen!

»Und dann?«

»Er hob mein Comicheft auf und sagte, er wisse, dass ich nicht schliefe. Ich solle mich aufsetzen, weil er mir etwas sagen müsse. Das hab ich gemacht und dann hat er mir gesagt, dass er sich von meiner Mum hat scheiden lassen.«

»Aber wie denn, wenn sie nicht mal hier ist?«

»Er weiß, wo sie sich aufhält. Sie lebt mit ihrem Liebhaber in Huddersfield, wo immer das ist. Dad hatte es die ganze Zeit gewusst. Die ganze Zeit ...« Joes Stimme verebbte.

»Ach, Joseph.« Ich wusste nicht, was ich sagen sollte. Wir schwiegen eine Weile und ich dachte über seine Worte nach. Mittlerweile hatte er bestimmt bemerkt, wie verliebt Mr Conroy und Rita waren. Er klang nicht sonderlich bestürzt über die Neuigkeit. Vielleicht hatte er beschlossen die Dinge zu nehmen, wie sie waren. Ich fand, ich sollte ihn darin bestärken.

»Ich bin froh, dass du es so gelassen nimmst«, sagte ich schließlich.

Einmal stand Dad knapp vor einer Beförderung und wir hätten nach Edinburgh umziehen müssen. Aber er erklärte, er habe eingesehen, dass zu jenem Zeitpunkt ein Umzug unmöglich wäre, und Mum sagte, sie sei stolz darauf, dass er es so gelassen nahm. Dad machte überhaupt keinen enttäuschten Eindruck, aber Mum sagte mir, sie habe jetzt noch mehr Schuldgefühle und wünschte, sie hätte keinen Ton darüber verlauten lassen, dass sie nicht umziehen wollte.

Außerdem wurde Dad dann gar nicht befördert, sondern jemand anders. Mum war vielleicht nicht so klug wie Dad, aber wenigstens erzählte sie mir, was sich so abspielte. Dass wir beinahe nach Edinburgh umgezogen wären, erfuhr ich erst, nachdem Dad akzeptiert hatte, dass wir es nicht tun würden.

»Es ist ein Zeichen von Reife, Joe ... etwas zu akzeptieren.«

»Ich gehe nach Huddersfield«, erklärte er, als hätte ich nichts gesagt. »Ich hau ab.«

Stundenlang versuchte ich Joseph sein Vorhaben auszureden. Ich erzählte ihm alles über Mr Starling und dass wir seine Mum auf andere Weise finden würden. Vielleicht konnten wir sie dazu bringen herzukommen, statt dass er davonlief. Er hielt sich die Ohren zu um nicht zuhören zu müssen und daher war alles verlorene Liebesmüh. Als wir zu Dots Haus radelten, wollte er sogar von mir wissen, ob Dot einen Atlas hatte, in dem er nachsehen konnte, wo Huddersfield lag.

Am meisten Angst hatte ich davor, dass er weglief, bevor ich wieder nach Hause fuhr, weil dann jeder glauben würde, ich hätte etwas damit zu tun, und ich dann wahrscheinlich bis an mein Lebensende in Inchbrae bleiben musste. Ich wäre wegen der ganzen Sache beinahe in Tränen ausgebrochen, doch Joseph ließ sich von seinem Vorhaben nicht abbringen, welches Argument ich auch anführte – einschließlich dem, dass ich dann nicht mehr nach Hause zurück konnte.

Als ich Hooligan an der Hintertür liegen sah, stürzte ich mich auf ihn um ihn zu umarmen. Seine Lefzen zuckten ein bisschen, als wolle er knurren, aber dann ließ er mich doch an sich heran. Sein Verband war abgegangen. Joseph besah sich die Wunde und meinte, sie sehe wahrscheinlich nur deshalb so schwarz aus, weil sie abheilte. Ich hoffte, er hatte Recht. Aber zweifellos plagten Hooligan immer noch starke Schmerzen, auch wenn er zu tapfer war sich etwas anmerken zu lassen.

Als ich Hooligan auf sein Bein küsste, gleich neben der Wunde, sagte Joe, dadurch bekäme ich Flöhe in den

Mund, was aber nicht stimmte. Trotzdem tastete ich mit der Zunge vorsichtshalber meine Mundhöhle ab. Als ich den Kopf hob, richtete Hooligan sich auf und begann mein Gesicht abzulecken. Er war wirklich ein toller Hund.

»Er könnte dich ins Gesicht beißen«, warnte Joe. Er war eifersüchtig.

»Würde er aber nicht«, antwortete ich zwischen zwei Liebkosungen.

»Aber er könnte.«

»Er *würde* es aber nicht.«

»Auszuschließen ist es nicht«, beharrte Joe. Immer musste er das letzte Wort haben. Mum sagte das Gleiche von Dad; das hing wohl mit ihrem Geschlecht zusammen. In der Schule wurde uns eingebläut, »Geschlecht« zu sagen. Wenn der Lehrer von »Geschlecht« sprach, fingen alle an zu lachen und es kam zu einer »Störung ersten Grades«. Denn alle dachten an Geschlechtsverkehr, an Sex. Aber Janet meinte, Geschlecht habe mit »S-E-X« nicht das Geringste zu tun.

Joe fragte mich, ob er dableiben und warten müsse. Er wollte so schnell wie möglich nach Hause gehen und sich einen Plan zurechtlegen.

»Was für einen Plan denn, mein Junge?«

Joe wich zurück, damit Dot ihn nicht mehr sehen konnte. Die ganze Zeit über hatte sie in der Küche gesessen, ohne dass wir es gemerkt hatten. Sie trug einen rötlichbraunen Herrenmorgenmantel, der ihr viel zu groß war. Ich weiß nicht, weshalb mich das so sehr ärgerte. Es war einfach so. Sie sah besser aus, war aber immer noch blass.

Joe drückte mir seinen Fuß ins Kreuz. Ich wusste, wenn ich etwas verriet, würde er mir einen Stoß versetzen.

»Ich ... ich ... ich will ... mir einen Drachen bauen«, stammelte er. Die letzten Worte purzelten durcheinander, so hastig stieß er sie hervor.

Ich sah zu ihm hoch. Die Antwort war nicht schlecht, darauf wäre ich nie im Leben gekommen. Er presste die Lippen aufeinander und funkelte mich an.

»So, so«, sagte Dot. »Du bist nicht der erste Mann in meinem Leben, zu dem ich sage, er soll Leine ziehen. Du machst dich besser auf den Weg, bevor der Tag zu Ende ist.«

In null Komma nichts saß Joe auf seinem Rad und war bereits die Straße hinuntergeradelt, bevor ich überhaupt auf den Füßen war. Hooligan ließ sich genau dort nieder, wo ich gesessen hatte, und rollte sich zusammen. Er wollte mich spüren. Dafür liebte ich ihn über alle Maßen.

Zum Abendessen gab es Corned Beef, eine richtige Pampe. Dot säuberte Hooligans Wunde ein weiteres Mal. Sie fand ebenfalls, dass das Ganze nicht gut aussah, als sie jedoch merkte, wie besorgt ich war, zeigte sie mir eine Narbe an seinem Ohr (an dem Ohr, das immer hochstand), die mir noch gar nicht aufgefallen war. Sie sagte, das Ohr sei halb abgerissen gewesen und Hooligan sei einfach für ein paar Tage verschwunden, bis es ihm wieder besser ging.

»Er ist ein Kämpfer. Dieser Kratzer zwingt ihn nicht in die Knie«, sagte sie schließlich, ging wieder ins Haus und ließ uns allein.

Hooligan blieb lange und ich setzte mich neben ihn und erzählte ihm von Joe und seinem Plan. Ich wartete, bis Dot ihre Schallplatten aufgelegt hatte, damit sie mich nicht hören konnte. Hooligan meinte, ich solle ihr auf alle Fälle davon erzählen.

Er hatte beide Ohren hochgestellt, während er mir zuhörte, und hielt dabei den Kopf schief, damit ihm nichts entging. Als ich fertig erzählt hatte, legte er den Kopf in meinen Schoß. Er lächelte nicht. Auch er fand Joes Idee abzuhauen schlecht. Als er gehen wollte, begleitete ich ihn die Straße hinunter und erklärte ihm, dass ich das Gefühl hätte, Joe zu hintergehen, wenn ich Dot davon erzählte. Ich wusste, dass er mich verstand.

Er sah zu mir hoch, bevor er in die Hauptstraße einbog, und versuchte zu lächeln. Doch weder ihm noch mir gelang es. Ich umarmte ihn noch einmal, damit er nicht allzu enttäuscht von mir war. Dann ging ich heim. Mir schien, als hinke er mehr als tags zuvor. Sein Blick war sehr sanft.

Sonntagnachmittag brachte Rita Mrs Bryce bei uns vorbei. Sie wollte mit Mr Conroy und Joe ein Picknick machen und meinte: »Wehe, dem Jungen passt das wieder nicht ...«

Damit spielte sie natürlich auf Joe an und mir fiel ein Stein vom Herzen. Wenn er einen Ausflug machte, konnte er nichts aushecken. Mrs Bryce meinte, sie verhelfe Rita zu einem Geschäft, weil sie ein neues Kleid brauche, wenn Rita in den Hafen der Ehe einliefe. Ich notierte mir im Geist den Ausdruck »in den Hafen der Ehe einlaufen«. Ich wollte ihn später im Wörterbuch nachschlagen. Es klang irgendwie etwas ordinär, aber da Mrs Bryce nie ordinär war, wusste ich, dass ich diese Redensart im Wörterbuch finden würde.

Dot war ziemlich einsilbig. Den ganzen Tag über hatte sie nicht viel gesagt, war aber in jeder Beziehung nett zu mir gewesen. Sie hatte sich dafür entschuldigt, einen kostbaren Tag vergeudet zu haben. Jeder Tag sei kostbar, sagte sie, besonders wenn es jemanden gab, mit dem man ihn verbringen konnte. Wir aßen Pommes frites zum Frühstück und auch zum Mittagessen.

Mrs Bryce meinte, es sei eine Schande, als ich ihr davon erzählte, aber sie machte Dot keine Vorhaltungen. Nach unserem Besuch bei Rita hatte ich Dot nicht einen Schluck Whisky mehr trinken sehen und Mrs Bryce fand, das sei ein Segen. Auf lange Sicht würden Pommes frites Dot besser bekommen.

»Möge Gott dich bestrafen, falls du dieses Gift jemals anrührst, Ellie«, warnte sie mich. Da ich wusste, dass es sie am meisten treffen würde, wenn Gott mich strafte, nahm ich die Bemerkung nicht zu ernst.

»Hast du die Zeitung schon gelesen?«, fragte sie Dot.

»Wie denn das? Ich habe doch noch keinen Fuß vor die Tür gesetzt.«

»Ach, Dot, lauter Artikel über Billie Holiday! Sie haben die Ärmste vom Krankenhausbett weg verhaftet.«

»Sie ist nicht das erste Mal im Krankenhaus und auch nicht zum ersten Mal mit dem Gesetz in Konflikt«, erwiderte Dot. »Das kriegt sie schon hin.«

»In der Zeitung liest sich das aber ganz anders, Dot. Diesmal erholt sie sich nicht, heißt es.«

»Wenn es so ist, weshalb wird sie denn dann verhaftet, Himmel noch mal?«, fragte Dot. »Verdammte Zeitungen.«

Ich hörte zum ersten Mal davon. Als ich fragte, was es damit auf sich habe, biss Mrs Bryce sich auf die Lippen, als hätte ich etwas Falsches gesagt.

»Sie ist heroinsüchtig, Ellie«, antwortete Dot. Mrs Bryce gab einen erstickten Laut von sich und ich befürchtete schon, sie würde in Ohnmacht fallen. Sie machte mir mehr Sorgen als Lady Day. Von Süchtigen hatte ich ja bereits gehört, von jemandem, der nach Hering süchtig war, allerdings noch nie. Mir schmeckte er nur, wenn Mum ihn in Hafermehl wendete und dann ausbriet. Dass jemand Heringe so doll mochte, dass er ins Krankenhaus eingeliefert werden musste und die Polizei dann auch noch hinter ihm her war, konnte ich mir nicht im entferntesten vorstellen.

»Hat sie den Hering gestohlen?«

Dot sah Mrs Bryce an und beide fingen an zu lachen.

Ich hatte keine Ahnung, was an meiner Frage so lustig gewesen war, und allein das war mir schon peinlich. Ich spürte, wie ich rot wurde.

»Ach, Ellie ...doch nicht Hering – Heroin! Das ist eine Droge, so wie Opium.«

Ihr Gelächter ärgerte mich. »Na ja«, sagte ich, nachdem ich mich wieder gefasst hatte, »auch Sherlock Holmes raucht Opium - und er *hilft* der Polizei.«

»Schon«, erwiderte Dot. »Aber ihn gibt es nicht wirklich. Außerdem kann sich ein englischer Gentleman schlichtweg nicht falsch benehmen. Hat man dir das denn noch nicht beigebracht?«

Da fiel mir Mr Smith ein. »Ist es wegen ihrer Hautfarbe? Und weil diese Leute gehängt werden? Nimmt sie deshalb Heroin?«

»Zum Teil vielleicht deshalb«, sagte Dot. »Aber Lady Day hat sich die Probleme nie suchen müssen. Ich vermute eher, es hat damit zu tun, dass sie eine Frau ist. Wir leben immer noch in einer Männerwelt.«

»Meine Güte, Dot, dann müssten wir doch alle heroinsüchtig sein. Wie kannst du dem Kind so etwas sagen?« Mrs Bryce hatte ihre Stimme wiedergefunden.

Dot zuckte mit den Achseln. Jetzt sprach niemand mehr.

»Soll ich draußen spielen?«, fragte ich.

Dankbar lächelten sie mich an. Ganz bestimmt musste Dot einen Rüffel einstecken, aber als ich mich zum Nachmittagstee wieder einfand, wirkten beide ganz einträchtig. Mrs Bryce nannte es »Nachmittagstee«. Genau wie Mum. Es war eine schöne Sache, nur gab es meistens Obstkuchen, der mir langsam zum Hals heraushing.

Rita holte Mrs Bryce gegen fünf wieder ab. Mr Conroy saß auf dem Beifahrersitz, Joe hinten. Als Mrs Bryce einstieg, quetschte er sich ganz ans Fenster.

Wir sagten nur »Hallo« und »Tschüss«. Seine Miene verriet nichts darüber, ob er immer noch Pläne ausheckte. Rita und Mr. Conroy sahen jedenfalls sehr glücklich aus und Rita brüllte Joe nicht an – und auch sonst niemanden. Gewiss würde alles gut werden. Ich hatte herausgefunden, dass sich die Dinge immer dann zum Besseren wendeten, wenn man gerade das Gefühl hatte, dass gleich alles zusammenbrechen würde.

Das sagte ich Dot, nachdem alle gegangen waren.

Sie sah mich lange an. Dann sagte sie: »Behalt das gut im Gedächtnis, Ellie. Es kommen Zeiten, da wird es sich als nützlich erweisen.«

Abends unterhielten Dot und ich uns noch einmal über meine Zukunft als berühmte Schriftstellerin. Sie meinte, ich solle mir das gründlich überlegen, da man für das Berühmtsein manchmal einen hohen Preis bezahlen müsse. Diesen Satz hatte ich schon früher gehört, wusste aber nicht viel damit anzufangen. Wenn man berühmt war, bekam man doch Geld von den Leuten. Sie zahlten einem so viel, dass man seine Mum und seinen Dad in ferne Länder mitnehmen und sich auf einer Yacht in der Karibik verlustieren konnte, wenn man von Paris die Nase voll hatte.

Hooligan kam uns nicht besuchen, doch ich wusste, dass er an mich dachte, wo immer er war. Wir standen sozusagen geistig in Verbindung. In einer Geschichte über einen Mann, der in Afrika Elefanten beobachtete und ihren Herden folgte, hatte ich einmal so etwas Ähnliches gelesen; seinen Namen habe ich vergessen. In meinem Tagebuch würde ich über Hooligan schreiben und mich einer gehobenen Sprache bedienen. Sobald ich wieder zu Hause wäre, wollte ich mit der Arbeit anfangen. Da fiel mir ein, dass morgen Montag war. Bald würde ich also Mr Starling kennen lernen, über den ich ebenfalls in meinem

Tagebuch schreiben wollte. Und dann würde ich nach Hause fahren und Janet so viel zu erzählen haben, dass sie ganz neidisch werden würde. Ich schlief und träumte. Von Janet und von meinem zukünftigen Ruhm.

Aber nie im Leben hätte ich mir träumen lassen, dass ich meinen Merksatz über die Wendung der Dinge zum Besseren schon so bald brauchen würde. Bereits am Montag war es soweit.

KAPITEL 21

Ich hatte mir noch nicht einmal den Schlaf aus den Augen gerieben, da hämmerte Mr Bryce bereits an die Eingangstür. Sonst kamen die Besucher immer zur Hintertür herein.

»Lieber Himmel, wo brennt's denn, Eckie?«

Hinter Mr Bryce sah ich Ritas Auto stehen. Das hatte er sich offenbar geliehen um damit zu Dot zu fahren.

»Kannst du dir denn nicht endlich mal ein Telefon anschaffen?«, schimpfte Mr Bryce. Mit solch einem roten Kopf hatte ich ihn noch nie gesehen. »Rita kann ich wenigstens erreichen, wenn ich sie brauche.«

Er war jetzt im Wohnzimmer und ging ständig im Kreis herum. Wie Hooligan, wenn er Langeweile hatte. Dot packte ihn am Hemd und ich dachte schon, sie würde gleich auf ihn einschlagen. »Wenn du mir nicht endlich sagst, was los ist, werde ich es aus dir herausprügeln«, drohte sie. Sie meinte es ernst.

Mr Bryce strich sich über die Stirn und dann über seine Haare, obwohl sie gar nicht abstanden. Dann seufzte er tief und schüttelte den Kopf. Dot packte fester zu, aber er stieß ihre Hand weg.

»Dodo«, sagte er. »Es geht um Dodo.«

Dot legte den Kopf in den Nacken und schloss die Augen.

»Was soll das heißen, Eck?«

Erneut schüttelte Mr Bryce den Kopf.

Dot öffnete die Augen. »Was ist passiert? Ist er tot?«

»Mausetot.«

»Und Lil?«

»Es trifft sie sehr hart. Sie braucht dich.«

Dot zog ihren grässlichen Morgenmantel vor Mr Bryce's Augen aus. »Geh wieder rauf, Ellie«, sagte sie, »und zieh dir was an. Irgendwas.«

Sie drängte an mir vorbei. Drei Stufen weiter oben drehte sie sich um. »Beeil dich, Ellie!«

Eine Sekunde später saßen wir im Auto. Ich hatte schmutzige Strümpfe an. Hoffentlich merkte es niemand. Bei Dot brauchte ich mir darüber keine Gedanken zu machen. Sie trug noch immer dieselbe Hose wie bei meiner Ankunft.

Auch wenn er die Schlaglöcher meistens umfuhr, war Mr Bryce ein noch schlechterer Fahrer als Rita. Er achtete nicht sonderlich auf die anderen Verkehrsteilnehmer, wie man es uns bei der Fahrradschulung eingetrichtert hatte. Er hupte die Leute an und hätte beinahe einen alten Mann umgefahren. Der Mann trug einen schweren Sack über der Schulter und stolperte mehr als dass er ging.

Mr Bryce erzählte Dot, dass Dodo von seiner Frau tot im Bett gefunden worden war.

»Das war gestern Abend um elf, aber wir haben es gerade erst erfahren. Connie hat sich Zeit gelassen uns anzurufen. Sie ist manchmal etwas seltsam, aber das ist ja nichts Neues.«

»Was ist passiert?«

»Das Herz«, sagte Mr Bryce. »Es muss das Herz gewesen sein. Für meinen Geschmack war Dodo ein bisschen zu empfindsam, aber er war ein netter Kerl. Konnte keiner Fliege was zu Leide tun.«

»Und wie geht's jetzt weiter?«

»Ach je, ach je.« Mr. Bryce's Stimme zitterte, als hätte er Schmerzen. Dann schüttelte er den Kopf. »Ich hasse Begräbnisse.« Wir hielten vor dem *Jacobite*. Dot stürmte als Erste hinein.

Hugh lag offenbar noch im Bett, denn Rita und Mrs Bryce saßen allein am Tisch. Mrs Bryce trug einen leichten rosafarbenen Morgenmantel, ihr Haar wurde von Haarspangen zusammengehalten. Ihr Gesicht glänzte. Sie umklammerte mit der Hand ein Taschentuch, fing aber erst an zu weinen, als Dot zu sprechen begann.

»Lil, es tut mir so Leid. Dodo ist mir ein guter Freund gewesen.«

Mrs Bryce warf das Taschentuch nach Dot und fing an zu schluchzen. Es war ein wütendes Schluchzen.

»Weshalb hast du ihn nicht geheiratet? *Weshalb* nicht?«

Dot setzte sich. Sie war verblüfft. »Was?«

»Er hätte dich geheiratet. Er hat dir einen Antrag gemacht. Aber nein, du wolltest nicht. Du musstest alles so machen, wie es *dir* in den Kram passte, bis er schließlich bei dieser Frau mit ihren Skulptoren gelandet ist, die uns nicht mal angerufen hat ...«

»Skulpturen«, berichtigte Rita und setzte den Wasserkessel auf.

Mrs Bryce hob ihr Taschentuch auf, das nicht weit geflogen war, und warf es in Ritas Richtung. Wieder nicht weit genug. Mrs Bryce wehrte sich nicht, als Dot ihre Hand ergriff. Rita gab mir wortlos zu verstehen, dass ich noch ein paar Tassen aus dem Schrank nehmen sollte. Ich freute mich etwas Nützliches tun zu können. Ich wollte nicht über den Tod sprechen.

»Aber Lil, sie *hat* dich doch angerufen. Weshalb hätte sie dich denn mitten in der Nacht aus dem Schlaf reißen sollen?«, fragte Dot sanft.

Mrs Bryce putzte sich die Nase und wischte sich die Augen. Dann weinte sie noch eine Weile. Mr Bryce saß im Sessel neben ihr. Er hatte den Arm um sie gelegt und ich musste mich an ihnen vorbeiquetschen um an die Tassen zu kommen. Sie waren beide ziemlich dick. Dot wirkte daneben recht zierlich, stellte ich fest, als ich über den Tisch zu ihr hinübersah – es war mir schon früher aufgefallen, nur weiss ich nicht mehr, wann.

»Welch ein Paar«, sagte Mrs Bryce laut schniefend. »Dodo, versunken in seine Gedichte, und sie, Steine klopfend. Sie lebten in ihrer eigenen Welt.« Mrs Bryce hatte offenbar etwas gegen die Welt ihres Bruders – und die seiner Frau.

Dot seufzte. »Sie waren glücklich, Lil. Wir können unser Leben doch nicht nur führen um es den anderen recht zu machen. Jeder muss eben nach seiner Fasson selig werden.« Dot klang ganz ruhig und vernünftig, aber Mrs Bryce bekam einen neuen Wutanfall.

Sie entzog Dot ihre Hand und stampfte mit den Füßen auf. Ihre Pantoffeln machten allerdings nicht gerade viel Lärm. Ich schaute sie mir an. Sie waren dunkelblau und hatten beigefarbene Bommel. Rita trug schwarze Schuhe mit Pfennigabsätzen. Immer achtete sie auf modisches Aussehen, selbst im Angesicht des Todes.

»Lil! Lil, jetzt reicht es aber!«, warf Mr Bryce ein. Seine Stimme klang entschieden, aber es war nicht zu überhören, dass er die Wutanfälle seiner Frau fürchtete.

Rita deutete auf den Zucker und streckte drei Finger in die Höhe. Ich sollte Mrs Bryce drei Stück Zucker geben. Zum Zeichen, dass ich verstanden hatte, nickte ich.

Dot zündete sich eine Zigarette an und sah Mr Bryce an. »Wie wär's mit einem Whisky, Eckie?« Sie klang benommen.

»Ich hol uns beiden was«, sagte er und wollte aufstehen.

»Sitzen geblieben! Bleib da, wo du bist, Eckie Bryce, und wehe dir, wenn du dich der Bar auch nur näherst!«

»Schon gut, Lil«, sagte Mr Bryce. »Vielleicht später«, flüsterte er Dot zu. Wir konnten es alle hören.

»Holen Sie ein paar Mal tief Luft«, schlug ich Mrs Bryce vor, als ich ihr den Tee hinstellte. »Bei mir hilft das manchmal.«

Mrs Bryce starrte mich an und umarmte mich dann so heftig, dass ich überhaupt keine Luft mehr bekam.

»Du armes Kind. In deinen Ferien ...«

»Das macht nichts«, sagte ich, nachdem ich mich befreit hatte. »Es tut mir Leid um Ihren Bruder.«

Mrs Bryce setzte sich aufrecht hin und trank einen Schluck Tee. Dann schüttelte sie sich. »Er ist etwas süß geraten.«

»Und wie steht es mit dem Begräbnis, Lil?«, fragte Dot.

Mrs Bryce holte tatsächlich ein paar Mal tief Luft. Als sie zu sprechen begann, wirkte sie viel ruhiger. »Es findet am Mittwoch um eins statt. Ich habe sie gefragt, ob sie mich vorher braucht und ich zu ihr kommen soll. Sie meinte, ich sei willkommen. Sie hatten nie enge Freunde – und Verwandtschaft schon gar nicht. Ich habe mir gedacht ... vielleicht könnte ich ihr ein wenig zur Seite stehen, falls sie es möchte.«

Helfen zu wollen – das war typisch für Mrs Bryce. »Die Sache ist die, Dot, dass Eck am Mittwoch gerne zu der Beerdigung fahren würde, nicht wahr, Eck?« Mr Bryce bekam gar keine Chance zu antworten. »Daher wollte ich dich fragen ... falls du einverstanden bist, Dot, ... ob du dich tagsüber vielleicht um Hugh kümmern könntest? Hugh inmitten all der Trauernden und so – das wäre nicht gut.«

Dot kaute auf der Innenseite ihrer Wange herum. Sie drückte ihre Zigarette aus und sah zu Rita hinüber, die mit verschränkten Armen am Spülbecken lehnte. Als sich ihre Blicke trafen, runzelte Rita die Stirn. Es war ihr »Das-geht-mich-nichts-an«-Blick.

Das Telefon klingelte. Wir zuckten zusammen. Mr Bryce stand auf. Wir hörten ihn reden, dann kam er zurück.

»Lil, es ist Connie. Sie möchte dich sprechen.«

Mrs Bryce krallte sich an der Tischkante fest. Ihre Augen funkelten. Mr Bryce half ihr beim Aufstehen und führte sie zum Telefon, das in der Nische neben der Bar stand. Er blieb eine Weile bei ihr und kehrte dann mit einem Glas Whisky für Dot und sich selbst in die Küche zurück. Sie leerten den Whisky in einem Zug. Rita wischte die Gläser aus und stellte sie in das Spülbecken, bevor Mrs Bryce das Telefongespräch beendet hatte.

Niemand hatte bemerkt, dass Hugh mittlerweile aufgestanden war. Er kam in die Küche gestürzt und lächelte in die Runde. »Moor-gnn.«

»Guten Morgen«, grüßten wir zurück. Mr Bryce rückte ihm einen Stuhl zurecht und gab ihm von seinem Tee zu trinken. Hughs Hosenstall war offen und Rita verdrehte einmal mehr ihre Augen – aber ich tat so, als hätte ich es nicht gesehen.

Ich hörte, wie Mrs Bryce den Hörer auflegte. Sie kam herein, ging auf Hugh zu und umarmte ihn. »Dein Onkel ist gestorben«, sagte sie. Hugh lächelte sie an und klatschte in die Hände. Mrs Bryce sah sehr müde aus, als sie sich hinsetzte. Sie sackte richtiggehend auf dem Stuhl zusammen, aber weil die Tischkante ihrem Bauch im Weg war, musste sie sich wieder gerade hinsetzen.

»Sie holt mich am Bahnhof ab. Ich fange am besten an zu packen«, verkündete sie und sah Eck an.

»Ich helfe dir, Lil«, erbot er sich. »Wir schaffen das schon und mittwochs ist hier ohnehin wenig Betrieb. Ich kann den Morgenzug von Locheirnan nehmen. Heutzutage ist man in ein paar Stunden in Perth.«

»Und was ist mit Hugh?«, fragte Mrs Bryce noch einmal. »Kann er bei dir bleiben, Dot? Nur tagsüber. Das heißt allerdings, dass du nicht an Dodos Begräbnis teilnehmen kannst.«

»Ist doch gar keine Frage«, antwortete Dot.

Mrs Bryce stand auf. »Ich fang mal besser an. Der halbe Tag ist schon vorbei.« Das stimmte nicht. Erwachsene besaßen überhaupt kein Zeitgefühl, aber Mrs Bryce durfte man das diesmal nachsehen.

An der Küchentür wandte sie sich noch einmal um. »Dot, du lieber Himmel, das ist ja morgen! Eck, Starling kommt doch ... morgen!«

»Mach dir keine Sorgen, Lil«, sagte Mr Bryce. »Mit Johnny Starling mache ich kurzen Prozess.«

Ich sah zu Dot hinüber. Sie hatte die Augen geschlossen.

Rita ging nach nebenan und erzählte Mr Conroy, was vorgefallen war. Er kam herüber um Mrs Bryce sein Beileid auszusprechen. Da Mrs Bryce oben war und packte, sagte Dot, sie würde es weitergeben. Rita bekam von Mr Bryce ein Stück Papier, auf das sie in Großbuchstaben schrieb: »WEGEN TRAUERFALL GESCHLOSSEN. MORGEN WIEDER GEÖFFNET.«

Die Entschuldigung käme ihr gelegen, meinte Rita zu Dot, weil sie bereits am Samstag geschlossen gehabt hatte, aber Dot antwortete, das nähme ihr keiner ab. In Kürze würde jeder die Wahrheit wissen. Sie hatte Recht. Um zehn Uhr kamen der Mann namens Arthur und drei andere vorbei, die ich nicht kannte, und bekundeten ihr Mitgefühl.

Mr Bryce war mit Hugh hinaufgegangen und hatte ihn

für die Fahrt zum Bahnhof von Locheirnan fertig gemacht. Hugh saß jetzt auf dem Sofa. Sein Gesicht war richtig rot gescheuert und er war spürbar aufgeregt angesichts der unverhofften Fahrt in Ritas Auto. Vor ihm auf dem Tisch stand eine alte Handtasche von Mrs Bryce und Dot fragte ihn, was er damit vorhabe. Er erklärte ihr, es sei sein Koffer, mit dem er zu seinem Onkel reise.

Dot übersetzte es mir. Ich hatte ihn nicht verstanden.

Mr Bryce nahm Hugh die Handtasche weg und trug sie wieder nach oben. Hugh schien das nicht weiter zu stören. Vor lauter Ungeduld, dass es endlich losging, knackte er mit den Fingern.

Zwei Frauen kamen vorbei, die Dot kannten. Das mit Dodo tat ihnen Leid. Die eine meinte: »Er ist immer ein Außenseiter gewesen, der arme Dodo.« Während sie sprach, sah sie zu Hugh hinüber.

»Das stimmt«, pflichtete Dot ihr bei. »Er war einfach zu klug um sich mit den Bauerntrampeln aus der Gegend abzugeben.«

Die Frau und ihre Freundin zogen ab.

Mrs Bryce war wieder in der Küche. Sie war sehr zittrig und weinerlich, bemühte sich aber den Überblick zu behalten und hatte eine lange Liste für Mr Bryce vorbereitet, mit Dingen, die während ihrer Abwesenheit zu tun waren.

»Gott im Himmel, Lil, es sind doch nur ein paar Tage«, sagte er und wurde selbst zusehends nervöser.

»Missbrauche nicht den Namen des Herrn, Eck«, ermahnte ihn Mrs Bryce und ging wieder nach oben.

»Bisher hat sie nie Anstoß daran genommen«, beklagte er sich bei Dot. Rasch genehmigten sie sich noch einen Schluck Whisky.

»Wir sind soweit«, verkündete Mrs Bryce schließlich. Sie überprüfte alles ein letztes Mal und gab Hugh noch einen Kuss. Sie küsste ihn oft. Meistens waren es flüchtige Küsse, die sie ihm sozusagen im Vorbeigehen gab. Doch Hugh genoss es.

Wir standen alle auf und gingen zur Tür. Hugh und ich waren als Erste draußen. Dreep lehnte an der Mauer und wartete, dass jemand herauskam. Er trug immer noch seinen Pelzmantel, obwohl es ein glühend heißer Tag war. In den Händen hielt er einen bunten Strauß aus gelben, weißen und blauen Wiesenblumen und einer einzelnen rötlich braunen Blume, die eher hässlich war.

Dot, Mr Bryce und Mrs Bryce traten hinter uns aus der Tür. Sie hätten Hugh und mich beinahe umgerannt und Mr Bryce fluchte wild.

Dreep streckte Mrs Bryce die Blumen entgegen. »Mein Beileid, gnädige Frau.«

Ihrer Miene nach zu urteilen, wusste Mrs Bryce nicht, was sie mit dem Strauß machen sollte, aber sie nahm ihn trotzdem.

»Danke, Dreep. Ich fürchte nur, sie sind verwelkt, bis ich am Grab bin.«

Dreep straffte die Schultern. »Verehrte Dame, die sind für Sie. Blumen sind für die Lebenden. Unsere lieben Dahingeschiedenen wandeln ohnehin im Elysium. Sie haben keine Verwendung dafür.«

Mrs Bryce war verwirrt. »Ach je, macht denn niemand mehr etwas richtig?« Sie klang arg verzweifelt.

Dreep verbeugte sich und ging seiner Wege. Dot umarmte Mrs Bryce noch einmal. »Daran habe ich noch gar nicht gedacht, Lil: Wie ist es mit Kränzen?«, fragte sie.

Mrs Bryce stieg ins Auto, mit ihrem Hinterteil voran. »Nein, keine Kränze«, entgegnete sie und brach wieder in Tränen aus. »Ein Strauß erbärmlicher Wiesenblumen von einem alten Tippelbruder. Ach je, ach je, Dodo, mein armer kleiner Dodo.«

Es war ein trauriger Tag. Und langweilig dazu. Joe durfte nicht nach draußen. Ich ging nach nebenan um nach ihm zu fragen, aber er war nicht bei seinem Vater im Geschäft.

»Willst du in einer solchen Stunde der Trauer wirklich jemanden um dich haben?«, fragte Mr Conroy. »Nein, er bleibt, wo er ist. Vielleicht morgen.« Ich wusste, dass Joseph in seinem Zimmer war und einen Plan austüftelte.

Ich erzählte Dot davon. »Unsere Stunde der Trauer ist noch nicht gekommen«, sagte sie und fragte noch einmal bei Mr Conroy nach.

»Er darf nicht«, berichtete sie und meinte Joe damit. Nachdem Mr Bryce und Hugh zurückgekommen waren, gingen wir nach Hause. Dot war zu deprimiert um Hooligan zu rufen. Sie meinte, er sei dort, wo er sich wohlfühlte, und wir müssten akzeptieren, dass er für sich sein wollte. Aber das sah sie falsch, Hooligan wollte nicht für sich sein. Niemand kannte ihn wirklich. Ich befürchtete, dass er irgendwo lag, mit großen Schmerzen, und sich niemandem anvertrauen konnte. Doch dann erinnerte ich mich daran, was Dot mir einmal erzählt hatte – er war verschwunden gewesen und erst wieder aufgetaucht, als es ihm besser ging. Also zwang ich mich mir keine weiteren Sorgen um ihn zu machen.

Am Nachmittag zogen Wolken auf. Es regnete vier Stunden, dann brach die Sonne durch. Dot kramte im Haus herum. Ich fragte sie nach einem Notizbuch, weil ich meine Zeitschrift in Angriff nehmen wollte. Sie hatte keins, fand aber einen alten *Basildon-Bond*-Notizblock. Ich ging damit in die Küche und fing an zu schreiben. Der Block hatte nur noch fünf leere Seiten, von denen ich zwei verschrieb. Ich gab auf. Ich musste mir zuerst über den Anfang klar werden, also widmete ich mich stattdessen meinen Büchern. Wenn ich Schriftstellerin werden wollte, musste ich unzählige Bücher lesen. Ich las gerne. Ich las sogar lieber, als dass ich schrieb, aber schließlich stand ich ja auch erst ganz am Anfang meiner Karriere.

Wir hatten bereits gegessen, als Hooligan auftauchte. Bevor er sich entschied sein Futter anzurühren – er fraß nicht viel –, beschnüffelte er Dots Eimer. Sein Bein war so angeschwollen, dass er es kaum belasten konnte. Dot hatte keine Lust sich mit ihm oder mit mir zu beschäftigen und meinte, ich mache viel zu viel Aufhebens um die Verletzung, schließlich sei Hooligan doch den ganzen Weg bis zu uns gelaufen.

Das stimmte zwar, aber auf mich wirkte er nun einmal krank. Er schaute mich unverwandt an, als wolle er mir etwas sagen. Da ich dieses Gefühl bei ihm allerdings immer hatte, wusste ich nicht, ob ich mir nun Sorgen machen sollte oder nicht.

Dot wollte das Haus offenbar für sich allein haben, denn sie erinnerte mich daran, dass im Schuppen ein alter Ball lag. Ich sah nach. Es war ein wunderschöner Ball, rot und gelb marmoriert, außer an den Stellen, an denen Hooligan das Gummi angekaut hatte. Hooligan erkannte ihn sofort wieder, aber als ich den Ball warf, machte er nicht einmal Anstalten ihn zu fangen. Ich begann den Ball gegen Dots Hauswand zu werfen und wieder aufzufangen, ein Spiel, von dem ich jedoch schon bald genug hatte. Hooligan legte sich vor die Hintertür und sah mir zu. Ich bat ihn die Nacht über da zu bleiben. Er sagte weder Ja noch Nein, aber als ich ins Haus ging, ließ er sich von mir einen Kuss geben und da er nicht aufstand, war ich ganz sicher, dass er am nächsten Morgen noch da sein würde. Ich erzählte es Dot, aber sie meinte nur, man wisse nie, was der nächste Tag brächte. Ich sollte mir lieber keine allzu großen Hoffnungen machen.

Ehe ich zu Bett ging, bekam auch Dot einen Kuss von mir. Vielleicht konnte ich sie damit aufmuntern. Sie hatte den ganzen Tag Trübsal geblasen, wollte sich aber nichts anmerken lassen. Wenn Mum sich in solch einer Stimmung befand, gab ich ihr oft einen Kuss. Ich hätte mich so sehr gefreut, wenn sie mich zurückgeküsst hätte, aber es war so ähnlich wie bei Mrs Bryce und Hugh – nur anders herum. Mum nahm meine Küsse zwar entgegen, wirkte dabei aber irgendwie immer gedankenverloren. Dieses Nicht-wahrgenommen-Werden war fürchterlich. Da zeigt man jemandem, dass man ihn liebt, und der nimmt keinerlei Notiz davon – ein Gefühl, das ich bei Dot nie hatte. Selbst wenn sie traurig war, küsste sie mich zurück.

»So ein Gute-Nacht-Kuss ist etwas Wunderbares«, sagte sie und lächelte. »Ich weiss gar nicht, wie ich ohne auskommen könnte.«

Ich lächelte ebenfalls, doch mich überfiel bei ihren Worten ein komisches Gefühl. Wollte ich auf der einen Seite gerne heimfahren, war ich gleichzeitig unschlüssig, ob ich Dot verlassen wollte. Sie brauchte mich nicht so, wie Mum mich brauchte oder wie ich glaubte, dass Mum mich brauchte. Aber sie brauchte mich. Ich mochte Dot. Ich hatte sie lieb.

KAPITEL 22

Kaum war ich aus den Federn, lief ich zur Hintertür um sie aufzumachen. Dot saß am Küchentisch, rauchte und trank Kaffee. Es roch nach Whisky.

»Er ist weg, Kleines. Er war ziemlich lang hier.« Sie sah mich an. »Länger als jemals zuvor.«

»Bis wann?«

»Um zehn war er noch da. Da habe ich nach dir gesehen und bin dann ein Weilchen zum Fluss gegangen. Als ich zurückkam, war er verschwunden.«

Ich fühlte Wut in mir hochsteigen. Sie erfüllte meinen ganzen Kopf und machte mich zittern. »Das würde er nicht tun! Er würde nicht weggehen und mich hier ganz allein lassen. Das weißt du!«

»Aber Ellie, hier stößt dir doch nichts zu. Lieber Gott, er hat die halbe Nacht hier verbracht und noch bevor es dunkel wurde, war ich zurück. Ich würde dich doch in der Dunkelheit nicht allein lassen, mein Kleines.«

Ich zitterte immer noch. »Weil du weggegangen bist, ist er auch weggegangen ... Er sah dich fortgehen und er ...«

Dot packte mich an den Armen. »Bitte, Kleines ... Bitte hör mir zu. Er ist ein Hund. Ein Einzelgänger, ein herumstreunendes Tier. Ich muss mich um genügend andere Dinge kümmern, Ellie. Ich gebe dir mein Ehrenwort ... dass ich dich nie einer Gefahr aussetzen würde. Glaubst du mir das? Ja?«

Als ich ihr ins Gesicht sah, wurde mir klar, was mich an ihren Augen anfangs so sehr eingeschüchtert hatte (damals, als Dot mir noch fremd war): Sie schwindelte nie. Die Wahrheit, die aus ihren Augen sprach, machte einem Angst. Allmählich hörte das Zittern auf.

Ich nickte. »Ja, ich glaube dir.«

Als sie die Arme um mich schlang, hatte ich das Gefühl, ich bildete es mir nur ein. Aber als ich mich aus ihrer Umarmung löste, hörte ich erneut das kratzende Geräusch.

Mit einem Ruck öffnete ich die Hintertür. Hooligan sah mich an und hechelte laut. Ich stürzte mich auf ihn, doch er wich mir aus und schnüffelte an seinem Wassernapf. »Er ist wieder da, Dot«, rief ich. »Er ist wiedergekommen.«

Dot lehnte sich an den Türrahmen. »Das ist typisch für ihn«, meinte sie. »Er kommt immer wieder.« Sie lächelte. Ich hatte sie wohl stärker aus der Fassung gebracht, als ich dachte. Ihr Lächeln war sehr traurig.

Hooligan wartete, bis Dot seinen Napf gefüllt hatte. Ich berührte ihren Arm. Sie sollte so glücklich sein wie wir. »Ich nenn dich Oma, wenn du möchtest.«

Sie hielt inne, dann wandte sie sich um. »Dot ist in Ordnung, Ellie. Der Name passt zu uns beiden.«

Damit hatte sie Recht. »Ich weiß, dass du auf mich aufpasst, Dot«, versicherte ich ihr. »Ich werde Dad erzählen, wie gut du auf mich aufgepasst hast.«

»Na, auf meine alten Tage soll ich wohl doch noch das Gütesiegel erhalten, was?«, fragte sie lachend. Sie schüttete sich geradezu aus vor Lachen. Kein Mensch auf der Welt konnte so lachen wie Dot.

»Ich hab dich lieb, Dot.«

Sie stand mit dem Rücken zu mir und füllte Hooligans Napf erneut mit Wasser. Er hatte ihn vor lauter Durst in null Komma nichts leer getrunken. »Ich dich auch«, erwiderte sie. Ihre Stimme klang seltsam. Sie hatte eine Zigarette im Mund; wahrscheinlich kam es daher.

Da Dot nicht aus dem Haus gehen wollte, spielten Hooligan und ich den ganzen Vormittag miteinander. Ich fand heraus, dass er alles fing, was man ihm zuwarf, solange man es nicht von ihm erwartete. Er humpelte nach wie vor stark und rannte dem Ball nicht hinterher, aber wenn er nicht zu weit von ihm entfernt auf dem Boden aufschlug, brachte er ihn mir. Dot meinte, er hätte auch etwas Herablassendes. Mit dem Wort »herablassend« konnte ich nicht viel anfangen. In der Nische neben dem Kamin, in der Dot immer saß, lag ein Wörterbuch, darin sollte ich das Wort nachschlagen. Sie hatte Recht, ich musste meinen Wortschatz erweitern und viel mehr Wörter nachschauen, wenn ich eine berühmte Schriftstellerin werden wollte.

Das Wörterbuch war recht alt und roch wie Anmachholz, das lange am Kamin gelegen hat. Nachdem ich »herablassend« gefunden hatte, blätterte ich die Seiten mit »F« durch bis zum Ende. Walter Cummings hatte ein ekelhaftes Wort benutzt, das mit »F« anfing, und zu Janet gesagt, es stünde im Wörterbuch. Was »Vagina« betraf, hatte er Recht, das Wort stand wirklich drin. Aber das mit »F« hatten wir im Lexikon noch nicht entdeckt. Janet meinte zwar, es sei wieder bloß eins von Walters schmutzigen Wörtern, doch wir forschten trotzdem weiter, für alle Fälle.

Ich half Dot gerade beim Kartoffelschälen – es sollte Kartofffeleintopf geben –, da hörten wir das Auto. Hooligan lag unter dem Küchentisch, was er – laut Dot – noch nie getan hatte. Nicht eine Minute wollte er von mir getrennt sein.

Im ersten Moment klang es wie Ritas Wagen, aber Dot schüttelte den Kopf. Sie hörte mit dem Zwiebelschneiden auf und blieb wie erstarrt stehen. Sie lehnte über das Spülbecken gebeugt, als wäre ihr schwindlig. Erst nachdem es zweimal geklopft hatte, öffnete sie die Tür. Sie trug ihren blauen Turban, unter dem sie auf dem Weg ins Wohnzimmer rasch ihre Haare versteckte. Es stand ihr viel besser, wenn ein paar Strähnen hervorlugten. Sie hatte hübsches Haar, das viel weicher war, als es aussah.

Ich sollte bleiben, wo ich war. Ich gehorchte, trug aber die Schüssel mit den Kartoffeln zum Tisch, damit ich durch die offene Tür spähen konnte. Wen ich eigentlich erwartet hatte, wusste ich selbst nicht. Keinesfalls Bing Crosby.

Er hielt eine Pfeife in der Hand und war ziemlich groß und dünn. Außerdem hatte er einen schwarzen Lederhut auf – wie Mr Crosby auf einer Plattenhülle. Jäh zuckte es mir durch den Kopf, wie neidisch Janet sein würde, wenn ich ihr erzählte, dass Bing Crosby meine Oma besucht hatte. Nie und nimmer würde sie mir das glauben.

Natürlich kam ich rasch dahinter, dass es nicht Mr Crosby sein konnte. Weshalb um alles in der Welt sollte er Dot besuchen? Und dann dämmerte es mir, wer der Besucher war. Es konnte nur Mr Starling sein.

»Es ist lange her, Dot«, sagte er. Sein Lächeln war offen und nett.

»Noch viel länger«, antwortete Dot. Sie bat ihn nicht herein. Sie standen sich gegenüber und sahen sich an. Mr Starling schob sich die Pfeife zwischen die Lippen und ließ sie dort. Sie brannte nicht.

»Du hast dich nicht verändert«, sagte er.

Dot schnaubte verächtlich. »Du auch nicht, wenn ich dich so reden höre.« Sonderlich einladend war Dot wahrlich nicht, aber gewiss dachte sie an Mrs Bryce, die sitzen gelassen worden war und außerdem einen toten Bruder hatte.

»Komm rein«, forderte sie ihn auf. »Und putz dir die Schuhe ab.«

Durch den Regen tags zuvor war der Weg ein wenig matschig, aber eigentlich hatte Dot keinen Putzfimmel. Es war mir peinlich, dass sie Mr Starling so herumkommandierte.

Aber er fügte sich. Weil ich ein bisschen nervös war – er sollte doch endlich von mir Notiz nehmen –, schabte ich mir mit dem Kartoffelschäler etwas Haut vom Daumen. Die Stelle färbte sich leicht rot, blutete aber nicht. Dot kam geradewegs auf mich zu. Es blieb mir keine Zeit, mich wieder zum Spülbecken umzudrehen. Ich ließ das Messer in die Kartoffelschüssel fallen und sah Dot an. »Wir waren gerade dabei, Kartoffeleintopf zu machen«, sagte sie. »Sie brauchen noch ein Weilchen. Magst du mitessen?«

Mr Starling stand in der Tür. »Kartoffeleintopf. Also, ich ... zu Kartoffeleintopf hab ich noch nie nein gesagt.«

»Dann setz dich doch«, meinte Dot. »Das ist übrigens Ellie.«

Mr Starling kam auf mich zu. Hooligan knurrte. Ich war mächtig stolz auf ihn. »Er tut ihnen nichts«, beruhigte ich Mr Starling. »Er will mich nur beschützen.« Das stimmte ja auch. Mr Starling sollte das wissen.

Er bückte sich und Hooligan durfte ihn beschnüffeln. Dann schüttelte er mir die Hand. »Schön, dich kennen zu lernen, Ellie, und ich kann deinem Hund keinen Vorwurf machen. Ich würde dich wahrscheinlich auch gerne beschützen.«

Dot beobachtete uns. Ich hatte keine Ahnung, weshalb sie so finster dreinblickte. Er schien ein sehr netter Mann zu sein. »Ellie ist meine Enkelin, Johnny.«

Mr Starling setzte sich. »Ellie?«

»Fairbairn.«

Wieder sahen sie einander an. Mr Starling brach als Erster das Schweigen. »Seltsam«, sagte er. »Mr Fairbairn?«

»Es gibt nur einen ... meinen Sohn Adam.«

Mr Starling nickte. Er legte seine Pfeife auf den Tisch und wieder herrschte Schweigen. Sie mussten sich doch furchtbar viel zu erzählen haben nach all den Jahren, aber bisher hatten sie kaum ein paar Worte miteinander gewechselt.

»Lil hat davon gar nichts ... erzählt ...«

Dot löste ihre verschränkten Arme und holte zwei Gläser. Nachdem sie sich und Mr Starling einen Whisky eingeschenkt hatte, setzte sie sich Mr Starling gegenüber.

»Das würde Lil auch nicht«, sagte sie und hob das Glas. »Auf eine glückliche Zeit!« Sie klang nicht glücklich, ganz und gar nicht.

Auch Mr Starling hob das Glas, trank aber nicht. Hooligan lugte unter dem Tisch hervor und beobachtete mich. Auch er schien nicht glücklich. Was war denn bloß schief gelaufen? Es war wie zu Hause. Ich versuchte in den Gesichtern zu lesen, suchte nach Anhaltspunkten. Ich hasste das.

Ich hatte mir ausgemalt, wie aufgeregt ich bei Mr Starlings Ankunft sein würde. Wir würden einander in die Arme fallen und glücklich sein, dass wir nun endlich vereint waren. Dabei war es ganz anders gekommen. Es war nicht besonders aufregend – er war ein Gast, nicht mehr, und eigentlich ein Fremder. Dot zog eine Kippe hinter dem Ohr hervor und zündete sie sich an. Mit einem Kopfnicken deutete sie auf Mr Starlings Pfeife. »Zünd sie ruhig an«, ermunterte sie ihn.

Mr Starling drehte die Pfeife zwischen den Fingern. »Das ist nur eine dumme Angewohnheit«, erklärte er. »Ich brauche immer noch das Gefühl, sie in der Hand zu halten, aber ich rauche nicht. Nicht mehr.«

»Was ist das für ein Akzent?«, fragte Dot. Mir stockte der Atem über so viel Unhöflichkeit. Wenn Mr Starling tatsächlich mein Opa war, würde er wahrscheinlich auf und davon sein, bevor sich die Gelegenheit ergab ihn näher kennen zu lernen.

»Newcastle«, antwortete ich an seiner Stelle. »So spricht man in Newcastle.«

Mr Starling sah mich an. »Du bist tatsächlich so außergewöhnlich, wie Mr Smith mir erzählt hat.«

Ich strahlte. »Du lieber Himmel«, sagte Dot entrüstet. Überrascht sah ich sie an. Mr Starling war so nett und sie machte schon wieder ein langes Gesicht – völlig grundlos. Vielleicht war sie eifersüchtig, weil er mir mehr Aufmerksamkeit schenkte als ihr. Vielleicht war es das.

»Wir gehen nach draußen«, verkündete ich Dot. Sie brauchte Zeit um mit ihrem Freund von einst warm zu werden. Das konnte ich verstehen. Hooligan stand auf um mich zu begleiten, taumelte aber ein bisschen und hätte beinahe den Tisch umgeworfen. Wahrscheinlich war sein Bein durch das Liegen steif geworden, aber er wollte offenbar wieder hinaus.

Als wir zur Hintertür gingen, fing Mr Starling an zu husten. Anscheinend hatte er sich verschluckt. Er konnte gar nicht mehr aufhören. Dot saß reglos da.

Hooligan fing den Ball gleich beim ersten Mal. Ich wollte ihm den Ball wieder wegnehmen, aber er ließ es nicht zu. Er behielt ihn im Maul und legte sich wieder neben die purpurrote Blume. Erst dann ließ er ihn fallen.

Mr Starling hatte aufgehört zu husten.

»Wie viel Zeit bleibt dir noch?«, fragte Dot

Wieder Schweigen.

»Nicht genug«, antwortete Mr Starling. Seine Stimme

klang so, als sei er traurig, so früh schon wieder nach Newcastle zurückfahren zu müssen. Dann hustete er wieder. »Typisch Dot – unverblümt wie eh und je. Wie gesagt, du hast dich kein bisschen verändert.« Das klang nicht wie ein Kompliment. Aber in seiner Stimme lag etwas wie ein Lächeln.

Joseph kam, bevor der Kartoffeleintopf fertig war. Er betrachtete Mr Starlings Auto eine Weile.

»Es ist ein Mietwagen«, bemerkte er. »Er ist reich.«

»Ist er nicht«, entgegnete ich. Ich hatte keine Ahnung, ob er reich war oder nicht, aber ich hielt es für wichtig zu widersprechen. Ich war wütend, dabei wusste ich nicht einmal, weshalb. Mr Starling und Dot verstanden sich jetzt viel besser. Ich hörte sie lachen und es gab keine Gesprächspausen mehr. Es war hauptsächlich Mr Starling, der redete. Er hatte eine wunderschöne weiche Stimme, ähnlich heiser wie Dots Stimme, aber nicht so bestimmend wie ihre. Dot klang immer, als sei sie sich ihrer Sache hundertprozentig sicher.

Mr Starling hatte zwei Töchter und drei Enkel. Er war lange Zeit verheiratet gewesen, bis seine Frau gestorben war. Die Kinder waren längst aus dem Haus. Er sagte, er sei einsam, was seltsam war, wo er doch eine so große Familie hatte. Vielleicht hatte Mrs Bryce einen anderen Mann gemeint, als sie von dem einen sprach, der für Dot bestimmt gewesen war. Wenn es Mr Starling gewesen wäre, hätte er gewiss keine andere geheiratet und jetzt auch keine Kinder und Enkel. Seine Stimme klang so nett, genau so, wie man sich die Stimme eines Großvaters wünscht. Eigentlich sollte *ich* seine Enkelin sein und nicht die anderen, denen es offenbar vollkommen egal war, dass er sich einsam fühlte. Ich hoffte für Dot, dass sie alles wieder ins Lot brachte, aber sie stellte sich so ungeschickt an wie stets und hatte nicht einmal den Flieder erwähnt.

Ich sah immer noch Joseph an. »Und selbst wenn, es ändert nichts, bloß weil einer Geld hat. Das ist so, wie wenn einer ... schwarz ist. Und wenn du anders darüber denkst, bist du ein Dummkopf.«

Jetzt funkelte Joseph mich ebenso wütend an. Männer sahen immer wütend aus, wenn sie gekränkt waren. Das hatte mir Dot gesagt. Sie meinte, es sei eine Frage des Stolzes, und es gäbe keinen Grund, weshalb Männer stolzer sein sollten als Frauen.

»Das Leben ist ein einziges Puzzle, Ellie«, hatte sie gesagt. Ich glaube, das war auf dem Weg von Rita nach Hause, aber ich war mir nicht sicher. »Männer picken sich die Eckteile heraus. Sie geben gerne den Rahmen vor, weißt du, den wir Frauen dann mit Inhalt füllen sollen. Und wir tun es. Wir ergänzen die fehlenden Teile, ziehen uns dann zurück und lassen die Männer die Lorbeeren ernten. Wir bewundern ihre Leistung, versichern ihnen, wie großartig sie sind ... obwohl immer wir es sind, die die Knochenarbeit leisten. Sollen sie doch selbst den Rahmen mit Inhalt füllen, Kleines. Das müssen sie noch lernen.«

»Das Leben ist ein Puzzle«, sagte ich zu Joseph, in der Hoffnung, er würde den Sinn verstehen. Aber er kapierte natürlich gar nichts.

»Was gibt es bei deiner Oma zum Mittagessen?«, wollte er wissen.

Der Kartoffeleintopf reichte nicht für alle. Dot aß nichts und ich war nicht allzu hungrig, daher blieb das meiste für Joe und Mr. Starling – und Hooligan durfte kosten. Ich half Dot beim Abräumen.

»Wir lernen es nie«, flüsterte sie mir zu. Wir stellten die Teller ins Spülbecken und ich war nicht mehr ärgerlich. Ich mochte es, wenn Dot und ich solche Geheimnisse miteinander teilten.

Mr Starling wandte den Blick nicht von Dot. Bestimmt hatte sie es gemerkt, aber sie äußerte sich nicht dazu. Sie sprachen von Dodo. Mr Starling meinte, jeden würde es irgendwann einmal treffen, und Dot schenkte sich noch einen Whisky ein. Sie wirkten, als seien sie wieder recht vertraut miteinander. Dadurch wurde auch ich allmählich ruhiger und gleichzeitig erkannte ich, warum ich mich so geärgert hatte: In Inchbrae musste man sich auf zu viele Gesichter einstellen. Man kam selten zur Ruhe, und wenn, dann nie für lange.

Ich war froh wieder nach Hause zu fahren. Wenn Hooligan mich doch bloß begleiten könnte. Er verstand es doch, sich auf alles einzustellen.

»Ich weiß jetzt, wo Huddersfield liegt«, verkündete Joe. Also geisterte ihm sein Vorhaben immer noch im Kopf herum. Er war bestimmt nicht mehr davon abzubringen. Ich erwiderte gar nichts.

Wir saßen im Zelt. Hooligan wollte nicht mit hinein, sondern hatte sich vor die Tür gelegt.

»Es liegt zwischen Leeds und Manchester. Ich fahre per Anhalter.«

»Ich fahre am Samstag nach Hause«, sagte ich.

»Ich mache mich morgen auf die Socken.« Wie üblich war es so, als hätte ich nichts gesagt.

»Ich finde nicht, dass du abhauen solltest.« Wenigstens einen Versuch musste ich wagen.

»Sie werden heiraten. Er hat es mir zwar nicht gesagt, aber ich weiß es. Ich werde zu Mum ziehen.«

»Du weißt doch gar nicht, wo sie wohnt. Du hast doch keinen blassen Schimmer.«

»Ich finde sie schon, wenn ich erst einmal dort bin.«

»Tu's nicht, Joseph.« Ich wusste, dass ihn seine Mutter nicht wollte. Dass Mütter sich so verhalten konnten, war kaum vorstellbar, aber manchmal musste man sich eben mit den Gegebenheiten abfinden. Aber das würde er mir nie und nimmer glauben.

»Morgen übernachte ich hier. Wenn die Luft rein ist, fahre ich per Anhalter nach Locheirnan. Dort springe ich auf einen Zug auf.«

Er erinnerte mich an Jimmy Cagney. »Das Leben ist kein Film, Joe«, sagte ich.

Auf einmal wurde er fuchsteufelswild. »Was willst du damit sagen? *Du* fängst doch immer mit diesen Filmstars an. Ich werd sie schon finden. Wart's nur ab! Du bist ein Riesenbaby, Ellie Fairbairn. Und deine Mutter hat nicht mehr alle Tassen im Schrank! Und deine Oma genauso wenig!«

»Stimmt nicht!« Er legte es darauf an, mich zum Heulen zu bringen, aber es gelang ihm nicht. Ich wurde nur wieder ärgerlich. »Wenn hier einer ein Baby ist, dann *du*, Joseph Conroy. Abzuhauen und deine Mutter finden zu wollen, die nicht einmal ...« Ich verstummte.

Er beugte sich vor, als wolle er mich schlagen. Hooligan streckte seinen Kopf durch die Zelttür. Ich konnte Josephs Augen sehen. Sie waren nass. Das freute mich. Ich hatte gewonnen.

»Wenn du jetzt nicht sofort die Klappe hältst ... dann kannst du was erleben.«

»Werd ich nicht.« Mittlerweile ließen mich seine Drohungen kalt.

»Du wirst schon sehen«, antwortete Joseph. Dann änderte er aber doch seine Meinung.

»Nach dem Abendessen verdufte ich. Ich tu so, als wollte ich früh Bett gehen.« Er sah mich an und war nicht mehr sauer. »Du verrätst nichts ...?«

»Versprochen«, seufzte ich.

Hooligan ging zusammen mit Joseph zurück nach Inchbrae. Er hinkte jetzt sehr stark. Vielleicht hätte ich nicht so lange mit ihm spielen dürfen. Ich wollte, dass Dot sich noch einmal sein Bein ansah, aber er lehnte es ab mitzukommen. Als ob er wusste, dass er auf Joe aufpassen sollte. Also ließ ich ihn laufen. Man konnte Joe nicht übel nehmen, dass er seine Mutter finden wollte, aber er ging die Sache völlig falsch an. Er konnte sich verlaufen oder entführt oder ermordet werden; es konnte ihm weiß der Himmel was zustoßen.

Wieder schwirrte mir der Kopf, als ich zu Hause ankam. Mr Starling war nicht mehr da und ich entschloss mich Dot von Josephs Plan zu erzählen. Das hatte nichts mit Verrat zu tun – nicht wirklich. Ich wollte ihn bloß in Sicherheit wissen, und Dot schien zu wissen, wie man Menschen beschützte. Zumindest erkannte sie, wenn Leute in Gefahr waren. Sie nahm die Dinge, wie sie waren.

»Joseph will abhauen«, sagte ich. Ich saß auf dem Abtropfbrett und Dot schrubbte mich hinter den Ohren.

»Und wohin?«, fragte sie.

Ich wollte nicht zu viel verraten. »Fort.«

»Es liegt ihnen im Blut«, antwortete sie.

»Wem?« Meine Ohren brannten. Inzwischen waren sie bestimmt blitzsauber.

»Den Männern .... abzuhauen.«

»Aber er tut es wirklich, Dot. Er wird davonlaufen.«

»Er wird nicht weit kommen.«

»Vielleicht doch.«

»Na gut, dann kommt er eben, so weit er kommt. Den Rest besorgt das Schicksal.« Dot trocknete mich ab und half mir in den Schlafanzug. »Es liegt nicht in unserer Hand«, fügte sie hinzu.

»Was?«

»Alles, Ellie. Wir sind ohnmächtige Kreaturen.« Sie schien absolut überzeugt davon.

»Ich finde, ich sollte etwas tun.«

»Und was? Du trägst für niemanden Verantwortung, am allerwenigsten für Joseph Conroy. Wir können den Lauf des Lebens nicht ändern, Ellie, weder durch Sorge noch durch Verbitterung, nicht einmal durch Liebe. Das Leben macht mit uns, was es will. Man muss lernen sich zu arrangieren. Ich bin jetzt einundsechzig und ich weiß immer noch nicht, wie ich mit all dem umgehen soll.«

Dot wusste nicht, wie sie mit dem Leben umgehen sollte! Sie begann zu weinen. Sie weinte so, wie sie lachte. Anders als Mum. Es machte einem keine Angst, es war einfach nur Weinen. Wir umarmten uns lange. Weshalb ich es tat, weiß ich nicht, aber ich streckte die Hand nach ihrem Turban aus. Ich brauchte nur kurz dran zu zupfen.

»Du hast schönes Haar«, sagte ich.

»Das war einmal«, antwortete sie. Sie wischte sich die Augen und putzte sich die Nase mit dem Handtuch. Gottlob hatte sie mich bereits abgetrocknet.

Ich lag im Bett und lauschte Lady Day und ihrem Song »Summertime«. Dot hatte gesagt, Gershwin *und* Holiday seien unschlagbar.

Aber das stimmte nicht. Selbst Dot war nicht unschlagbar. Ich bemühte mich den Gedanken zu verdrängen, aber es gelang mir nicht. Dot hatte Recht. Es lag nicht in unserer Hand.

KAPITEL 23

Zu Dots Verärgerung brachte Mr Starling am folgenden Morgen Mr Bryce und Hugh zu uns. Sie führte Mr Bryce in die Küche. »Was will *er* denn hier?«, fragte sie. Gemeint war Mr Starling. »Hättest du nicht Ritas Auto nehmen können?«

»Einem geschenkten Gaul schaut man nicht ins Maul«, erwiderte Mr Bryce im Flüsterton. »Außerdem muss ich doch sowieso weiter zum Bahnhof. Johnny war so nett und hat angeboten uns zu fahren.«

»Aha, wir sind also bereits bei ›Johnny‹«, sagte Dot und ihre Miene verfinsterte sich noch mehr.

»Er ist ein anständiger Kerl, Dot«, verteidigte ihn Mr Bryce. »Du könntest wirklich etwas zuvorkommender sein. Der Arme weiß doch gar nicht, weshalb er hierher gefahren ist und was er hier soll. Er wartet nur darauf, dass du ihm endlich reinen Wein einschenkst.«

»Da kann er lange warten«, entgegnete Dot.

»Du bist wirklich eine garstige Hexe! Immerhin haben er und ich etwas gemeinsam ... wo wir doch in derselben Branche arbeiten. Mit ihm kann ich mich wenigstens *unterhalten*.«

Dot ging wieder ins Wohnzimmer. »Du kommst heute nicht noch mal her?«, fragte sie Mr Starling in ihrer direkten Art. »Doch, heute Abend ... ich hole die beiden wieder ab. Und dann komme ich, es sei denn ...«

Dot stand regungslos da. Mr Starling wich ihrem Blick aus und wandte sich zum Gehen. Mittlerweile hatte Hugh sich still neben den Kamin gesetzt und sah sich im Zimmer um. Von Dot wusste ich, dass er schon oft bei ihr zu Besuch gewesen war, aber er besaß die Gabe seine Umgebung immer wieder neu zu entdecken. Offenbar bemerkte er bestimmte Gegenstände jetzt zum ersten Mal.

»Seine Tablette hat er bereits bekommen«, sagte Mr Bryce und warf einen Blick auf Hugh. »Er muss sich gegen elf Uhr hinlegen und dann noch mal am Nachmittag. Achte drauf, dass er nicht zu sehr aufdreht.«

»Geht schon in Ordnung«, beruhigte ihn Dot. »Mach dir keine Sorgen um ihn.«

Mr Bryce trug einen schwarzen Anzug mit Krawatte und ein weißes Hemd. Der gestärkte Kragen war ihm sichtlich unangenehm. Immer wieder versuchte er ihn zu lockern, aber er war ihm einfach zu eng. Er tat mir Leid, dass er so mit der Eisenbahn fahren musste. Da der Zug immer recht voll war, riet ihm Dot sich das Jackett auszuziehen, bevor er sich setzte. Er würde sonst Schweißflecken unter den Achseln bekommen, noch bevor die Beerdigung begann, und dann würde Lil ihm an die Gurgel springen.

»Auf diesen Tag könnte ich wirklich verzichten«, sagte Mr Bryce kopfschüttelnd.

»Dodo auch«, entgegnete Dot. Wieder eine ihrer taktlosen Bemerkungen, dachte ich. Mr Starling aber grinste nur und ging mit Mr Bryce zum Auto.

Fast den ganzen Vormittag lief ich den Weg zu unserem Haus auf und ab und wünschte mir dabei, es möge niemals Mittag werden. Aber Hugh besaß offenbar eine innere Uhr, die ihm Punkt zwölf sagte, welche Stunde es geschlagen hatte. Gott sei Dank hatte Dot ihn in ihr Bett gelegt. Ich schämte mich zwar für meine Gedanken, aber mir widerstrebte die Vorstellung, dass Hugh in meinem Bett liegen würde und womöglich mein Kopfkissen vollsabbern könnte.

Dot führte Hugh nach unten und wir aßen Suppe und danach Vanillesoße mit Klümpchen. Ich quälte mich mit meiner Portion, da fiel Dot ein, dass sie Wackelpudding mit Orangengeschmack nach draußen gestellt hatte, damit er fest wurde. Zwar war er immer noch reichlich flüssig, aber jetzt schmeckte die Vanillesoße besser. Da ich so sehr in Sorge war, dass Joseph durchbrannte, hatte ich den Wackelpudding auf dem Fensterbrett in der Küche gar nicht gesehen.

Zu Hause hatten wir einen Kühlschrank, in den Mum immer den Pudding stellte. Dot sagte, dass auch sie sich bald einen Eisschrank anschaffen wolle.

»Aber was soll's«, fügte sie hinzu, »da kaum ein Tag vergeht, ohne dass ich einen Ausflug in die ›große Stadt‹ mache, habe ich keine Probleme mich mit frischen Sachen zu versorgen.« Diese Argumentation konnte allerdings nur so lange überzeugen, bis einem die keimenden Kartoffeln im Schrank wieder einfielen.

Als Rita erschien, wurde ich noch unruhiger. »Der Bursche führt etwas im Schilde!«, sagte sie zur Begrüßung.

»Was ist denn nun schon wieder?«, fragte Dot und blickte mich an.

Rita stellte ihre Tasche geräuschvoll auf dem Kartentisch ab und setzte sich.

»Haaaa-loo!«

»Hallo, Hugh, wie geht es dir?«, begrüßte Rita ihn. Hugh wollte noch etwas sagen, aber Rita schnitt ihm das Wort ab. Mit mir hatte sie überhaupt noch nicht gesprochen.

»Ins Kino – nein! Einen Ausflug mit dem Auto – nein!

Sein verdammtes Zimmer verlassen – nein!«, grollte sie und beschwerte sich damit über Joseph.

»Vielleicht geht es ihm nicht gut«, gab Dot zu bedenken.

Rita fuhr sich über die Stirn. Sie hatte sich gesonnt und ihre Haut war so braun wie ein Karamellbonbon. Es wirkte ziemlich exotisch.

»Und wo ist er jetzt? Bei Pat?«, fragte Dot.

»Hör mir auf mit Pat«, drohte Rita. »Er hätte gut und gern den Nachmittag mit mir verbringen und den bockigen Rotzlöffel in seinem Zimmer schmoren lassen können – aber nein! Unser Patrick doch nicht!«

Hugh saß summend in der Ecke. Es war die Melodie des Songs »The Runaway Train«, den Burl Ives jeden Samstag im Kinderprogramm zum Besten gab. Kein Zweifel, es war die Melodie, und ich fragte mich, ob Hugh vielleicht doch hellseherische Fähigkeiten besaß. Eine wahrhaft beängstigende Vorstellung.

»Die Männer stehen mir bis hier«, erklärte Rita und strich mit der Handkante an ihrem Hals entlang. »Ich hätte doch den Laden übernehmen sollen.«

»Tja, aber du hast es nicht getan«, erwiderte Dot.

»Und welche Laus ist *dir* über die Leber gelaufen?«, fragte Rita und runzelte schon wieder die Stirn.

Hugh hörte auf zu summen und lächelte mich an. Dann ließ er die Arme kreisen. »Huh-huh! Huh-huh!«

»Himmelherrgott, Hugh, hör doch mal auf!«, rief Dot. Er schwieg und fing an vor- und zurückzuschaukeln und dabei zu lachen.

Rita sah mich an. »Beachte ihn einfach nicht, Ellie. Er will nur die Aufmerksamkeit auf sich lenken.« Das waren die ersten Worte, die sie an mich richtete.

»Ist das ein Wunder?«, fuhr Dot Rita an. »Er ist nicht in seiner vertrauten Umgebung. Natürlich fordert er Aufmerksamkeit.«

»Jesus!«, sagte Rita, überkreuzte die Beine und strich sich den Rock glatt (der tiefschwarz war und sehr elegant). »Entschuldige, dass ich auf der Welt bin.«

Hugh lachte jetzt nicht mehr. Rita und Dot warfen sich finstere Blicke zu und für einen Augenblick herrschte absolutes Schweigen. Mir war ganz schlecht. Dot zündete sich eine Zigarette an.

»Ist es wegen Starling?«, fragte Rita.

»Wieso?«

»Tu nicht so, Dot. Seitdem du erfahren hast, dass er kommt, bist du außer dir ... und Eckie hat erzählt, dass Starling dich gestern besucht hat. Hat er Lil damals wegen *dir* sitzen lassen?« Rita war genauso hartnäckig wie Joseph. Man hätte meinen können, sie sei seine Mutter.

Dot wandte sich ab und blickte aus dem Fenster. »Nein«, antwortete sie. »Nicht meinetwegen ... und er hat sie nicht sitzen lassen.«

Wieder Schweigen. Hugh klopfte mit dem Schürhaken auf den Feuerrost, sodass sich Ruß löste und auf die Zeitungen fiel. Das konnte gefährlich werden. Der Schürhaken war schwer und falls Hugh sich entschloss ihn zu werfen um »die Aufmerksamkeit auf sich zu lenken« war es lebensgefährlich für uns alle.

»Dot ...«, setzte ich an. Sie würdigte mich nicht eines Blickes.

Ich versuchte es ein zweites Mal. »Rita, Hugh hat den Schürhaken ...«

Sie hob die Hand, damit ich schwieg. Sie war ganz auf Dot konzentriert.

»Es gibt nichts, was du nicht über mich weißt, Dorothy Fairbairn! Erklärst du mir jetzt bitte, was sich hier abspielt, oder nicht?«

Dot wandte sich wieder Rita zu. »Hat Lil dir nichts erzählt?«

»Mir nicht«. Rita schlug erneut die Beine übereinander. »Falls ich natürlich wie eine Außenseiterin behandelt werde, nach all den Jahren ...«

Dot lächelte. »Mach halblang, Rita. Du bist keine Außenseiterin und das weißt du ganz genau.«

»Aber so vertraut seid ihr nun auch nicht mit mir, dass ihr mich in Geheimnisse einweihen würdet. Stimmt's, Dot?«

Plötzlich erinnerte sich Dot daran, dass es mich auch noch gab. »Ellie, weshalb gehst du nicht mit Hugh spazieren, hm? Ewas frische Luft täte ihm bestimmt ganz gut.« Ganz klar, sie wollte mich los sein. Aber ich wollte nirgendwohin, schon gar nicht mit Hugh.

»Hugh, leg den Schürhaken aus der Hand!«, rief sie. Endlich hatte sie es bemerkt.

»Geh doch bitte ein Weilchen mit ihm nach draußen.« Sie flehte mich richtiggehend an. Sie sah müde und besorgt aus und ... älter. Bei meiner Ankunft war sie mir zunächst ziemlich alt vorgekommen und dann war sie irgendwie immer jünger geworden. Und jetzt sah sie wieder alt aus. Ein seltsamer Vorgang.

»Hugh«, sagte ich und berührte seinen Arm. Er warf den Haken auf den Kaminrost und war bereits an der Hintertür, ehe ich mich's versah. Wir bekamen es alle mit der Angst zu tun. Dot setzte ihm nach und wollte ihn festhalten.

»Du bleibst bei Ellie, verstanden? Du bleibst bei ihr, Hugh!«

Hugh tätschelte Dots Hinterkopf und schob ihr dabei den Turban in die Stirn. Sie rückte ihn wieder zurecht. Rita sah ebenfalls besorgt aus. »Geht nicht zu nah an die Straße«, rief sie uns nach. »Und noch was, Ellie, lass ihn um Himmelswillen nicht aus den Augen. Lil dreht durch, falls ihm was passiert!«

Ich versprach auf ihn Acht zu geben. Er griff nach meiner Hand. Er hatte sehr lange und kalte Finger. Mir fiel Dracula ein und ein kalter Schauer lief mir über den Rücken. Als ich ihn ansah, lächelte er mich an, glücklich darüber, dass es nun ins Freie ging. Ich lächelte zurück. Man konnte einfach nicht anders.

Wir machten uns auf den Weg, die Straße hinunter. Hugh wollte rennen, aber ich hielt ihn zurück. Als er daraufhin anfing Hüpfkästchen zu spielen, musste ich lachen. Hugh lachte ebenfalls und streifte mit seinem Kahlkopf die Hecke entlang. Es tat ihm bestimmt weh, aber er jammerte nicht. Wir gingen fast bis ans Ende der Straße und kehrten dann um. Hugh ließ meine Hand los und begann wieder mit seinem »Huh-huh«. Ich war erleichtert. Vielleicht verfügte er ja doch nicht über hellseherische Fähigkeiten. Vielleicht machte es ihm einfach Spass, Lokomotive zu spielen. Ich stimmte ein.

»Ach du meine Güte, zwei Verrückte auf einmal!« Es war Joe. Ich hatte ihn nicht kommen hören. Er hatte eine große Einkaufstüte unter seinen Arm geklemmt. Auch Hugh hatte sich umgedreht und streckte Joe jetzt die Hand entgegen. Er wollte ihm die Hand schütteln, aber Joe schaute sie nur an und nahm sie nicht.

»Geschafft«, sagte er ohne Hugh eines Blickes zu würdigen. »Dad ist beim Zeitunglesen eingeschlafen. Es war ein Kinderspiel. Den ganzen Weg bis hierher hab ich mich durch die Büsche geschlagen. Niemand hat mich gesehen.«

Mir blieb das Herz stehen. »Rita ist gekommen.«

»Na und?«

»Du kannst jetzt nicht gehen. Nicht jetzt!«

»Warum nicht?«

Darauf wusste ich keine Antwort. »Es ist zu früh.« Das klang lächerlich – sogar in meinen Ohren. Dann kam mir die zündende Idee: »Er wird es verraten!« Ich wies mit dem Kopf auf Hugh.

»Meine Güte, wer hört denn schon auf das, was er sagt?«, meinte Joe abschätzig. »Kommst du später nach?«

Ich zuckte die Achseln. »Ich glaube, das geht nicht ...«

Joe drehte sich um. »Leck mich doch.« Er ärgerte sich über mich.

»Geh nicht, Joe« flüsterte ich, aber er war bereits an der Straße.

Wir betraten in dem Augenblick das Zimmer, als Rita gerade sagte: »Man muss es ihm erzählen, Dot.« Dabei sah sie mich an. Ihre Wimperntusche war verschmiert. Möglicherweise hatte sie geweint. Ihr Make-up war nämlich sonst immer perfekt. Die beiden waren offenbar nicht glücklicher als ich, aber sie vertrugen sich wenigstens wieder.

Dot überlegte einen Moment. »Ellie, was hältst du davon, wenn du bei Rita übernachtest?«

Ich wusste nicht, was ich antworten sollte. Wenn ich zu Rita ging, konnte ich Joseph nicht im Auge behalten. Wie lange mochte es dauern, bis sie sein Verschwinden bemerkten? Mr Conroy konnte jeden Augenblick hier auftauchen. Ich war eine Kollaborateurin, wie in der Résistance, mit dem Unterschied, dass mich alle dafür hassen würden.

»Ich dachte, du magst mich«, sagte Rita. Ihre Stimme war sanft. Sie hatte meinen Gesichtsausdruck bemerkt und fühlte sich gekränkt. Was ich auch tat, irgendjemanden verletzte ich immer. »Ich mag dich, Rita. Ehrlich!«

»Schön – also, wie wär's dann mit uns beiden? Deine Großmutter möchte gerne mit ...«

»Sie kommen alle vom Bahnhof aus hierher, Ellie«, warf Dot ein. »Das wird keine sehr fröhliche Gesellschaft.«

»Ist mir doch egal. Es macht mir nichts aus, dabei zu sein.« Dot sah mich skeptisch an. Dann lächelte sie. »Und was bekümmert dich jetzt so arg?«

»Nichts. Nichts bekümmert mich.«

Dot schüttelte den Kopf. »Komm, Hugh. Es ist Zeit für ein Nickerchen.«

Hugh war als Einziger guter Dinge gewesen, allerdings wirkte auch er jetzt etwas niedergeschlagen. Ich ging wieder nach draußen und setzte mich neben die purpurrote Blume.

Hugh lehnte aus Dots Schlafzimmerfenster und kreischte: »Err-iieh!« Ich zuckte zusammen. Von wegen Nickerchen!

»Zurück, Hugh«, schrie ich. Er lehnte mittlerweile mit seinem ganzen Oberkörper aus dem Fenster und schaukelte bäuchlings auf dem Fenstersims. Ich blieb wie angewurzelt stehen. Dot kam aus dem Haus gerannt und blickte hoch. »Ach du liebe Güte! Zurück, Hugh!«, rief sie ihm zu. Er winkte mit beiden Händen. Dot winkte zurück.

»Zurück!«, rief sie erneut. »Ja, ich kann dich sehen!« Sie lächelte. Voller Erstaunen verfolgte ich das Geschehen, als Dot mir plötzlich einen Stoß versetzte. Ich rieb mir die Schulter und kapierte mit einem Mal, was sie damit gemeint hatte.

Ich wetzte ins Haus und rannte die Treppe hinauf. Fast hätte ich Rita dabei über den Haufen gerannt. Wir betraten gleichzeitig das Zimmer. Rita packte Hugh am Hosenbund, aber da er offenbar gerade dabei gewesen war, sich für sein Nickerchen auszuziehen, rutschte ihm die Hose herunter. Und die Unterhose gleich mit. So einen schneeweißen Hintern hatte ich noch nie gesehen. Hugh trat zurück und zog sich die Hose wieder hoch. Dann drehte er sich um und schlug Rita mitten ins Gesicht. Er war fuchsteufelswild.

Durch den Schlag war Rita rückwärts aufs Bett gefallen. Jetzt saß sie auf der Bettkante und rieb sich völlig perplex das Gesicht. Das Ganze war blitzschnell gegangen. Hugh drängte sich an mir vorbei und steuerte auf die Treppe zu. Zum Glück war Dot rechtzeitig zur Stelle. Sie bekam ihn am Arm zu fassen und stieß ihn aufs Bett. Hastig stand Rita auf.

»Der Kerl hat mich geschlagen«, rief sie und hielt Dot die Wange entgegen.

»Er hat es doch nicht so gemeint«, versuchte Dot sie zu beschwichtigen, als sei es Ritas Schuld. »Hugh, das war gefährlich«, erklärte sie ihm. »Du hättest hinausfallen und tot sein können.«

Schimpfend polterte Rita die Treppe hinunter, während Dot Hughs Hose wieder zumachte. Dann folgten wir Rita. Sie war in der Küche und drückte sich ein nasses Tuch aufs Gesicht.

»Ich glaube kaum, dass das deiner Schönheit einen Abbruch tut«, sagte Dot und machte damit die ganze Sache nur noch schlimmer. Wutentbrannt schnellte Rita herum.

»Du verdienst keine Freunde, Dot Fairbairn.«

Dot grinste sie an. »Dann kann ich mich ja glücklich schätzen, dass ich doch welche habe.« Rita warf das Tuch ins Spülbecken und stammelte etwas. Dann fing sie ganz plötzlich an zu lachen. Und schließlich lachten alle: Dot und Rita und auch Hugh stimmte sein schreckliches Gebrüll an. Nur ich lachte nicht.

Dot zog mich zu sich heran. »Hast du Angst bekommen, Ellie?«

Ich nickte. Meine Augen brannten. Sie strich mir übers Haar. »Du wirst froh sein, wenn du wieder nach Hause kannst.« Das stimmte wahrlich.

Ich konnte mich nicht einfach davonstehlen und zu Joe gehen. Wir durften Hugh nicht aus den Augen lassen. Rita fragte Dot, ob sie etwas zum Abendessen hatte. »Aber natürlich«, antwortete Dot.

Rita sah im Schrank nach. »Ich fahr schnell in die Stadt und besorge was bei Pat«, schlug sie vor, nicht im Mindesten erstaunt darüber, dass der Schrank gähnend leer war.

»Mach dir keine Mühe, Rita«, sagte ich, um sie von ihrem Vorhaben abzubringen. Ich wollte nicht, dass sie Joes Verschwinden bemerkte. »Du brauchst deshalb nicht extra in die Stadt zu fahren. Wir können Reste essen.«

Sie runzelte die Stirn. »Es gibt aber keine. Ich bin gleich wieder da«, sagte sie entschlossen. »Kommst du mit?«

Ich schüttelte den Kopf.

Rita zog die Augenbrauen hoch. »Da draußen hängen wohl Fahnen?«

»Was?«, fragte ich verwirrt.

»Hängen da draußen etwa Fahnen mit der Aufschrift: ›Anti-Rita-Tag‹?«

»Nein, natürlich nicht«, antwortete ich und bemühte mich zu lächeln. »Aber wir brauchen nichts zum Essen. Wirklich nicht.«

»Jetzt hat sie dich tatsächlich schon angesteckt«, sagte sie. »Das musste ja so kommen.« Und schon war sie draußen.

Ich sah sie wegfahren. Sollte ich versuchen Joe zu warnen? Oder sollte ich Dot jetzt in alles einweihen, ehe Rita zurückkam? Dot hätte eine Lösung parat. Ganz bestimmt. Allerdings würde ich dann Josephs Vertrauen missbrauchen.

Mir war ganz übel vor lauter Sorge. Zweifellos würde es Ärger geben.

KAPITEL 24

Wir redeten gerade davon, wie lange Rita fortblieb, als wir ihr Auto hörten. Mr Conroy kam als Erster herein.

»Hast du Joseph gesehen?«, bestürmte er Dot. Ehe sie antworten konnte, kam Rita herein. Sie wirkte weitaus bekümmerter als Mr Conroy.

»Dot, er ist weg«, verkündete sie. »Er hat seine beste Jacke und sein bestes Hemd mitgenommen und seine lange Hose. Er ist durchgebrannt!«

Joseph wollte hübsch aussehen, wenn er seine Mutter traf. Das überraschte mich nicht. Dot zündete sich erst einmal eine Zigarette an. »Hat er sein Fahrrad mitgenommen?«, fragte sie dann.

Mr Conroy setzte sich. »Nein«, sagte er. »Ich hatte geglaubt, er wäre noch in seinem Zimmer. Erst als Rita kam .... wollte ich zu ihm gehen und ihn fragen, ob er Lust hätte abends etwas mit mir zu unternehmen. Ich ...« Mr Conroy schüttelte den Kopf, als könne er immer noch nicht glauben, dass Joe abgehauen war.

Rita klopfte mit dem Fuß auf den Boden. »Ich wusste, dass das passieren würde. Ich wusste es! Bestimmt hat er das schon länger geplant.«

»Was soll er geplant haben?«, fragte Dot.

»Wegzulaufen«, sagte Rita kurz angebunden und sah Dot an, als sei sie schwer von Begriff. »Mein Gott – und wenn ihm etwas zustößt? Wohin kann er gegangen sein?

Wir haben entlang der Straße und in den Feldern alles abgesucht. Stimmt's, Pat?«

Mr Conroy schüttelte andauernd den Kopf. »Ob er nach Locheirnan gefahren ist?«, dachte Rita laut nach. Nie hatte ich sie so besorgt erlebt.

Ich stand an der Tür und vermied es, einen von ihnen anzusehen. Ich hatte den Blick auf Dots Uhr geheftet, hätte aber nicht sagen können, wie spät es war. Wie sehr ich die Uhr auch anstarrte, ich konnte die Zeit nicht ablesen.

»Er ist bestimmt unterwegs in die Stadt«, sagte Mr Conroy und nickte jetzt. »Wir sollten besser dort suchen. Ich dachte zunächst, er würde hierher kommen um dich zu treffen, Ellie.« Ich sah ihn an. Er lächelte, aber sein Blick war bekümmert. Mir wurde das Herz schwer. Er machte sich weit mehr Sorgen, als ich vermutet hatte.

Auch Dot sah mich eindringlich an. Ich spürte ihren Blick auf mir, aber ich sah sie nicht an. »Vielleicht bringt es uns weiter, wenn wir die Gegend hier absuchen«, schlug sie vor. »Man kann nie wissen.«

»Damit verplempern wir nur unsere Zeit«, meinte Rita. Ihre Augen füllten sich mit Tränen. »Wahrscheinlich sucht er seine Mutter.« Die Stimme versagte ihr.

Hugh wurde immer unruhiger. Er saß am Kartentisch, gegenüber von Dot. Sie hatte ihm die Hand auf den Arm gelegt, aber aus den Augenwinkeln sah ich, wie seine Knie immer heftiger zitterten.

»Dann soll er sie doch suchen!«, rief Mr Conroy so laut, dass ich zusammenzuckte. »Sie und ihren Geliebten und die drei Kinder. Er wird schon merken, dass er der Einzige ist, an dem ihr nichts liegt – MEIN Kind!«

Rita schluchzte. »Ach, Pat!«, jammerte sie und barg den Kopf an seiner Brust.

Dot ergriff das Wort. Ihre Stimme war ganz ruhig. »Du bist doch seine Freundin, Ellie. Was denkst du? Wäre

Joseph glücklicher, wenn er den Weg auf sich nähme um sich Gewissheit zu verschaffen?«

Natürlich nicht. Josephs Mutter war eine böse Hexe. Er durfte sie nicht finden. Nie im Leben. Ich würde seinen Hass auf mich ziehen, aber ich musste mit der Sprache rausrücken. In Kürze würde ich wieder zu Hause sein. Dann konnte er mich hassen, soviel er wollte.

Mr. Conroy ging vor mir auf und ab. »Er ist im Zelt«, flüsterte ich.

Er hielt inne. »Ellie?«

Ich räusperte mich. »Er ist im Zelt.«

Rita packte mich an der Schulter. »In welchem Zelt? Wo?«

»Bei den Dünen.«

»Komm mit«, sagte sie und zog mich am Arm. »Führ uns hin.«

Ich versuchte sie abzuschütteln. Ich wollte nicht dabei sein, wenn sie Joseph aufspürten. »Ich erkläre Ihnen ... ich erkläre Ihnen den Weg dorthin«, wandte ich ein.

Aber Rita ließ mich nicht los. Mr Conroy war schon draußen. »Beeilt euch!«, brüllte er. Ich drehte mich zu Dot um. Sie wusste, dass ich nicht mitgehen wollte. Obwohl sie meine Tränen sah, schob sie mich hinaus. Ich hasste sie dafür. Als wir fast am Auto waren, hörte ich Hugh schreien.

»Maa-ah! Maa-ah!«

Es klang wie das Blöken eines wahnsinnigen Schafs. Weshalb riefen denn plötzlich alle nach ihrer Mama?

Wir hatten noch gar nicht ganz angehalten, da sprang Mr Conroy bereits aus dem Auto. Ich deutete in die Richtung, wo das Zelt stand, und Rita rannte los und stapfte durch den Sand. Ihr Rock war schon über und über voller Sand, aber sie achtete nicht darauf. Wir weinten beide.

»Joe! Jo-seph! Jo-seph!«, rief Mr Conroy.

Joe trat aus dem Zelt. Er sah weder seinen Vater noch Rita an – nur mich. Dann ging er auf mich los.

Mr Conroy versuchte ihn zu fassen, aber vergebens. Ich wollte mich hinter Rita in Sicherheit bringen. Sie erwischte Joes Arm und hielt ihn fest. Da holte er aus und trat ihr mit voller Wucht gegen das Schienbein.

Sie schrie auf und fiel zu Boden, ließ ihn dabei aber nicht los. Mr Conroy drängte an uns vorbei und packte Joe am Kragen. Der brüllte und trat wie wild um sich.

»Schluss damit!«, keuchte Mr Conroy. »Hör auf, Joseph. Du sollst aufhören, hast du mich verstanden?«

Joseph fügte sich und Mr Conroy ließ ihn los. Rita und ich weinten immer noch. Ihre Strümpfe waren zerrissen und ihr Bein färbte sich bereits violett.

Aber Joseph war noch nicht fertig. Diesmal galt sein Angriff Rita. Sie streckte die Arme aus um ihn abzuwehren. Als Mr Conroy ihn packen wollte, verlor Joe das Gleichgewicht, plumpste zwischen die beiden und landete auf Ritas Schoß. Er versuchte aufzustehen, aber Rita schlang die Arme fest um ihn und ließ ihn nicht wieder los.

»Du bist außer Gefahr, du bist außer Gefahr«, schluchzte sie. »Mein Gott, jetzt bist du außer Gefahr.«

Ich schluckte die Tränen herunter. Zwei Mal war Rita heute verletzt worden. Ihre Kleider waren kaputt. Sie wollte keine Kinder. Aber sie war froh, dass Joseph jetzt außer Gefahr war!

Joe weinte gleichfalls. Vor Zorn war er puterrot im Gesicht. »Ich hasse dich, Rita! Ich hasse euch *alle*!« Das bezog sich ganz klar auch auf mich. Mr Conroy sank neben Rita und Joe in den Sand und schlug die Hände vors Gesicht. Er schien völlig hilflos. Dot hatte Recht. Männer waren meistens zu nichts nutze.

Rita drehte Joes Gesicht zu sich herum. »Das macht nichts. Es macht nichts, wenn du mich hasst. Nur versprich mir bitte, bitte, so etwas nie wieder zu tun. Wir waren krank vor Angst ...«

»*Du* bestimmt nicht«, schluchzte Joe. »Du willst mich doch am liebsten loswerden.«

Rita drückte ihn an sich. »Das ist nicht wahr«, flüsterte sie. »Ich will nur, dass wir Frieden schließen, Joe.« Sie hörte auf zu weinen und ihre Stimme wurde fester. »Ich werde deinen Vater heiraten und du wirst mein Sohn sein – ob dir das passt oder nicht.« Das brachte Joe noch mehr auf die Palme.

»*Nein*!« Er spuckte aus. Er spuckte tatsächlich aus! Er spuckte neben mich auf den Boden. Ich trat zurück.

»So oder so – es ist beschlossene Sache. Es wird für uns beide ungewohnt sein. Vielleicht könnten wir uns zur Abwechslung gegenseitig helfen ...«

Joe starrte sie an.

»Ich hab dich lieb«, murmelte Rita. »Ich hab's erst gemerkt, als ich halb krank war vor lauter Sorge um dich.« Sie hob sein Kinn. »Joe, ich hab dich lieb. Ehrenwort. Ich hab dich lieb.«

Joe legte den Kopf an ihre Schulter und weinte herzzerreißend. Rita sah Mr Conroy an. Er beugte sich vor und legte seine Arme um die beiden. Es war mir peinlich länger zuzuschauen und so trollte ich mich.

Gerne hätte ich meinen Kopf an jemandes Schulter gelehnt und gleichfalls geweint. Mir wurde bewusst, dass es in der ganzen Welt nur einen Menschen gab, an dessen Schulter ich mich ausweinen konnte: Dot.

Als wir zu Dots Haus zurückkamen, stand Mr Starlings Auto vor der Tür. Joseph weigerte sich mit hineinzugehen und niemand drängte ihn. Während der Fahrt hatte er unentwegt aus dem Fenster gestarrt und kein Wort mit mir gesprochen. Aber ich spürte, dass er mir verziehen hatte, auf seine Weise. Wahrscheinlich fühlte er, dass ich ihn nur verraten hatte, weil ich mir Sorgen um sein Wohlergehen machte.

Wann immer Dad mich wegen irgendwas kontrollierte, berief er sich auf seine »Sorge um mein Wohl«. Ich hatte nie verstanden, was er damit meinte. Jetzt hatte ich es begriffen. Es machte nichts, dass Joseph nicht mit mir sprechen wollte. Ich wollte im Augenblick auch mit niemandem sprechen.

Im Haus drängten sich die Leute. Mrs Bryce hatte sich offensichtlich wieder gefangen und umarmte Rita sofort. »Gott sei Dank habt ihr den Jungen gefunden«, sagte sie. »Mit Kindern hat man nichts als Sorgen.« Dann trat sie einen Schritt zurück und musterte Rita. »Der Herr steh mir bei, wie siehst du denn aus?«

Rita lächelte nur. Mr Bryce und Mr. Starling fachsimpelten über Fußball. Mr Bryce hatte sich Jackett und Schlips ausgezogen und wirkte viel entspannter als vor seiner Abreise und Hugh umarmte jeden, der ihm über den Weg lief. Mr Conroy ging auf Tauchstation und drückte sich an die Wand um seiner Umarmung zu entkommen.

Dot stand in der Küche. »Ich bin stolz auf dich«, sagte sie und zwinkerte mir durch den Zigarettenqualm zu. »Ich weiß, wie schwer es für dich war.«

Ehe ich ihr erzählen konnte, wie schwer es tatsächlich gewesen war, kam Rita auf sie zu. »Wir brechen auf, Dot. Lil sabbelt nur von dem Begräbnis und davon will ich jetzt wahrhaftig nichts hören.«

Dot nickte.

»Soll ich sie mitnehmen?«, fragte Rita. Damit meinte sie mich.

»Nein, meine Liebe. Kümmere dich um dein Kind«, antwortete Dot und drückte Ritas Arm. Sie seufzte. »Es sieht ohnehin nicht danach aus, als würden wir heute Abend viel Zeit für uns haben. Sie bleiben bis zum bitteren Ende.«

»Und wie steht's mit dem Abendessen?«, fragte Rita.

Dot deutete mit einer Kopfbewegung zu der Einkaufstüte auf dem Tisch. »Lil hatte sich mit Proviant für die Bahnfahrt eingedeckt. Das reicht für eine ganze Fußballmannschaft.«

Rita kicherte. »Na ja, wenn du meinst.« Sie beugte sich näher zu Dot: »Du wirst es ihm also sagen?«

Dot wich ihrem Blick aus. »Mal sehen. Falls es sich ergibt ...«

Falls sich was ergibt? Ich war am Ende meiner Kräfte. Was sollte sich denn noch alles ergeben?

Rita legte den Arm um mich und sagte: »Danke, Ellie.« Trotz allem, was sie gerade durchgemacht hatte, war ihr Lächeln zauberhaft wie immer. Es weckte erneut den Wunsch in mir Filmstar zu werden. Rita und Mr Conroy verabschiedeten sich und Mrs Bryce machte sich in der Küche zu schaffen. Dot erhob keine Einwände und überließ ihr das Feld.

Mrs Bryce viertelte die Sandwiches. »Wenn man sie so teilt, sieht es nach mehr aus«, meinte sie und trat bewundernd einen Schritt zurück. »Hat Hugh sich anständig benommen?«

»Ja«, antwortete ich. Ich hatte keine Lust zweimal am selbenTag ins Fettnäpfchen zu treten.

»Er ist ein ganz Lieber«, meinte Mrs Bryce und reichte mir die Sandwiches. »Trag sie ins Zimmer, sei so gut.«

Nachdem wir gegessen hatten, ging ich nach draußen um Hooligan zu suchen. Er sollte erfahren, dass Joseph wohlbehalten wieder aufgetaucht war. Bestimmt würde er sich sein Fressen holen. Aber dem war nicht so. Ich ging zurück ins Haus und setzte mich im Wohnzimmer auf den Fußboden.

Mr Starling sprach sehr wenig. Er und Dot ließen einander nicht aus den Augen. Kein einziges Mal sah sie ihn direkt an, aber mir fiel auf, dass sie ihn beobachtete. Sie lachte viel, besonders als Mrs Bryce heftig mit Mr Starling flirtete. Ich fand Mrs Bryce's Verhalten reichlich albern, aber die anderen hatten offensichtlich ihren Spaß dabei. Schließlich meinte Mr Bryce, sie müssten nach Hause, und ungefähr um Viertel vor neun gingen sie alle.

Auf halbem Weg zur Tür blieb Mr Starling stehen und drehte sich zu Dot um, als wolle er ihr etwas sagen. Aber Dot nahm ihn am Ellbogen und schob ihn hinaus. Dabei schüttelte sie den Kopf, als wolle sie ihm bedeuten, es sei nicht so wichtig – eine vertrauliche Geste, wie sie zwischen zwei Freunden üblich ist, sodass ich mich fragte, ob ich mich in Mr Starling nicht doch getäuscht hatte.

Vielleicht war er nicht mehr als das – ein alter Freund. Vielleicht hatte Dot an ihn als Freund geschrieben, in der Hoffnung, er könne ihr helfen. Später hatte sie es sich dann anders überlegt um ihn nicht damit zu belasten. Sie gehörte nicht zu den Leuten, die anderen Menschen zur Last fielen. Außerdem hatte Dad mir schon immer vorgeworfen ich hätte zu viel Fantasie, auch wenn mein Lehrer häufig sagte, Einbildungskraft wäre eine große Gabe. »Wenn du deiner Einbildung freien Lauf lässt, Ellie, bekommst du notgedrungen Probleme.« Mehr als einmal hatte Dad das zu mir gesagt.

Je länger ich darüber nachdachte, desto mutloser wurde ich. Ich wünschte mir nichts sehnlicher als einen Großvater. Ich wollte Mr Starling zum Großvater haben, aber stattdessen hatte ich lauter Ärger heraufbeschworen, wegen nichts und wieder nichts. Ich machte mir nicht die

Mühe mich zu waschen. Dot sagte, sie würde aufräumen, und ich glaubte, sie hantieren zu hören, aber ich war schrecklich müde ...

Dot schüttelte mich, bis ich wach war. »Hier ist jemand, der dich besuchen will.« Ihrer Stimme konnte ich entnehmen, wer es war.

Hooligan stand am unteren Treppensabsatz. Ich erzählte Dot, dass er meine Nähe von Tag zu Tag mehr zu suchen schien. So weit hatte er sich bisher noch nie ins Haus gewagt.

»Du wirst ihm ganz schön fehlen«, pflichtete sie mir bei. »Du wirst uns allen fehlen.«

Bei ihren Worten wurde mir bewusst, dass ich tatsächlich schon in wenigen Tagen wieder nach Hause fahren würde. Ständig hatte ich daran gedacht, hatte die Tage gezählt, aber ... Ich wollte nach wie vor nach Hause, doch Dot und Hooligan wollte ich keinesfalls zurücklassen.

Hooligan legte sich wieder unter Dots Tisch und sie bückte sich um sein Bein zu untersuchen. Doch er ließ sie nicht an sich heran. Ich versuchte zu ihm zu kriechen, aber etwas war in seinen Augen, dass mich zurückweichen ließ. Es war keine Drohung, er sah bloß so aus, als wollte er seine Ruhe. Da er so früh am Tag bei uns aufgetaucht war, dachte ich, es ginge ihm besser.

Dot meinte, sie könne mich nicht wie eine Landstreicherin heimfahren lassen, und sammelte meine Schmutzwäsche zusammen. Sie schien schweigsamer als sonst, lachte aber, als ich viel zu viel Waschpulver ins Wasser streute. Und schnell wurde ein Spiel daraus. Wir versuchten einen Teil des überschüssigen Pulvers mit der hohlen Hand abzuschöpfen, doch es wurde nur zu einer schmierigen Masse zwischen unseren Fingern, und was lag da näher, als uns gegenseitig mit glibbrigen Händen durchs

Haus zu jagen. Wenn Dot mich erwischte und ich kreischte, fing Hooligan an zu bellen. Aber er schloss sich unserem Spiel nicht an.

Anschließend machten wir Seifenblasen und bespritzten uns gegenseitig mit Wasser. Auf dem Spülbecken stand eine Wäscheschleuder, die man von Hand bedienen musste, und ich durfte die nasse Wäsche darin schleudern. Sie funktionierte viel besser als Mums Waschmaschine mit der eingebauten Schleuder, wenn man einmal davon absah, dass immer noch eine Menge Seife aus der geschleuderten Wäsche kam. Dot meinte, die Wäsche sei vielleicht ein bisschen steif, wenn sie später trocken war, aber wenigstens sei sie sauber.

Wir hingen gerade die Wäsche draußen auf, als Rita und Mrs Bryce vorfuhren. Dot befestigte eben die letzten Klammern, da bogen die beiden schon um die Hausecke. Da Rita leicht humpelte, konnte Mrs Bryce ohne weiteres Schritt halten.

»Du meine Güte, was soll denn das bedeuten?«, stotterte Dot. Rita zog sie ins Haus. Ich folgte ihnen. Rita drückte Dot auf einen Stuhl, während Mrs Bryce den Wasserkessel füllte. Sie drehte sich zu mir um. »Schaff dieses dreckige Vieh aus der Küche!«, befahl sie und drehte Hooligan den Rücken zu. Was für eine Beleidigung!

Rita hatte noch keinen Ton gesagt – jedenfalls nicht zu mir, dabei hatte Rita es doch vor allem mir zu verdanken, dass Joseph und sie sich jetzt so gut verstanden. Bis zu Ritas und Mrs Bryce's Erscheinen war der Tag wirklich wunderschön gewesen. Jetzt hatten sie alles kaputtgemacht.

Ich saß auf der Hintertreppe und Hooligan lag ausgestreckt zwischen meinen Füßen. Ich versuchte sein Bein ein wenig anzuheben, aber als er winselte, zog ich meine Hand zurück um ihm nicht noch mehr weh zu tun. Eine klebrige Masse bedeckte das Bein, aber es war kein Blut. Ich wischte das Zeug an meinem Rock ab. Ich würde nicht mit ihm die Straße hinuntergehen, nur damit ein paar Erwachsene ungestört miteinander reden konnten.

Ich wartete darauf, dass jemand sagte, ich solle verschwinden, aber nichts dergleichen geschah. Sie waren zu sehr mit sich selbst beschäftigt. Wieder einmal nahm man mich nicht wahr. Kaum hatte ich das gedacht, machte Hooligan ein Auge auf und lächelte mich an. Wirklich. Das war kein Zufall!

»Was machst du eigentlich hier?«, hörte ich Dot fragen. »Weshalb arbeitest du nicht?«

»Er reist ab, Dot. Morgen«, sagte Rita.

Ich dachte, sie meinte Joseph.

Aber ich täuschte mich.

KAPITEL 25

Ich drehte mich um und spähte in die Küche. Rita saß so dicht neben Dot, dass sie fast auf ihr draufsaß, und Mrs Bryce hatte sich auf die andere Seite von Dot gesetzt. Mrs Bryce's massiger Körper ließ fast keinen Lichtstrahl mehr aus dem Wohnzimmer in die Küche fallen.

»Er fährt zurück nach Newcastle«, verkündete Rita, »und es tut ihm Leid überhaupt hergefahren zu sein.« Da wusste ich, von wem sie sprach.

»Na und?«, sagte Dot. Der Kessel pfiff. Ein Stuhl kratzte über den Boden. Dreimal durfte man raten, wessen Stuhl.

»Seid ihr denn von allen guten Geistern verlassen?«, fragte Dot und klang verärgert. »Meint ihr, mir sei das so wichtig, dass ihr eigens hierher fahren müsst um es mir zu erzählen? Himmel, Lil, Eckie wird glauben, ich wäre durchgedreht, dass du wegen mir alles stehen und liegen lässt! Und was dich betrifft, Rita, dein Laden ist so gut wie nie offen, seit ...«

»Der Laden geht dich nichts an«, schnitt Rita ihr das Wort ab. »Ich kann tun und lassen, was ich will ...« Genau wie Joseph. Wahrscheinlich zankten sie sich bis ans Ende ihrer Tage. »Dot, das ist die letzte Gelegenheit mit ihm zu sprechen.«

»NA UND?«, wiederholte Dot. Sie war jetzt wirklich zornig und ich konnte es ihr nicht verdenken. Weshalb sollte sie ihre Zeit damit vergeuden, sich mit jemandem zu unterhalten, der nach wie vor ein Fremder war, der nicht einmal eine Woche in Inchbrae zugebracht hatte, noch dazu, wo ich schon so bald heimfahren musste. Mr Starling brauchte Dot nicht. Ich brauchte sie schon.

»Dot.« Jetzt war die Reihe an Mrs Bryce. »Dot, hör mir mal genau zu.« Dem Geräusch nach rührte sie mit dem Löffel in den Tassen. Ich konnte Dots Kaffee riechen. Er roch bedeutend besser als die purpurrote Blume. »Die ganze Woche habe ich an den armen Dodo gedacht und wie es ihm ging, als er aus dem Krieg heimgekehrt war.«

Eine von den dreien seufzte. Rita meinte: »Hör zu, Dot!« Demnach hatte Dot geseufzt.

»Dichter sollte man nicht in den Krieg schicken.«

»Damals war er noch kein Dichter.« Das war Dot.

»Darum geht es nicht«, fuhr Mrs Bryce fort. »Egal. Auf alle Fälle hat er sein Leben gelebt.«

»Ein tolles Leben.« Wieder Dot.

»Unterbreche ich dich etwa? Nein!« Schweigen. »Also, man braucht kein Hellseher zu sein um zu merken, dass Johnny nicht bei bester Gesundheit ist. Zwar würde er das nicht zugeben, aber ich bin mir ganz sicher, dass seine Uhr abläuft. Und deshalb verdient er …«

Was meinte sie damit? Mr Starling war zwar nicht so groß und kräftig wie Mr Bryce, aber man konnte auch nicht gerade behaupten, dass er krank aussah. Andererseits, wenn er jetzt schon wieder wegfuhr, würde ich die Wahrheit vermutlich nie herausfinden. Die Uhr lief tatsächlich ab.

»Was verdient er?«, fragte Dot. »Was um alles in der Welt meinst du, das er verdient?«

»DOROTHY!«

»Red weiter, Lil!« Dot seufzte. Es klang, als hätte sie die Nase voll.

Mrs Bryce flehte sie geradezu an. »Dot, sprich mit ihm … gib ihm eine Chance. Er ist extra hierher gefahren.«

Das wurde ja immer schlimmer. Hooligan jagte etwas im Traum. Seine Pfoten zuckten und seine Augenlider flatterten, als wäre er einem Anfall nahe. Ich stupste ihn in die Rippen. Ich wollte, dass er aufwachte. Er knurrte und beruhigte sich wieder. Ich wünschte, er hätte nicht geknurrt.

»Kurz und gut …«

»Kurz wäre nicht schlecht.« Dot konnte einfach nicht den Mund halten; sie unterbrach Mrs Bryce mitten im Satz. Schwere Seufzer ringsum.

Wieder scharrte ein Stuhl. Dot war aufgestanden und stand nun mit dem Rücken zu den beiden anderen. Von meinem Platz aus hätte ich sie berühren können. Sie zog sich eine Zigarette hinterm Ohr hervor und zündete ein Streichholz am Griff der Wäscheschleuder an. Dann sah sie mich an und lächelte. Sie hatte mich wahrgenommen. Dot wusste, dass ich da war. Sie bückte sich und strich mir übers Haar. Ich berührte ihre Finger und sie drehte sich wieder um.

»Hat eine von euch vielleicht eine Idee, wie ich die Sache jetzt noch retten kann?«

»Dürfte ich vielleicht kurz ausreden?«, Mrs Bryce war jetzt offenbar auch verärgert. Zu gerne hätte ich gewusst, wie sie es geschafft hatten, so lange miteinander befreundet zu sein. »Dodo hat ein schönes Leben gehabt, Dot. Und ich auch. Und Rita hat …«

Rita lehnte sich zurück und verschränkte die Arme um abzuwarten, was sie Mrs Bryce's Ansicht nach hatte.

»Eine Menge, auf das sie sich freuen kann. Ja, in der Tat.« Rita wippte mit dem Fuß, wirkte aber jetzt weniger angespannt. »Aber der arme Johnny … Und du, Dot …«

Dot schlug mit der Faust auf den Tisch. Ich hatte es

kommen sehen, erschrak aber trotzdem. Selbst Hooligan zuckte zusammen und sah in die Runde. Dann schlief er wieder ein. Ihm fehlte der Sinn fürs Dramatische.

»Wehe, du wagst es, mich zu bedauern, Lillian Bryce!« Dot schäumte vor Wut. Zum Glück stand sie mit dem Rücken zu mir. Ich hätte ihrem Blick nicht begegnen wollen. »Vielleicht habe ich nicht gerade das Leben geführt, das du gutheißt ..., aber ich würde nicht einen Tag davon missen wollen. Hast du gehört? Nicht einen Tag!«

»Lil hat doch nur gesagt ...«, lenkte Rita ein, um Mrs Bryce in Schutz zu nehmen. » Du liebe Güte, du brauchst doch nicht gleich zu übertreiben – es ist immer dasselbe!«, murrte sie.

Mrs Bryce ergriff erneut das Wort. »Er kommt heute Abend um sich zu verabschieden. Wenn du vorhast die Leck-mich-am-Arsch-Tour zu fahren, sage ich ihm, er soll sich gar nicht erst herbemühen.« Mrs Bryce benutzte so gut wie nie derbe Ausdrücke, aber jetzt kam es ihr ganz geläufig über die Lippen. Sie fürchtete sich kein bisschen vor Dot. Kein bisschen.

»Wir wollten dich zu diesem Anlass etwas zurechtmachen«, fügte Rita hinzu. »Es ist sein letzter Abend.«

Ich starrte immer noch Dots Rücken an. Sie wirbelte herum und riss die Arme hoch. »Wozu denn zurechtmachen? Er hat sich doch fast die ganze Zeit bei seinen Kumpels in Locheirnan rumgetrieben. Wozu soll ich mich zurechtmachen, verdammt noch mal?«

»Dot, bitte, es ist wichtig. So wie du jetzt aussiehst, kannst du ihm nicht gegenübertreten«, sagte Rita. »Du könntest bei mir ein Bad nehmen und ich leihe dir ein Kleid oder einen Rock. Wenn du dich für einen Rock entscheidest, müssten wir allerdings deine Bluse auspolstern. Du hast ja so gut wie keinen Busen.« Rita fuhr fort Dot von oben bis unten zu mustern. »Ich habe genügend

Lockenwickler um dein Haar in Form zu bringen, und selbst ein Hauch Make-up wäre bereits eine Verschönerung. Ich glaube, ich habe noch einen Make-up-Stift daheim, der zu deinem Teint passt.«

Dot brach in schallendes Gelächter aus. »Das schlägt doch dem Fass den Boden aus! Meinst du im Ernst, ich würde mich für einen Mann herausputzen? Für irgendeinen Mann?«

»Er ist nicht irgendein Mann«, sagte Mrs Bryce. »Er ist …«

»Es reicht!«, schrie Dot. Sie schrie viel zu laut und mir wurde wieder angst und bange.

»Er hätte *dein* Mann werden sollen«, sagte Mrs Bryce ganz ruhig. Jetzt war es mucksmäuschenstill. Ich überlegte, ob sie wohl meinen Herzschlag hören konnten. Mr Starling war also wirklich für Dot bestimmt gewesen. Mrs Bryce hatte es soeben gesagt. Und plötzlich spielte es keine Rolle mehr, ob Mr Starling mein Großvater war oder nicht. Ich wusste jetzt, dass es richtig gewesen war, ihn zu suchen. Wie gut, dass er hergekommen war. Jetzt, da er Dot wiedergetroffen hatte, konnte er sich nicht mehr einsam fühlen. Mit Dot war niemand einsam.

Ich wollte Hooligan wecken um ihm die freudige Nachricht zu überbringen und streichelte ihn. Er rollte sich auf die Seite und öffnete beide Augen, aber sie nahmen nichts wahr. Er träumte immer noch und hatte die Augen so verdreht, dass nur das Weiße sichtbar war.

Schließlich brach Rita das Schweigen. »Ellie, was hältst du davon, mit zu mir nach Hause zu kommen? Wir könnten deine Großmutter gemeinsam hübsch machen. Bestimmt hast du die eine oder andere gute Idee.«

Ich nickte, war mir aber nicht sicher, ob das überhaupt machbar war. Man hätte viel Arbeit mit Dot und bestimmt würde es ihr nicht gefallen, wenn man an ihr herumzupfte. Aber Rita schien zu glauben, ich könnte eine Hilfe sein.

Dot kratzte sich durch den Turban am Kopf. »Ich bin wohl ganz meschugge.«

»Nein, bist du nicht«, beruhigte ich sie. »Niemand ist meschugge.«

»Wann kommt er?«, fragte Dot Mrs Bryce.

»Nicht vor sieben Uhr«, antwortete Mrs Bryce. Sie hob die Hand, damit es still wurde. Wir warteten. »Er hat sich bei uns zum ›Dinner‹ angemeldet!«

Die drei schütteten sich aus vor Lachen. Mrs Bryce hob erneut die Hand. »Hackfleisch mit Kartoffeln.« Jetzt führten sie sich geradezu hysterisch auf. Allmählich wurde es unangenehm.

Ich ging wieder nach draußen um Hooligan zu sagen, dass wir gingen. Aber er war fort. Ich rannte ums Haus und sah ihn die Straße entlanghumpeln. Ich rief ihn.

Er wandte sich nach mir um und schüttelte sich. Es war, als sähe er mich lange an.

»Ich bin bei Rita«, rief ich. »Komm dorthin. Komm dorthin, Hooligan.« Er drehte sich nicht mehr um.

Wir mussten Mrs Bryce zurück ins *Jacobite* fahren, da sie nicht zu lange fort sein wollte. Dot und ich blieben im Auto sitzen, während Rita zu Mr Conroy ins Geschäft lief. Sie war im Handumdrehen zurück.

»Der Junge sitzt wieder in seinem Zimmer. Es ist ein zäher Kampf mit ihm. Aber Pat wird von nun an besser auf ihn Acht geben.«

Dot war ziemlich zappelig, was man von ihr gar nicht kannte. Vor Ritas Laden stand eine Frau und hatte die Hände an die Scheibe gepresst.

»Du verlierst eine Kundin«, meinte Dot und deutete auf die Frau.

»Sie kommt alle zwei Wochen und kauft nie etwas«, antwortete Rita. Sie fuhr an ihrem Laden vorbei und wendete beim Müllplatz. Ich glaubte, Dreep in dem alten Kinderwagen erspäht zu haben. Aber sicher war ich mir nicht.

Als wir bei Ritas Haus angelangt waren, hatte Dot ihre Meinung geändert. Es kostete uns große Mühe, sie zum Bleiben zu überreden, aber Rita machte aus der Aktion so etwas wie eine Party und das war ziemlich schlau von ihr. Es gab eine Menge zu essen, unter anderem auch Käse und Ananas auf Spießchen, was Dot für Zeitverschwendung hielt. Trotzdem aß sie ein bisschen und trank auch einige Gläser von Ritas bestem Whisky.

Ich ging Rita bei allem zur Hand. Dadurch kamen wir uns näher. Zunächst holte sie ihre Lockenwickler und sämtliche Make-up-Utensilien und einen Föhn mit einer Trockenhaube, die in einer extra Schachtel verpackt war.

»An die Arbeit«, sagte sie. Ich krempelte mir die Ärmel hoch.

Rita sah Dot an. »Geh zuerst in die Wanne. Dann kümmern wir uns um deine Haare und suchen ein hübsches Kleid für dich aus.«

Folgsam wie ein Kind stand Dot auf. Rita zwinkerte mir zu und hielt sich dann die Wange, die von Hughs Ohrfeige immer noch gerötet war und offenbar auch noch schmerzte, wenn sie zwinkerte. Dot verschwand Richtung Badezimmer.

»Und nimm die *Imperial Leather*!«, rief Rita ihr nach.

Während Dot im Bad war, durfte ich Ritas Make-up ausprobieren. Sie wies mich auf die Zauberformel »reinigen, klären, nähren« hin, die ich nie vergessen dürfe, und trug ihre herrlichsten Cremes auf meine Haut auf. Ich überließ es ihr, meine Augen zu schminken, weil ich nicht wusste, wo ich beginnen sollte. Dafür zeigte sie mir, wie man sich die Lippen anmalte – mit einem Pinsel! Die Farbe nannte sich »Eis-Sorbet« und wir fanden beide, dass sie mir außerordentlich gut stand.

Da die Wimperntusche etwas klebrig war und in den Augen brannte, nahm Rita nur wenig davon. Sie meinte, meine Wimpern seien mein bestes Kapital. Als Dot aus dem Bad kam, sah ich aus, als wäre ich soeben durch die Tore Hollywoods getreten. Dot hingegen ähnelte eher einer gebadeten Maus, aber dafür roch sie gut.

Sie hatte einen gesteppten roten Morgenmantel von Rita an. Er war wunderschön und stand ihr überhaupt nicht. Sie setzte sich und zündete sich eine Zigarette an. »Rita, es ist wirklich nett, dass du dir so viel Mühe machst, aber dieses ganze ... feine Zeugs passt doch gar nicht zu mir.« Da musste man ihr Recht geben.

»Dot, ich habe so manches Foto von dir und Lil in jungen Jahren gesehen«, sagte Rita und sprach mit ihrer Joseph-Stimme. »Du warst eine hübsche Frau. Schließen wir doch einen Kompromiss. Es wird dir schon nicht schaden.«

»Gut ... dann vielleicht meine Haare.« Dot zuckte die Achseln.

Rita rieb Dots Haare mit dem Handtuch trocken und legte die Lockenwickler zurecht, die nicht aus Blech waren wie die von Mum, sondern aus Plastik. Sie hatte drei verschiedene Größen. Eine Schachtel voller Plastikpiekser gehörte ebenfalls dazu. In Windeseile hatte sie Dots Haare aufgedreht. Die anschließende Modenschau wurde ein Mordsspaß.

Rita zeigte Dot jede Menge Sachen, aber Dot probierte nichts davon an. Sie meinte, sie könne wegen der Trockenhaube keinen klaren Gedanken fassen, und wollte sie sich ständig vom Kopf ziehen. Rita drohte ihr sie unter Strom zu setzen, ließ es dann aber doch bei einem weiteren Whisky bewenden.

Schließlich entschied sich Dot für einen schlichten blauen Rock und eine langärmlige Bluse mit einem Blumenmuster in Zitronengelb und Blau, Ritas ältestes Stück im Schrank, das sie um nichts in der Welt mehr angezogen hätte. Aber sie hatte keine Lust länger mit Dot zu streiten. Dann kramte sie eine wunderhübsche zartrosa Wäschegarnitur mit passendem Unterrock, Schlüpfer und Büstenhalter hervor.

»Vielen Dank, aber ich habe einen Schlüpfer von mir dabei«, erklärte Dot, »und ein halb so großer Büstenhalter täte es auch.«

»Aber du brauchst einen Unterrock«, drängte Rita.

Dot seufzte und nickte dann zustimmend. Auch bei den Schuhen und Strümpfen waren sie sich nicht einig. Dot erklärte sich bereit ein neues Paar von Ritas Strümpfen mit nach Hause zu nehmen, bestand aber darauf, Strumpfbänder zu tragen. Sie meinte, sie hätte irgendwo noch welche, und verzichtete deshalb darauf, Strapse mitzunehmen. Bei den Schuhen fiel ihre Wahl auf ein marineblaues Paar mit niedrigem Absatz, das Ritas Meinung nach zu den »Laufschuhen« zählte und den Gesamteindruck zunichte machen würde. Doch auch hier musste Rita klein beigeben. Die Schuhe waren Dot eine Spur zu groß, doch mithilfe von Fersenpolstern löste Rita auch dies Problem.

Dann widmete sie sich Dots Make-up. Immer wieder stieß Dot Ritas Hände weg. Rita musste alles wegwischen und neu beginnen, doch als sie schließlich ihr Werk beendet hatte, sah Dot unglaublich hübsch aus. Auf dem Stuhl kniend sah ich den beiden zu und hätte nicht sagen können, wann die Veränderung einsetzte. Aber nachdem Rita Dots Haare ausgekämmt hatte und Dot fertig angezogen dastand, war sie kaum wiederzuerkennen.

Ich schlug Rita vor einen Schönheitssalon zu eröffnen,

wie ihn auch die Filmstars besuchen, anstatt Kleider zu verkaufen, die niemand wollte. Sie versprach sich ernsthaft Gedanken darüber zu machen.

Als wir Dot nach Hause fuhren, war es fast sechs Uhr. Ich nahm die Wäsche herein, die tatsächlich sehr hart geworden war, und Rita räumte das Haus auf, damit Dot sich nicht wieder schmutzig machen musste. Während ich meinen Schlafanzug zusammenpackte, kramte Dot nach ihren Strumpfbändern und ich muss sagen, die Strümpfe waren wirklich das Tüpfelchen auf dem i. Die Schuhe fielen kaum ins Auge.

»Und dass du bloß nicht noch mehr Whisky auf leeren Magen trinkst«, sagte Rita warnend, bevor wir Dot verließen.

»Mein Magen ist gar nicht leer«, erwiderte Dot. Sie klang sehr undankbar.

»Du könntest dich wahrhaftig einmal bedanken«, meinte ich.

Dot starrte mich an. Dann lächelte sie. Ich holte tief Luft.

»Du siehst wunderschön aus«, sagte ich. Es stimmte.

»Danke, Ellie – und danke, Rita.«

Rita umarmte sie, vermied es aber sorgfältig, Dots Gesicht dabei zu berühren. »Wir kommen morgen früh. Mir scheint, ich müsste mal wieder in den verdammten Laden gehen, also bring ich Ellie gegen halb acht bei dir vorbei. Okay?«

Dot seufzte. »Ja, okay.«

Rita nahm mich an der Hand. Auch ich wollte Dots Make-up nicht ruinieren, deshalb warf ich ihr eine Kusshand zu.

»Der morgige Tag gehört uns, Ellie«, sagte sie. Sie lächelte nicht mehr. »Versprochen.«

Ich strahlte vor Glück. Dot hielt immer, was sie versprochen hatte.

Abends war Rita richtig aufgedreht. Aber es waren nicht die Nerven, sondern eher so etwas wie freudige Erregung. Es gefiel mir.

Erst aßen wir noch etwas, dann räumten wir auf. Rita hatte bessere Platten als Dot. Sie brachte mir ein paar Tanzschritte bei und anschließend durfte ich ihre Büstenhalter und Miederhöschen anprobieren, damit ich wusste, worauf ich bei meiner Grundausstattung achten musste. Als ich sie fragte, ob Mr Conroy und Joe vorbeikommen würden, sagte sie, die beiden hätten einiges zu besprechen und sollten besser nicht gestört werden.

»Ich bin froh, dass du Joe gesagt hat, wie gern du ihn hast«, sagte ich.

Sie hörte auf ihre Unterwäsche zusammenzulegen und drehte sich zu mir um. »Ich auch.« Sie lächelte. Dann runzelte sie die Stirn und schüttelte den Kopf. »Weiß der Himmel, wann ich begonnen habe ihn zu mögen.«

»Es ist wichtig für ihn, zu wissen ... dass ihn jemand lieb hat.«

»Das gilt für uns alle«, meinte Rita.

»Hat Dot Mr Starling lieb?«

Rita machte die Schublade zu und setzte sich neben mich aufs Bett. »Ich glaube, sie hat ihn lieb gehabt – früher.«

»Hängt das mit den Fliederbüschen zusammen?«

»Den was?«

»Dot sagte etwas über den Duft des Flieders und ich glaube, sie dachte dabei an Mr Starling.«

»Wirklich?« Rita schien sehr interessiert. »Was hat sie noch gesagt?«

»Nicht viel. Nur ... na ja, nachdem ich den Brief gefunden hatte und Mr Smith dazu überreden konnte, Mr Starling zu suchen ... da habe ich gedacht ...«

Jetzt war Rita ganz Ohr. »Welchen Brief?«

»Den sie an ihn geschrieben hatte ... nachdem sie gemerkt hatte, dass sie ... du weißt schon.«

»Ellie, willst du damit sagen, dass du diejenige gewesen bist, die Johnny hergelockt hat? Er ist nicht aus freien Stücken hergekommen?«

»Nein. Ich dachte, das wüssten alle.«

Rita schüttelte den Kopf. »Dieser Brief ...? Wie bist du denn an den drangekommen?«

»Er ist mir in die Finger gefallen, als ich mein Krimskramsköfferchen aus dem Schrank genommen habe. Ich ... na ja, ich hab ihn gelesen. Dot hat ihn nie abgeschickt, aber es stand eine Adresse darauf, und als Mr Smith hier war, der doch aus Newcastle stammt, habe ich ihn gebeten Mr Starling für mich ausfindig zu machen. Ich denke ... ich dachte, er müsste mein Großvater sein.«

Rita lehnte sich zurück und pfiff leise. »Meine Güte«, sagte sie. »Meine Güte.«

»Ist Mr Starling mein Großvater?«

Rita erhob sich und zog noch einmal die Schublade mit der Unterwäsche auf. Sie legte ein paar Unterröcke zusammen, die bereits zusammengelegt waren, und schloss das Schubfach anschließend wieder. So was machen Erwachsene immer, wenn sie nicht wissen, was sie sagen sollen.

»Hast du Dot nach deinem Großvater gefragt?«, erkundigte sich Rita schließlich. Das war noch so ein Trick: Fragen mit Gegenfragen zu beantworten, obwohl Eltern und Lehrer einen stets dazu anhalten, das nie zu tun.

»Rita«, flehte ich sie an, »können *Sie* es mir nicht sagen? *Ist* er mein Großvater?«

Sie setzte sich wieder neben mich. »Ellie, deine Großmutter war nie eine ... eine gewöhnliche Frau. Sie ist offen für alles und jeden, aber sie hat sich stets ihre eigene Welt bewahrt. Verstehst du?«

»Nein.«

Rita rieb sich die Augen. »Na ja, sie wirkt ganz unkompliziert und geradeheraus, aber manchmal ist sie sehr schwer zugänglich. Ich glaube kaum, dass es in ihrem Sinn wäre, wenn ich mit dir über ihre Privatangelegenheiten sprechen würde, solange sie nicht ... ihre Einwilligung gegeben hat. Hast du jetzt verstanden?«

»Ja. Können Sie mir denn wenigstens etwas über Sex sagen?«

Rita ließ sich aufs Bett fallen. »Mann o Mann, du nennst die Dinge beim Namen! Eine echte Fairbairn, kein Zweifel.« Sie lachte. »Aber um solche Fragen zu stellen bist du noch zu jung.«

Ich war wirklich enttäuscht. »Sie haben mir Ihre ganze Unterwäsche gezeigt.«

»Und denk dran sie anzubehalten«, sagte sie, setzte sich auf und legte mir den Arm um die Schultern. »Dann brauchst du dir keine Gedanken wegen Sex zu machen.« Demnach waren die Bilder in Maries Buch richtig. Man musste nur den Schlüpfer ausziehen um Sex zu haben. Ich konnte wetten, dass Janet es nie tun würde. Und ich selbst würde es auch nie tun, nicht einmal, wenn ich verheiratet wäre.

Ich badete, obwohl gar nicht Freitag war, dann brachte Rita mich ins Bett. Sie legte sich neben mich und wir sprachen über Hollywood und über die Schriftstellerei. Sie meinte, Filmstar zu sein würde bestimmt größeren Spaß machen, vorausgesetzt, man ertrug die Konkurrenz und hatte nichts gegen endlose Proben. Das machte mich wieder unsicher, welche Laufbahn ich denn nun einschlagen sollte. Aber da ich Dad erzählt hatte, ich würde Schriftstellerin werden, gab es jetzt eigentlich kein Zurück mehr.

Rita beruhigte mich, ich hätte genügend Zeit mich zu entscheiden und sollte mir darüber nicht den Kopf zerbrechen. Falls ich eine Auszeichnung in Englisch bekam und in der Schule gut war, konnte ich darauf zurückgreifen.

»Außerdem möchte ich eine wunderbare Mutter werden und viele Kinder haben«, gestand ich ihr. Mein drittes Ziel. Sicher würde es irgendwann auf meiner Liste weiter nach oben rutschen.

»Lass dir auch damit Zeit«, sagte Rita. »Wenn es eine so tolle Sache wäre, hätten die Männer schon längst einen Weg gefunden selbst welche zu bekommen.«

KAPITEL 26

Mr Starlings Auto stand vor Dots Haus, als wir am Freitagmorgen vorfuhren. Ich lief schon voraus, während Rita meine Sachen vom Rücksitz klaubte. Zwar rief sie mir nach, ich solle auf sie warten, aber ich war nicht zu halten. Rita hatte gesagt, dass Dot keine Verabredung gehabt hatte, seit sie sich kannten, und ich wollte herausfinden, ob es so gut gelaufen war, wie wir gehofft hatten.

Das Haus war leer. Ich rief nach Dot, aber es kam keine Antwort. Ich rannte die Treppe hoch. Mittlerweile brauchte ich mich kaum mehr am Geländer festzuhalten, so sehr hatte ich mich an die Stufen gewöhnt. Am Treppenabsatz blieb ich stehen. Die Tür zu Dots Zimmer stand halb offen. Ich konnte sie schnarchen hören. Vielleicht hatte Dot Mr Starling so durcheinander gebracht, dass er sich heute Morgen gleich noch einmal mit ihr verabredet hatte – und dann hatte er sie schlafend gefunden. Wahrscheinlich war er spazieren gegangen, bis sie aufwachte – allerdings war es ungewöhnlich, dass sie so lange schlief. Sehr ungewöhnlich.

Ich stieß die Tür weit auf. Dot öffnete die Augen. Sie bot einen schrecklichen Anblick: Ihr Gesicht war mit schwarzer Wimperntusche verschmiert und auf einer Seite ganz faltig von der Decke, die sich auf dem Kissen zusammengeknautscht hatte. Ihre Frisur sah schlimmer aus als die von Dreep. Mr Starling schlief neben ihr, tief und fest, mit dem Gesicht zur Wand. Im Zimmer roch es ganz seltsam, wie nach Essig.

Plötzlich war Rita da und zog mich zurück. Ich hatte sie gar nicht kommen hören. Dot setzte sich auf und warf die Decke beiseite. Sie war splitterfasernackt! Ich hatte nie zuvor einen nackten Erwachsenen gesehen. Es war scheußlich.

»Du lieber Himmel, Dot«, hörte ich Rita sagen. »Das Kind!«

Dot ging zu ihrem Korbsessel und zog sich den Morgenmantel an. »Na und? Sie wird eines Tages genauso aussehen.«

Ich wurde puterrot. Mir war klar, dass sie S-E-X gemacht hatten. Ich sah Rita an. Sie war ebenfalls rot im Gesicht, aber wohl eher vor Zorn als vor Verlegenheit. Sie schob mich Richtung Treppe und hastete hinter mir die Stufen herunter. »Du bist wirklich das Allerletzte, Dot Fairbairn«, rief sie nach oben. Mr Starling schien zu schlafen wie ein Murmeltier. Er hatte sich nicht gerührt.

Rita setzte sich in die Küche und wartete auf Dot. Ich inspizierte Hooligans Näpfe, aber es war nicht eindeutig zu erkennen, ob er da gewesen war oder nicht, weil sie noch genauso aussahen wie am Abend zuvor.

Dot kam herein. Sie hatte sich eine Zigarette angezündet und hustete und rauchte gleichzeitig. Sie war sich offenbar mit der Bürste durchs Haar gefahren, aber gewaschen hatte sie sich nicht. Mit dem verschmierten Makeup sah sie schlimmer aus als ohne. Rita war völlig außer sich. »Was denkst du dir eigentlich? Und dazu noch mit einem Mann, der es nicht mehr lange macht!«

»Da wäre ich mir nicht so sicher«, erwiderte Dot und füllte den Wasserkessel. Dabei lachte sie leise vor sich hin. Dieses Lachen war neu. Überhaupt war Dot irgendwie verändert – und doch dieselbe. Sehr verwirrend.

Rita kniff die Augen zusammen und funkelte Dot wütend an. »Lil konnte vermutlich die halbe Nacht nicht schlafen, weil sie sich Sorgen um euch zwei gemacht hat. Warte nur, wenn sie das erfährt …«, drohte sie.

»Sie wird erst dann ein Sterbenswörtchen erfahren«, sagte Dot, »wenn *ich* es ihr erzähle.«

»Ich nehme Ellie mit in den Laden«, erklärte Rita. Es klang ziemlich trotzig. »Ich lasse sie unter keinen Umständen hier – in dieser … *Lasterhöhle.*« Ich war sehr verwundert, wie sehr Ritas Stimme plötzlich der von Mrs Bryce ähnelte. Vielleicht hatte es damit zu tun, dass Lils Name gerade gefallen war.

»Aber es ist mein letzter Tag«, wandte ich ein. Ich sah Dot an. Sie hatte es bestimmt nicht vergessen.

»Sie bleibt, wo sie ist«, bestimmte Dot. »Im Übrigen ist das hier nicht die einzige Lasterhöhle in der Gegend.«

Rita stieß den Stuhl zurück. »Was willst du damit sagen? Wo ich mir so viel Mühe gegeben habe …«

»Lass gut sein, setz dich wieder, Rita«, versuchte Dot sie zu beschwichtigen. »Johnny reist schon bald wieder ab. Wir hatten eine Menge zu bereden.« Dot zwinkerte. Sie sah aus wie ein einäugiger Pandabär.

Rita beruhigte sich. Sie sah auf ihre Uhr. »Für eine Tasse reicht's gerade, würde ich meinen.«

Ich holte die Tassen. Vier insgesamt, falls Mr Starling auch mittrank. Als Dot die vierte Tasse sah, lächelte sie mich an. Hoffentlich zwinkerte sie nicht wieder.

»Habt ihr … über alles gesprochen?«, fragte Rita und spielte mit den Anhängern an ihrem Armband.

»Über alles«, antwortete Dot. Rita bedachte sie erneut mit einem unfreundlichen Blick. »Ja, Rita, wir haben über alles gesprochen«, wiederholte Dot. Einen Augenblick lang war sie ernst, dann lächelte sie und berührte Ritas Arm. »Ich bin dir wirklich dankbar, ehrlich.«

Rita schien versöhnt. »Schon in Ordnung«, antwortete sie. Sie musterte Dots Gesicht und schüttelte den Kopf. »Hättest du dir nicht das Gesicht waschen können?«

»Keine Zeit«, entgegnete Dot und zündete sich die nächste Zigarette an. Das Wasser im Kessel kochte, aber Rita griff nur hinter sich und drehte die Flamme ab. Keiner bewegte sich. Dann lehnte Dot sich im Stuhl zurück und seufzte. »Keine Zeit ...«, wiederholte sie.

Wir hörten Schritte auf der Treppe. Mr Starling trat ein. Zum Glück war er vollständig angezogen. »Guten Morgen allerseits«, begrüßte er uns.

Rita stand auf und setzte zum Sprechen an, doch offensichtlich hatte sie vergessen, was sie sagen wollte. »Schön, Sie kennen zu lernen.«

Mr Starling sah etwas verdutzt drein, aber er lächelte sie trotzdem an. »Wir hatten bereits das Vergnügen.«

»Richtig«, sagte Rita. »Ich muss jetzt gehen.« Sie eilte zur Tür. »See you later ...«, murmelte sie.

»... Alligator«, sang ich. Sie drehte sich um und schürzte die Lippen. »Wehe, du fängst jetzt an zu singen«, warnte sie mich und schon war sie verschwunden. Sie wurde Mrs Bryce immer ähnlicher.

Dot stellte den Wasserkessel auf die Flamme. »Kaffee?«, fragte sie Mr Starling. Er nickte. »Gieß mir ein, wenn es so weit ist«, wies sie mich an. »Schwarz, ohne Milch und Zucker.«

»Wohin gehst du, Dorothy?« Seine Stimme war wunderbar.

»Ich möchte mir das Gesicht waschen. Rita findet, dass ich abscheulich aussehe.«

Er streckte den Arm aus und streichelte ihre Wange. »Ich nicht«, meinte er. Um so etwas zu sagen, musste er wirklich völlig durcheinander sein und die Art, wie er sie ansah, gefiel mir auch nicht. Ich schloss einen Moment lang die Augen, aber ich sah sie immer noch nackt vor mir. Sie sah wirklich abscheulich aus.

Dot ging zur Treppe. »Soll ich Ihnen einschenken?«, fragte ich Mr Starling.

»Wie wär's, wenn wir einfach nur hier sitzen und uns unterhalten, bis deine Großmutter wiederkommt?«, antwortete Mr Starling. Er bückte sich und band sich die Schuhe zu.

»Ich nenne sie Dot, obwohl sie meine Großmutter ist. Wer mein Großvater ist, weiß ich nicht.« Ich war sehr mutig und es war ganz einfach.

Mr Starling band sich den anderen Schuh zu. Dann richtete er sich auf und sah mich an. »Ist das wichtig?«

»Sehr wichtig.«

Er stützte die Ellbogen auf den Tisch und blickte mir ins Gesicht. »Hast du deine ... hast du Dot danach gefragt?«

Ich nickte. »Sie hat mir nur gesagt, er sei nicht frei gewesen um sie zu heiraten und er hätte es auch nicht getan – sie geheiratet, meine ich –, selbst wenn er es gekonnt hätte.«

Mr Starling schüttelte den Kopf, aber er sagte nichts.

»Rita hat gesagt, Sie waren mit Mrs Bryce verlobt – und dann sind Sie abgehauen.« Wenn man einmal angefangen hatte mutig zu sein, gab es kein Halten mehr.

Er nickte. »Das stimmt. So war es.« Er klang traurig. Ich mochte ihn und ich wollte ihn nicht traurig machen.

»Aber jetzt sind Sie ja zurückgekommen«, sagte ich und lächelte ihn an. »Mrs Bryce ist doch sehr freundlich zu Ihnen. Ich glaube nicht, dass sie Ihnen noch böse ist.«

Das heiterte ihn auf. »Nein, zum Glück ist sie mir nicht mehr böse.«

»Haben Sie sie denn nicht lieb gehabt? Sind Sie deshalb abgehauen?«

»Ich wusste nicht, wen ich lieb hatte. Und ich war zu jung und ... zu feige um dazubleiben und mir über alles klar zu werden.« Er stieß einen tiefen Seufzer aus und gleich danach noch einen. Anscheinend hatte er Mühe mit dem Luftholen. Als ich aufstehen wollte um das Fenster zu öffnen, sprach er weiter.

»Vieles wäre anders gekommen, wenn ich hier geblieben wäre ... aber wahrscheinlich muss man dorthin gehen, wohin das Leben einen führt. Außerdem hatte ich keine Ahnung, was ich angerichtet hatte.«

»Haben Sie es jetzt herausgefunden? War es Dot, die Sie die ganze Zeit lieb gehabt haben?«

Er lachte leise und antwortete: »Wer weiß. Ich glaube, wenn ich geblieben wäre, hätte sie mich hinausgeworfen.«

»Aber Sie haben sie nie vergessen, oder?«

»Man vergisst eine Menge, wenn man alt wird.«

»Aber nicht Dot, oder?«

Er lächelte. »Nein ... nicht Dot.«

»Sind Sie mein Großvater?«

Er schürzte die Lippen und dachte eine Weile nach. »Ehe ich dein Großvater werden könnte, müsste ich zunächst einmal jemandes Vater sein ...«

Nach all der Warterei würde ich es endlich doch noch erfahren. Ich hielt den Atem an.

»Um was geht's?«, fragte Dot. Sie trug ihre alte Kordhose und ein braunes Hemd, hatte sich das Gesicht gewaschen und ihren roten Turban aufgesetzt. Sie sah wieder aus wie früher.

Mr Starling zuckte die Achseln. Er schien nichts dazu sagen zu wollen und Dot bestand nicht auf einer Antwort. Jetzt wusste ich immer noch nicht, ob er nun mein Großvater war oder nicht. Die Enttäuschung brachte mich fast um.

»Wo ist mein Kaffee?«, fragte sie und stellte eine alte

Schuhschachtel auf den Tisch. Mum wäre sehr ungehalten gewesen, wenn sie das hätte sehen können. Jeder wusste, dass es Unglück brachte, wenn man Schuhe auf den Tisch stellte.

Dot schaltete die Herdplatte wieder ein und öffnete die Schachtel. Sie enthielt lauter Fotos. Manche waren bereits braun, so alt waren sie. Wie die, die in den Häusern alter Leute hingen. Ich konnte es kaum erwarten, sie anzuschauen.

Ich schaffte zwei Gläser Milch, aber Dot und Mr Starling tranken bestimmt über hundert Tassen Kaffee und das Wasser im Kessel kochte ununterbrochen. Wir hatten viel Spaß mit den Fotos. Es gab ein paar mit mir als Baby, aber auf den meisten war Dad zu sehen – als kleiner Junge und später, als er älter war. Auf keinem der Bilder lächelte er.

»Er macht nicht gerade einen glücklichen Eindruck«, meinte Mr Starling.

»Aber jetzt ist er ganz schön glücklich«, versicherte ich ihm. »Mum geht es besser und das Haus wird nicht mehr so leer sein, wenn ich morgen zurückkomme – außerdem hat er dann Urlaub.«

»Na, wie sollte man da nicht glücklich sein«, stimmte Mr Starling zu. Er war sichtlich erleichtert.

Dot sagte, Mr Starling könne ein paar Fotos behalten, falls er wolle. Er suchte sich acht aus, aber nur eins von mir; darauf war ich ungefähr drei Jahre alt. Ich war wieder versöhnt, als er erklärte, ich sei bereits so erwachsen und so hübsch, dass er kein Foto brauche um sich an mich zu erinnern. Außerdem hätte er mich gerne näher kennen gelernt. Die anderen Fotos, die er einsteckte, zeigten entweder Dot alleine oder Dot mit Dad. Das überzeugte mich schließlich, dass er wirklich mein Großvater war.

Als er aufbrach, umarmte er mich nicht. Er nahm nur meine Hand und sah mich eine halbe Ewigkeit lang an.

Dot und ich begleiteten ihn zum Auto. Er umarmte Dot sehr lange, dann küssten sie sich, was scheußlich war.

»Schreibst du mir, Dot?«, fragte Mr Starling.

Sie schüttelte den Kopf. »Ich weiß noch nicht«, antwortete sie. »Vielleicht, wenn sich etwas ändert ... Ich denk drüber nach ...«

Bestimmt würde Dot ihm schreiben. Sie konnte ihn doch nicht mit dieser Einsamkeit im Bauch wegfahren lassen.

Offenbar hatte sie meine Gedanken erraten. »Ich bin froh, dass du zurückgekommen bist«, sagte sie zu ihm.

»Ich auch«, erwiderte Mr Starling. Er nahm seinen Hut vom Sitz und setzte ihn auf. »So viele Jahre sind vergangen und wieder fahre ich mit süßen Erinnerungen im Gepäck«, meinte er lachend.

Dot grinste. »Ab mit dir«, sagte sie und schlug die Autotür zu. Mr Starling wendete das Auto und winkte. Ich warf ihm eine Kusshand zu und er mir auch. Er lächelte immer noch. Und Dot auch. Sie lächelte, bis wir im Haus waren. Dann sagte sie, sie müsse auf die Toilette. Weil sie so lange weg blieb, ging ich zum Treppenabsatz und rief nach ihr.

»Ich komm schon, Ellie«, rief sie zurück. Ich hörte das Rauschen der Spülung und wie sich die Tür öffnete. Aber bevor ich sie gerufen hatte, hatte ich sie weinen gehört. Da war ich mir ganz sicher.

»Komm, lass uns frische Luft schnappen«, sagte Dot, nachdem wir gegessen hatten. »Wir gehen nach Inchbrae und kaufen jede Menge Süßigkeiten und Comichefte – und alles, was du zum Abendessen möchtest.«

»Klasse!«

»Und von unterwegs rufen wir deine Mutter an«, fügte Dot hinzu und machte damit die Sache perfekt. Ich war so glücklich, dass es sich anfühlte, als ob ganz viel Limonade in meinem Bauch kribbelte, nur tat mir der Bauch dabei nicht weh.

Zuerst gingen wir zu Rita. Ihr Laden war brechend voll. Da sie drei Kundinnen gleichzeitig zu bedienen versuchte und eine vierte in der Umkleidekabine war, hatte sie keine Zeit für ein Schwätzchen. Ob zu viele Kundinnen da waren oder zu wenige – Rita war immer gereizt. Sie bat Dot später noch mal vorbeizukommen, aber Dot meinte, später hätten wir keine Zeit, und drückte dabei meine Hand.

Wir überquerten die Straße und gingen ins *Jacobite*. Mrs Bryce war im Vorraum. Sie sah Dot scharf an, verschränkte die Arme und klopfte mit dem Fuß auf den Boden.

»Er ist gefahren«, sagte sie. »Was hast du dir dabei gedacht?«

Dot zuckte die Achseln. »Du redest wie Rita.« Das fand ich auch. Ich dachte gerade darüber nach, als Mrs Bryce's Blick auf mich fiel. Es gab kein Entrinnen.

»Das würde deiner Mutter den Rest geben«, sagte sie zu mir und umarmte mich so heftig, dass mir fast die Knochen brachen. Kein Zweifel – Hugh hatte es von seiner Mutter gelernt. Beide hatten Arme aus Stahl.

»Ich wollte sie gerade anrufen«, sagte Dot. »Hast du was dagegen?«

»Die Zeiten sind vorbei«, erwiderte Mrs Bryce und ließ mich los. Wieder so ein Satz, der keinen Sinn ergab, aber ich war zu erleichtert endlich den Schraubstockarmen von Mrs Bryce entkommen zu sein um lange darüber nachzugrübeln.

Mum meldete sich nach dem dritten Klingeln. Dot übergab mir sofort den Hörer und sagte: »Ich möchte kurz mit ihr sprechen, wenn du fertig bist.«

»Hallo?«

»Mum, ich bin's, Ellie.«

»Ach, Ellie, es kommt mir vor, als würde ich das erste Mal seit Jahren deine Stimme hören.« Mum klang, als sei sie den Tränen nahe, daher redete ich schnell weiter.

»Ich komme morgen heim. Nimmt Dad sich tatsächlich Urlaub?«

»Ja, ganz sicher. Wir erwarten dich schon sehnsüchtig.«

»Geht es dir besser, Mum?«

Schweigen. Ich hielt die Luft an.

»Viel besser, Ellie, wirklich. Dein Vater ist eine große Hilfe gewesen.« Ich atmete weiter. »Natürlich ist er dagegen, dass wir ... allzu aufregende Sachen unternehmen, wenn er Urlaub hat. Nur ein paar ruhige Tage daheim.« Sie klang ein bisschen enttäuscht, aber ich wusste ja, dass Dad stets um unser Wohl besorgt war und sicher wollte, dass Mum ausreichend Ruhe hatte um sich zu erholen.

»Wenn du wieder hier bist, können wir ihn ja vielleicht gemeinsam zu einer Fahrt ins Grüne überreden«, schlug sie vor. Ich würde Dad schon rumkriegen. Ich spürte, dass ihr sehr viel daran lag.

»Ich werd's versuchen, Mum. Ich habe auch große Sehnsucht nach euch«, fügte ich hinzu, falls sie sich nicht mehr daran erinnerte, dass ich sie lieb hatte. »Dann bis morgen.«

Fast hätte ich vergessen, dass Dot neben mir stand. »Mum, Dot möchte dich noch sprechen.«

Ich hörte noch, wie sie tief Luft holte, als ich Dot den Hörer reichte.

»Hallo, Sylvia. Hier spricht Dot.« Ich kicherte – als ob Mum das nicht wüsste! Dot sah mich stirnrunzelnd an.

»Wie geht's dir?« Sie nickte. »Das freut mich, Sylvia. Ich möchte, dass ihr morgen herkommt und Ellie abholt.«

Mir stockte der Atem. Das hatte Dot bisher mit keinem Wort erwähnt.

»Einen Augenblick ... warte.« Sie fiel Mum offenbar ins Wort. »Nein, das steht euch nicht frei, Sylvia. Ich muss mit Adam reden, und zwar persönlich. Nein, nein ... kein Streit. Ich erwarte euch gegen Mittag. Falls er damit nicht einverstanden ist, sag ihm, ich dulde keine Absage. Ellie wird morgen nicht im Bus sitzen, Sylvia, ihr *müsst* also herkommen. Bis dann, Mädchen.«

Sie legte auf.

»Kommen sie?«, fragte ich.

»Sie kommen«, sagte Dot.

Wir blieben nicht allzu lange in Inchbrae. Dot wollte unter vier Augen mit Mrs Bryce sprechen und ich sollte in der Zwischenzeit zu Mrs Alexander gehen und mir meine Comichefte aussuchen. Ich war bereit mein ganzes Taschengeld dafür zu opfern, aber Mrs Alexander wollte nichts davon hören. Sie schenkte mir zwei Hefte – *School Friend* und *Beano* –, aber ich legte das *Beano*-Heft in einem geeigneten Moment wieder zurück. Ich wollte ihre Großzügigkeit nicht ausnützen. Wie sollte sie jemals auf einen grünen Zweig kommen, wenn sie so freigebig war? Aber als ich ihr das sagte, meinte sie, das Geschäft gehe im Augenblick recht gut und sie könne sich aussuchen, wen sie verwöhnen wolle.

Sie hatte mich ausgesucht.

»Und morgen fährst du also.«

»Ja«, antwortete ich, »aber ich komme wieder.«

»Aber sicher«, meinte sie und umarmte mich. Sie war viel sanfter als Mrs Bryce. »Ich seh dich hoffentlich noch mal, bevor du fährst.«

Ich winkte ihr und versprach am nächsten Tag noch mal vorbeizuschauen. Als ich zu Mr Conroy ging, erzählte er mir, dass Joes Freunde aus den Ferien zurückgekommen seien. Die drei seien gerade mit den Rädern unterwegs.

»Vielleicht zeigt er ihnen das Zelt«, sagte ich und hoffte ihnen auf dem Rückweg zu begegnen.

»Sie haben irgendwas von Fußball gesagt«, meinte Mr Conroy. »Vielleicht sind sie am Müllplatz.«

»Brauchen Sie seine Hilfe denn heute nicht?«, fragte ich. Er hatte doch neulich behauptet, freitags gäbe es immer so viel zu tun.

»Ich komm schon allein zurecht«, sagte er. »Ist der Sommer nicht ohnehin viel zu schnell vorbei?«

Ich stimmte ihm zu. »Mein Dad hat jetzt Urlaub. Vielleicht fahren wir irgendwohin.«

»Na, das wär doch eine tolle Sache, was?« Er lächelte. Schade, dass Joseph niemals so attraktiv sein würde wie Mr Conroy.

»Heiraten Sie und Rita, bevor ich wiederkomme?«

Er legte das Messer zur Seite und sagte: »Sobald es geht. Ich will schließlich nicht riskieren, dass Rita im letzten Augenblick noch ihre Meinung ändert.«

»Sie hat heute viel zu tun ... Vielleicht sollte sie den Laden öfter mal zumachen.«

»Du hast wirklich die klügsten Ideen!«, rief er und wickelte einige Fleischreste und einen ziemlich großen Knochen ein. »Sicher möchtest du dem Hund noch eine Freude machen, bevor du abreist. Eine Kleinigkeit, damit er dich nicht vergisst.«

Ich dankte ihm und verließ den Laden. Joe und seine Freunde waren nicht an der Müllkippe. Und Hooligan auch nicht. Ich suchte ihn überall, sogar in den beiden Straßen hinter den Geschäften, in denen ich bisher noch gar nicht gewesen war. Als ich Dot nach mir rufen hörte, rannte ich zurück. Sie war bei den Fishbeins gewesen und ihr Korb war voll.

Ich erzählte ihr, dass ich Hooligan nirgends finden konnte. Obwohl sie nach ihm pfiff, kam er nicht. »Es ist noch früh am Tag«, meinte sie. »Bestimmt lässt er sich heute noch blicken.«

Rita hatte uns vom Ladenfenster aus erspäht. Sie kam an die Tür und rief: »Kommt ihr heute Abend zum Baden?«

Dot machte ein verdutztes Gesicht. »Ich hab doch gestern erst gebadet«, meinte sie.

»Du kannst es durchaus noch mal gebrauchen«, entgegnete Rita. Sie bemühte sich zu flüstern, was natürlich nicht ging, denn sie stand ja auf der anderen Straßenseite.

»Nicht nötig«, lachte Dot und sah mich an. »Es sei denn ...?«

»Ich auch nicht«, versicherte ich ihr.

»Also, dann bis morgen!«, rief Dot zurück. Rita ging ohne Abschiedsgruß in den Laden zurück. Sie sah wieder ziemlich empört aus.

Auf dem Nachhauseweg fragte ich Dot, ob sie glaube, dass mich Mum und Dad wirklich abholen würden. Sie lachte: »Wehe ihnen, wenn sie es nicht tun.«

»Aber meinst du nicht, dass Dad schrecklich wütend ist, wenn er wegen mir hierher fahren muss?«

»Ich wette, er braust mit hundertfünfzig Sachen in der Stunde hierher nur um dich zu sehen.«

Ich konnte mich nicht erinnern jemals so glücklich gewesen zu ein. Wir lachten und alberten immer noch herum, als wir in Dots Straße einbogen – und dann sah ich ihn.

KAPITEL 27

Er lag unter den Fliederbüschen. Noch ehe ich die Büsche erreicht hatte, wusste ich, dass er tot war. Ich schrie seinen Namen und rannte los. Dot wollte mir zuvorkommen und hielt mich fest, aber ich riss mich los und kniete mich neben ihn. Ich war mir nicht bewusst, dass ich weinte, aber mein Gesicht war nass und ich zitterte am ganzen Körper. Reglos lag er da, mit offenem Maul und heraushängender Zunge. Ich berührte ihn, strich über seine Ohren. Sie hingen schlaff herunter.

»Hooligan ... Hooligan, bitte nicht ... lieber Gott, bitte nicht ...« Vor lauter Weinen konnte ich ihn gar nicht sehen. Ich wischte die Tränen ab. Ich musste ihn sehen, unbedingt! Er wusste nicht einmal, dass ich bei ihm war. Er war zu mir gelaufen, weil er meine Hilfe brauchte, und ich war nicht da gewesen.

Irgendetwas in mir sprang in tausend Stücke. Ich warf mich über seinen Körper, der immer noch warm war, und wollte ihn so lange schütteln, bis er die Augen wieder öffnete, obwohl ich wusste, dass es keinen Zweck hatte. Ich küsste ihn auf die Stirn und vergrub mein Gesicht in seinem Fell. Wenn ich ihn lange genug umarmte, würde Gott ihn mir bestimmt zurückgeben. Ich merkte, wie Dot meinen Arm berührte, aber ich ließ Hooligan nicht los. »Ellie, Ellie!«, hörte ich sie rufen, aber ihre Stimme war weit weg. Als sie mich erneut am Arm zog, schrie ich sie an.

»Es ist *deine* Schuld! Du hättest ihm helfen müssen! Du wusstest es doch. Du wusstest, dass er verletzt war. Du hättest ihm helfen müssen!« Ich keuchte. Ich konnte nicht mehr atmen, nicht mehr denken.

Dot löste meine Arme von seinem Körper und zog mich hoch. Dann säuberte sie mir die Knie, die ganz aufgeschürft waren. Aber das kümmerte mich nicht. Bis an mein Lebensende sollten sie brennen und wehtun. Ich versuchte Dot wegzustoßen. Aber sie ließ mich nicht los und da merkte ich, dass auch sie weinte.

»Wir hätten ihn retten müssen«, schluchzte ich. »Er ist hierher gekommen, damit wir ihm helfen. Es ist nicht fair, nein, es ist nicht fair!«

»Du hast Recht, Kleines, du hast völlig Recht«, flüsterte Dot. »Aber jetzt ist er tot und wir müssen ihn begraben. Du musst tapfer sein, Ellie. Sehr tapfer.«

Ich trat einen Schritt zur Seite und sah Hooligan an. Ich fühlte mich von allem losgelöst und so leicht, als würde mein Körper gleich davonschweben. Nur der geballte Schmerz in meinem Innern hielt mich noch am Boden fest. Mir war, als hätte die Welt ihre Farbe verändert. Alles war rot und schwankte. Es war das Rot meines gebrochenen Herzens, und ich wusste, dass ich dieses Gefühl nie vergessen würde – und dass nichts mehr so sein würde wie vorher.

Dot nahm meine Hand. »Komm, wir holen die Schubkarre«, sagte sie und führte mich zum Schuppen.

Ich wehrte mich dagegen. »Trag du ihn, Dot. Bitte ... bitte leg ihn nicht in die Schubkarre ...«, schluchzte ich.

Sie schüttelte den Kopf. »Er ist zu schwer, Ellie. Dazu fehlt mir die Kraft.«

»Wir ... wir können ihn doch gemeinsam tragen. Bitte, Dot.«

Sie kniete sich hin und versuchte ihre Arme unter seinen Körper zu schieben, aber sie konnte ihn nicht hochheben. Ich stieß sie so heftig beiseite, dass sie das Gleichgewicht verlor.

»Dann lass ihn in Ruhe!«, rief ich und kauerte mich wieder neben ihn. Ich hatte das Gefühl, schon unendlich lange hier bei ihm zu knien. Nach einer Weile zitterte ich nicht mehr, aber ich war sicher, dass ich bis an mein Lebensende nicht mehr aufhören würde zu weinen.

»Wie bekommen wir ihn in die Schubkarre?«, fragte ich schließlich.

»So schaffen wir es jedenfalls nicht«, antwortete Dot. »Ich hole eine Decke. Wir wickeln ihn darin ein und brauchen ihn dann nur über den Boden zu ziehen.«

Ich blieb bei ihm, während Dot ins Haus ging. Ich erklärte ihm, wie Leid es mir tat, und bat ihn mir zu vergeben. Ich erzählte ihm alles über Mr Starling und dass meine Eltern mich abholten und dass ich wieder nach Hause fuhr und ihn, wo immer ich wäre – selbst in Paris –, nie vergessen würde. Und ich sagte ihm, dass mein Herz zwar gebrochen, aber erfüllt sei von Liebe zu ihm und dass ich ihn auf ewig lieben würde.

»Auf ewig, Hooligan.«

Dot tippte mir auf die Schulter. »Steh auf, Ellie. Wir müssen ihn in die Decke wickeln.« Dot breitete ihr schottisches Plaid auf der Straße aus, hob Hooligans Beine vorsichtig an und schob die Decke darunter. Dann schoben wir seinen Körper nach. Er war nicht mehr so warm.

Wir hoben die Decke an den Seiten hoch, sodass Hooligan in die Mitte rutschte. Wir keuchten vor Anstrengung. Dot packte das eine Ende der Decke, ich das andere und so schleppten wir das Bündel – manchmal schleiften wir es mehr über den Boden als dass wir es trugen – im Licht der letzten Sonnenstrahlen die Straße entlang und legten es neben den Schuppen.

Dot sah sich um. »Dort unter der Hecke ist die Erde besonders weich«, meinte sie. »Da liegt er geschützt.«

Wir brauchten lange, bis wir das Grab ausgehoben hatten. Dot und ich wechselten uns mit dem Spaten ab, aber sie war viel schneller als ich. Wir versuchten die Erde am Boden der Grube so gut es ging zu ebnen. Dann holte Dot zwei ihrer alten Schals hervor, die sie zum Binden ihrer Turbane verwendete, und knotete den einen um das vordere, den anderen um das hintere Ende der Decke. Dann ließen wir Hooligan hinab. Kurz bevor er unten war, glitt uns die Decke aus den Händen und sein Körper schlug dumpf auf dem Boden auf. Natürlich spürte er das nicht mehr, aber ich umso mehr. Der Schmerz ging mir durch Mark und Bein.

Dot hielt eine kurze Andacht und sagte Psalm 23 auf. Ich wollte hinzufügen »Ruhe nun in Frieden«, aber die Worte blieben mir im Hals stecken, sodass Dot den Satz zu Ende sprach. Wir weinten noch, als wir ins Haus gingen.

Als wir an der purpurroten Blume vorbeikamen, sagte Dot: »Morgen grabe ich sie aus. Wir können sie neben ihm einpflanzen. Wir brauchen nur einen kleinen Stock um sie daran hochranken zu lassen und dann wird Hooligan sich wie zu Hause fühlen.« Ihr Vorschlag war gut gemeint, aber ich wollte nicht, dass ihm der Geruch dieser stinkenden Blume in die Nase stieg.

»Lieber nicht, Dot. Wenn er sie nicht anpinkeln kann, möchte er sie bestimmt auch nicht über sich haben.«

Dot lächelte und ich lächelte zurück. Ich hatte gar nicht gewusst, dass man gleichzeitig lachen und weinen kann.

»Hast du Lust auf einen kleinen Spaziergang zum Fluss?«, fragte Dot. »Dann bekommen wir vielleicht Appetit aufs Abendessen.«

Ich schüttelte den Kopf. Ich wollte Hooligan nicht allein lassen.

Dot drückte meine Hand. »Wie du magst.«

Ich sah auf ihre Uhr. Bestimmt hatte Dad es sich gerade in seinem Sessel bequem gemacht und erholte sich. »Jetzt müssten die Nachrichten kommen.«

Dot sah mich verdutzt an. Wir hatten bisher kein einziges Mal Nachrichten gehört. »Dann wüssten wir, wie das Wetter wird.«

Sie verstand. Ich wollte nicht, dass es auf Hooligans Grab regnete und die Nässe bis zu seiner Decke drang. Es sollte trocken und schön bleiben und morgen sollte die Sonne scheinen. Bestimmt brauchte ich mir darüber keine Sorgen zu machen, schließlich hatten wir in Inchbrae die ganze Zeit über schönes Wetter gehabt. Wahrscheinlich war es auch zu Hause sonnig gewesen; so weit weg war es ja nicht. Aber jetzt, wo ich Inchbrae verlassen musste, erinnerte ich mich nur an die Regentage, wenn ich an zu Hause dachte.

Diese Gedanken gingen mir durch den Kopf, als ich sah, wie Dot sich plötzlich schwer in ihren Sessel fallen ließ. Der Mann im Radio sagte etwas über Billie Holiday. Ich versuchte zuzuhören, aber da kam schon der Wetterbericht. Dot war kreidebleich geworden.

»Das Wetter, Dot«, sagte ich. Sie hatte kein Ohr für mich. Ich zog sie am Arm. »Dot ... der Wetterbericht.« Mir wurde angst und bange. Ich begriff nicht, was vor sich ging.

Sie hob die Hand. »Schon gut, Ellie. Mir fehlt nichts.«

»Das stimmt nicht! Was ist los, Dot? Was hat er gesagt? Etwas über Miss Holiday? Dot, bitte sag's mir.«

Sie schluckte und sah mich an. »Sie ist gestorben ... heute früh.« Langsam kam wieder Farbe in ihr Gesicht, aber gut ging es ihr offenbar nicht. »Mein Gott, wie sinnlos alles ist. So sinnlos ...«

Mir wurde eiskalt. Es tat mir Leid um Miss Holiday,

aber sie hatte einfach kein Recht heute zu sterben. Es war nicht fair. Wir hatten doch noch mit Hooligan zu tun.

»Sie war einzigartig«, flüsterte Dot und fing an zu summen. Ich kannte die Melodie. Es war »Lady Sings the Blues«.

»Hör auf, Dot. Bitte.«

»Gut. Ich werde den Blues nicht singen.«

»Dot ...«. Ich begann wieder zu weinen. Dot zog mich auf ihren Schoß und schaukelte mich sacht hin und her. »Alles auf einmal«, seufzte sie. »Alles auf einmal, und du musst mich auch noch verlassen.«

»Ich verlasse dich nicht, Dot«, versicherte ich ihr. »Ich kann hier bleiben. Ich muss nicht fortgehen. Ich will auch gar nicht fortgehen.« Es stimmte. Ich wollte da bleiben, bei Dot und Hooligan ...

Dot schob mich ein wenig von sich weg und sah mich ernst an. »Natürlich gehst du«, meinte sie und wischte mir über die Augen. »Sonst kann ich mich doch gar nicht darauf freuen, dass du wiederkommst.«

Später gingen wir doch noch zum Fluss. Als wir dort waren, zündete Dot sich eine Zigarette an und meinte, ich solle mir die Berge noch einmal genau ansehen. Das tat ich auch, aber es gab nicht viel zu sehen – nur Berge und Himmel und ein paar Wolken mit rosa Sprenkeln.

»Sie haben alles mit angesehen«, sagte sie. »Siege und Niederlagen, entvölkertes Land, Menschen, die in alle Winde zerstreut wurden.« Sie deutete mit der Zigarette auf mich. »Aber sie sind nicht daran zerbrochen, Ellie, und auch wir werden standhalten. Wohin dich dein Weg auch führt, bewahre die Erinnerung an diese Berge in deinem Herzen. Sie wissen so vieles ...«

Ich nickte. »Wir werden standhalten«, wiederholte ich. Mir war der Sinn des Satzes nicht ganz klar und auch nicht, was genau die Berge wussten, aber ich fragte nicht nach.

»Wir hätten ihn im Haus behalten sollen, Dot, bis es ihm besser ging. Wirklich.«

»Es wäre nicht richtig gewesen«, antwortete Dot. »Er war geschlossene Türen nicht gewohnt, Ellie. Das hätte ihm Angst eingejagt.«

»Nein. Nichts konnte ihm Angst einjagen. Er war sehr mutig, Dot.«

»Draußen war er mutig, Kleines. Aber nicht drinnen, eingepfercht in einem Haus ... Man hätte ihm damit seine Freiheit genommen. Das darf man weder Menschen noch Tieren antun. Erinnerst du dich nicht an unser Gespräch?«

»Meinst du .. wie bei Miss Holiday ... und Mr Smith?« Ich verstand nicht so recht, was die Rassentrennung mit Hunden zu tun hatte. Hunde waren doch frei.

Dot seufzte. »Es gibt unterschiedliche Arten von Freiheit, Kleines. Wir sind oft blind für die Fallen, die wir uns und anderen stellen, aber Tiere vertrauen darauf, dass wir ihnen nicht dasselbe antun. Sieh mal, wenn Hooligan nicht hätte freiwillig kommen und gehen können, wie er wollte, wäre er bestimmt nicht immer wieder hier aufgetaucht.«

Ich war nicht freiwillig hierher gekommen. Ich war dazu gezwungen worden. Aber Dot ließ mich gehen, obwohl ich ihr fehlen würde. Und ich wusste, dass ich jederzeit wiederkommen konnte. Ich nahm an, dass das wohl Freiheit war.

Als wir wieder zu Hause waren, hatten wir noch immer keinen Hunger, aber wir zwangen uns Pfirsiche mit Sahne zu essen. Als wir uns später an den Kamin setzten, erzählte Dot mir Geschichten von Hooligan. Bald fühlte ich mich besser, obwohl Dots Geschichten alle meine Erinnerungen an Hooligan wachriefen. Als ich gähnte, zog Dot mich wieder auf ihren Schoß. Am nächsten Morgen wachte ich in ihrem Sessel auf, eingewickelt in eine Decke. Mein Nacken war ganz steif.

Dot suchte meine Sachen zusammen. Der Koffer stand offen auf dem Fußboden. Sie packte die Sachen nicht sehr sorgfältig und ich wusste, dass Mum alles waschen würde, wenn ich zu Hause ankam.

Zu Hause. Jetzt war es also wirklich so weit. Ich gähnte.

Dot sah mich an. »Jetzt geh dich mal waschen und dann essen wir einen Happen. Du möchtest dich doch bestimmt von allen verabschieden.«

Sie sprach schneller als sonst, es klang fast, als sei sie ein bisschen nervös – wahrscheinlich, weil sie sich über den Koffer gebeugt hatte.

Dann fiel es mir wieder ein. »Hooligan«, flüsterte ich.

Dot hockte sich auf die Fersen. »Es hat nicht geregnet, Ellie. Sieh mal, die Sonne scheint.«

Ich brauchte nicht aus dem Fenster zu schauen. Die Sonne schien durch die Hintertür und malte Muster auf den Linoleumfußboden.

»Wann kommen sie?«, fragte ich.

»Zur Mittagszeit, habe ich mit Sylvia abgemacht. Um wieviel Uhr esst ihr zu Mittag?«

»Um eins.«

Dot seufzte. »Wie ich deinen Vater kenne, wird er um diese Uhrzeit hier sein. Punkt eins.« Sie lächelte. Als sie meine letzten Kleidungsstücke glatt gestrichen hatte, stand sie auf. »Also. dann mal los.«

KAPITEL 28

Ich wollte mit dem Fahrrad fahren, falls wir in Inchbrae aufgehalten würden und uns beeilen müssten. Aber Dot wollte nichts davon wissen.

»Es ist doch unser vorerst letzter Spaziergang«, meinte sie. Wir strichen die Erde auf Hooligans Grab noch einmal glatt, obwohl es gar nicht nötig war, und machten uns Hand in Hand auf den Weg.

Wir waren nicht weit gekommen, als wir Dreep sahen. Er saß am Straßenrand, den Kopf in die Hände gestützt. Mir wurde das Herz schwer. Ich hatte ihn ganz und gar vergessen und jetzt mussten wir ihm das von Hooligan erzählen. Dot beugte sich zu ihm hinunter: »Dreep ... Dreep, was tust du denn hier?«

Er hob den Kopf, sein Gesicht war tränenverschmiert.

»Miss Fairbairn«, begann er stockend, »ich hab ihn gefunden ...« Er rang die Hände und schüttelte den Kopf.

»Wen, Dreep? Wen hast du gefunden?«

»Hooligan«, rief er ungehalten, als müssten wir das wissen.

Dot schüttelte ebenfalls den Kopf. »Dreep, Hooligan ist ... er ist ...«

»Tot. Ich weiß, ich weiß.«

»Woher weißt du es?«

»Ich hab ihn *gefunden*. Können Sie denn nicht zuhören?«

Dot und ich sahen uns an. Dann murmelte Dreep etwas vor sich hin und Dot stieß ihn sanft in die Seite.

»Sprich doch lauter. Ich kann dich nicht verstehen.« Allmählich wurde sie ungeduldig – genau wie ich.

Er schniefte und wischte sich die Nase am Ärmel ab. »Hier, an dieser Stelle habe ich das Geschöpf Gottes gefunden.«

Dot gab einen ärgerlichen Laut von sich. »Er ist nicht hier, Dreep. Sieh dich doch um.«

Dreep sprang unvermittelt auf, was uns beiden Angst einjagte. »ER WAR HIER!«, rief er. Dann schlug er die Hände vors Gesicht und brach wieder in Tränen aus. »Gestern«, fuhr er laut schniefend fort, »gestern hab ich ihn hier gefunden – tot, und dann hab ich ihn zu Ihnen gebracht. Ich wusste mir nicht anders zu helfen.« Er klang sehr traurig.

Dot seufzte. »Meine Güte, Dreep, weshalb bist du denn nicht da geblieben? Du hättest uns helfen können ihn zu begraben. Er liegt in meinem Garten ... unter der Hecke. Du hättest bei ihm bleiben sollen.«

Dreep hob die Arme zum Himmel. »Er ist von mir gegangen ... von mir gegangen. Das einzige Geschöpf auf dem ganzen Planeten, das sich um Leonard Mackleton Mayberry gekümmert hat, ist tot.«

Dot streckte die Hand nach ihm aus. »Das stimmt nicht, Dreep. Viele von uns kümmern sich um dich. Nur kümmerst du dich nicht genug um dich selbst.«

Dreep hielt die Arme immer noch zum Himmel gestreckt. »Das ist richtig, gnädige Frau. Aber gestatten Sie mir jetzt bitte das Dahinscheiden eines lieben und treuen Gefährten zu betrauern.« Mit diesen Worten trollte er sich in die Richtung, aus der wir gekommen waren.

Am Himmel tauchte ein Flugzeug auf. Dreep begann

sich im Kreis zu drehen, wobei er seine Arme erneut gen Himmel streckte.

»Flügel! Natürlich ... Flügel! Flieg, Hooligan. Flieg! Flieg!« Wir konnten seine Worte klar und deutlich hören.

»Gott helfe ihm«, sagte Dot, nahm erneut meine Hand und wir machten uns auf den Weg nach Inchbrae. Einmal drehte ich mich noch nach ihm um. Ich sollte ihn nie wieder sehen.

Zuerst gingen wir zu Mrs Alexander. Sie schenkte mir den *School Friend*. Als ich ihr sagte, ich hätte ihn bereits, schien sie geknickt und meinte: »Dann kriegst du eben was anderes von mir.«

»Aber Sie haben ihn mir doch erst gestern selbst geschenkt«, erinnerte ich sie. »Ich habe ihn extra aufgehoben.« Man sah ihr an, wie glücklich sie darüber war. Sie sagte, sie freue sich auf ein baldiges Wiedersehen, und wir umarmten uns noch einmal.

Rita hatte alle Hände voll zu tun. Ich fragte sie, ob Joseph in der Nähe sei.

»Ach, seit seine Freunde wieder da sind, sehen wir ihn kaum noch«, antwortete sie. »Das hat aber auch sein Gutes, es lenkt ihn ein bisschen ab.«

Ich wollte ihr nicht von Hooligan erzählen. Irgendwie hatte ich das Gefühl, dass der Verlust sie nicht besonders treffen würde, und das hätte mich gekränkt. Sie versprach mir Hochzeitsfotos zu schicken. »Zusammen mit einem Stück Torte«, lächelte sie. »Als Glücksbringer.«

»Mrs Gilchrist, haben Sie das hier noch eine Nummer größer?«, rief eine Frau und wedelte mit einer schwarzen Bluse hinter den Vorhangfalten der Umkleidekabine hervor. »Sie hätte von Anfang an eine Nummer größer nehmen sollen«, flüsterte Rita mir zu. »Sie sieht aus wie Hattie Jacques.«

Früher hätte ich darüber gekichert, aber jetzt lächelte ich nur. »See you later, alligator«, wisperte ich.

»In a while, crocodile«, antwortete sie leise. Dann packte sie Dot am Arm. »Und morgen komme ich *dich* besuchen. Ich habe schließlich den zweiten Teil noch nicht gehört.«

Dot befreite sich aus Ritas Griff. »Komm doch heute Abend vorbei ... falls du nichts anderes vorhast.« Ich war froh, dass Rita Dot besuchen würde. Ich wollte nicht, dass sie alleine war.

Da Mr Conroy auch viel Kundschaft im Laden hatte, hielt ich mich dort nicht länger auf. Er winkte und meinte, die Sonne würde für ihn erst wieder scheinen, wenn ich zurückkäme.

Es blieben nur noch die Fishbeins und die Bryces. Ich wurde allmählich unruhig, weil ich befürchtete, dass Dot im *Jacobite* ein paar Gläser Whisky trinken würde und wir dann nicht rechtzeitig zu Hause wären. Wie üblich hatte sie meine Gedanken erraten.

»Verabschiede dich doch von den Fishbeins und ich sage Lil, dass du heute heimfährst. Sie möchte bestimmt nicht, dass Hugh deswegen durchdreht.«

Zögernd stieß ich die Tür zum Lebensmittelladen auf. Mir war klar, dass ich den Fishbeins von Hooligan erzählen musste. Mehr als alle anderen und mehr als ich hatten sie versucht ihm zu helfen.

»Nur hereinspaziert«, forderte Mr Fishbein mich auf. Mrs Fishbein packte gerade Sardinenbüchsen aus. Als sie mich sah, stellte sie den Karton beiseite und trat hinter dem Ladentisch hervor. Sie beugte sich zu mir herunter und streckte mir einen Lutscher entgegen. Ich biss mir auf die Lippen. Tränen brannten mir in den Augen.

»Er ist nicht gesund geworden«, sagte ich. Ich sah in ihre traurigen Augen und lag gleich darauf in ihren Armen. Sie hielt mich lange umschlungen. Dann schob sie mich ein wenig von sich weg und sagte: »Tja, so geht's im Leben.«

Ich wischte mir die Augen und nickte. »Ich weiß.«

»Musst du heute fahren?«

Als ich erneut nickte, nahm sie mich bei den Schultern. »Du kommst wieder.« Es war tadelloses Englisch. Ohne jeden Akzent. Dann stand sie auf und eilte hinter den Ladentisch. Mr Fishbein legte den Arm um sie und küsste sie auf die Wange.

»Wir haben dich richtig ins Herz geschlossen«, sagte er. Als ich ging, winkten sie mir durchs Fenster nach. Sie hielten sich immer noch umarmt.

Mrs Bryce kam mit Dot aus dem *Jacobite*. In der Hand hielt sie eine Flasche Mandarinenlimonade. »Die ist von Eckie«, sagte sie leise. »Halt sie aufrecht, damit du dich nicht vollspritzt.« Ich bat sie Mr Bryce in meinem Namen zu danken. »Er passt auf Hugh auf. Sonst würde er selbst herauskommen. Ich muss gleich wieder rein.«

»Geht es Hugh nicht gut?«

»Doch, Kleines. Aber Abschied zu nehmen fällt ihm schwer. Er gerät dann immer außer sich. Wir haben ihm nicht gesagt, dass du abreist. Hoffentlich ist dir das recht.«

»Ja, natürlich. Wenn er merkt, dass ich nicht mehr da bin, können Sie ihm ja sagen, dass es nur für kurze Zeit ist.«

Mrs Bryce wischte sich die Augen. Ich wusste, dass Dot ihr von Hooligan erzählt hatte. Mrs Bryce war nur zu rücksichtsvoll um es zu erwähnen. Zum Glück. Mir war klar, was nun folgen würde, also holte ich schon mal tief Luft. Sie umarmte mich eine halbe Ewigkeit.

»Ich geh lieber wieder rein, bevor er mich holen

kommt«, sagte sie dann und trocknete sich die Augen mit der Schürze. Ich dachte schon, sie würde sich noch einmal auf mich stürzen, aber sie hielt sich zurück. »Gott segne dich, Kleines. Du wirst uns fehlen.«

Und plötzlich waren wir allein, Dot und ich. Wie am Tag meiner Ankunft.

Allerdings nur kurz.

Ich hörte Geschrei, und da kam auch schon Joseph mit dem Rad die Straße entlanggeschossen, hinter ihm zwei Jungen – der eine größer als Joseph, der andere kleiner. Joseph hielt direkt vor uns an, während die beiden anderen in einiger Entfernung stehen blieben.

»Fährst du jetzt?«

Ich nickte. Ich konnte mich nicht überwinden ihm von Hooligan zu erzählen. Es tat zu weh. Außerdem musste Joseph ab jetzt sowieso ohne mich zurechtkommen. Er sah sich um und winkte seine Freunde herbei, aber sie rührten sich nicht vom Fleck.

»Sie können Mädchen nicht ausstehen.« Er grinste. »Wann kommst du wieder?«

»Weiß ich noch nicht. Ich schreib dir.«

»Bloß nicht!«, sagte er abwehrend und verzog das Gesicht.

Aus der Ferne sah man einen Lastwagen näher kommen. »Wetten, dass wir schneller in Locheirnan sind als der?«, rief Joseph. Die drei wendeten ihre Räder.

»Du hast mir Locheirnan gar nicht gezeigt«, sagte ich. »Wir waren kein einziges Mal dort.«

»Ich zeig's dir das nächste Mal«, rief er und schon waren sie auf und davon.

Auf dem Rückweg versuchte ich mich auf zu Hause zu freuen und darauf, Inchbrae und alles, was damit zusammenhing, hinter mir lassen zu können. Seit meiner Ankunft hatte ich mich auf meine Heimkehr gefreut, aber jetzt war ich vollkommen durcheinander.

Obwohl ich wusste, dass ihre Freundinnen sie besuchen würden, wollte ich Dot nicht mit Hooligans Grab alleine lassen. Selbst meine Aufregung über die Begegnung mit Mr Starling hatte sich verflüchtigt – so, als wäre er nie hier gewesen. Natürlich wusste ich, dass er uns besucht hatte, dass er tatsächlich mein Großvater war und dass Dot Mum und Dad aus diesem Grund gebeten hatte mich abzuholen. Aber das schien mittlerweile bedeutungslos.

Im Geist hörte ich Mum und Dad bereits: ihre ruhige Art, die gedämpften Strafpredigten, die heimlichen Tränen, die Stille in unserem Haus – diese Stille empfand ich am stärksten. Es war ein sehr merkwürdiges Gefühl, so, als würde mir im selben Augenblick, in dem ich wieder zu Hause wäre, jegliche Freiheit genommen.

Ich glaube, in diesem Moment begriff ich, was Dot über Hooligan gesagt hatte. Er gehörte nicht zu jenen, die kuschten, wenn man ihnen etwas befahl, der brav im Haus blieb oder Ähnliches. Hooligan war wirklich frei gewesen.

Als wir an seinem Grab standen, hörte ich das Auto. Einen Augenblick lang war alles andere unwichtig. Mein Herz machte vor Freude einen Sprung; wie ein geölter Blitz rannte ich ums Haus herum und stürzte mich in Dads Arme – er war als Erster ausgestiegen. Er musste mich geradezu abschütteln.

»Eleanor«, keuchte er. »Lieber Himmel, Kind!« Dann schlang Mum ihre Arme um mich. Ich roch ihr Parfüm und blickte in ihr hübsches Gesicht. Es schien ihr gut zu gehen; sie war ein bisschen verblüfft über meine Begrüßung, aber ansonsten war sie offenbar wohlauf.

Dot stand an der Hausecke. Sie umarmte niemanden.

»Kommt doch herein«, sagte sie. »Hoffentlich habt ihr vor eurer Abfahrt etwas gegessen. Ich hab nämlich nichts vorbereitet.«

Dad nickte nur, aber Mum lächelte, als hätte sie ohnehin nicht damit gerechnet und fühlte sich jetzt bestätigt. Aber es war ein echtes Lächeln, kein boshaftes.

Mum ließ ihren Arm auf meiner Schulter, bis wir an der Hintertür angelangt waren. Ich wollte nicht gleich alles kaputtmachen, indem ich ihnen von Hooligan erzählte. Außerdem wusste ich nicht, wie Mum über den Tod dachte. Sie hatte manchmal ziemlich seltsame abergläubische Anwandlungen.

Als Erstes stellte Dot die Whiskyflasche auf den Tisch. Hätte sie das doch bloß gelassen – aber so war sie eben.

»Du magst vermutlich keinen, hab ich Recht?«, fragte sie Dad.

»Um was geht's eigentlich, Mutter?« Ich sah Mum an, begriff aber noch im selben Augenblick, dass er Dot gemeint hatte. Mich fröstelte, dabei gab es überhaupt keinen Grund dafür.

»Setzt euch. Ich muss euch etwas mitteilen.« Dot leerte das Glas in zwei Zügen und goss sich sofort nach. Dann zündete sie sich eine Zigarette an. Dad lehnte sich zurück und verzog das Gesicht, aber sie schenkte ihm weiter keine Beachtung.

»Ellie war nicht mein einziger Gast in den vergangenen zwei Wochen«, begann Dot. Sie blies den Rauch aus der Nase. »Ehe ich weiterspreche, sollte ich dich vielleicht fragen, Sylvia, ob du dich erholt hast.«

Mum wirkte einen Augenblick lang überrascht. »Ja«, erwiderte sie, »ja, es ... es geht mir gut, Dot.«

»Schön. Machen wir's kurz: Adam, dein Vater war hier.«

Nach einem Moment der Totenstille brach der Sturm

los. Dad zeigte mit dem Finger auf Dot. »Lügnerin!«, schrie er. Dad schrie!

Mum ließ ihre Handtasche fallen und hielt sich die Augen zu. Ich hörte sie wimmern. Dot stieß ihren Stuhl zurück und schlug Dad gegen die Brust. »Schrei mich nicht an, Adam Fairbairn!«

Dad fiel rückwärts gegen seinen Stuhl und taumelte, erwischte mich aber noch am Kragen. »Geh raus, Eleanor. Geh raus, *auf der Stelle*!«

Sofort griff Dot nach mir und zog mich zurück. »Bleib, wo du bist, Ellie. Du gehst nirgendwohin.«

Ich war benommen und wie gelähmt.

»Ich wusste es! Adam, ich wusste, es würde Ärger geben«, kreischte Mum. »Gott im Himmel, gibt es denn niemals Frieden mit dir, Dot?«

Dad drehte sich zu Mum herum. »Still, Sylvia«, wies er sie zurecht. »Fang nicht damit an! Fang bloß nicht damit an!« Seine Augen funkelten und die Haare standen ihm wild vom Kopf ab, obwohl er sie sich gar nicht gerauft hatte. Ich hatte ihn noch nie in einer solchen Verfassung gesehen.

Er versuchte Mums Handtasche mit dem Fuß zu erwischen, verfehlte sie aber. Dann durchmaß er mit großen Schritten das Zimmer. »Hol deinen Koffer, Eleanor. Wo ist er überhaupt?«

»Himmelherrgott, Adam!«, rief Dot. »Reiß dich zusammen, verdammt noch mal!«

Und so plötzlich, wie der Sturm losgebrochen war, legte er sich.

Mums Gesicht war aschfahl und ihr Mund stand halb offen, als habe sie etwas sagen wollen und es dann vergessen. Dad ging langsam wieder zu seinem Stuhl und setzte sich. Er fuhr sich durchs Haar und richtete seine Krawatte. Dot ließ mich los, aber ich blieb hinter ihr stehen und hielt mich an der alten hölzernen Stuhllehne fest. Dot setzte sich ebenfalls und drückte ihre Zigarette aus. Dann sah sie Dad lange an. »Bist du jetzt bereit mir zuzuhören?«, fragte sie schließlich.

»Muss das Kind unbedingt dabei sein?«, fragte er zurück.

»Unbedingt«, entgegnete Dot. »Es war nämlich ›das Kind‹, das ihn hierher geholt hat.« Ich versuchte mich hinter Dot zu verschanzen, konnte aber dem Blick meines Vaters nicht entkommen. Seine Augen brannten sich richtiggehend in mich hinein.

»Eleanor, was soll das heißen?«

»Lass sie zufrieden, Adam«, fuhr Dot dazwischen. »Sie wollte einen Großvater, was nur verständlich ist, und sie hat einen gefunden.«

Dads Nasenflügel bebten. Auch das war neu für mich. Ich warf einen Blick auf Mum, aber sie hatte zwischenzeitlich den Mund wieder zugemacht und die Farbe war in ihr Gesicht zurückgekehrt. Offenbar war sie gespannt auf das, was Dot zu sagen hatte.

Keiner von uns unterbrach Dot, während sie ihre Geschichte erzählte. Hin und wieder sahen Mum und ich uns an und ich glaubte in ihren Augen so etwas wie Bewunderung zu lesen. Aber vielleicht bildete ich mir das bloß ein. Ich hatte so große Angst, dass mich die beiden nun für diesen »Krach« hassen würden, den ich verursacht hatte. Und noch dazu gerade jetzt, wo Dad begonnen hatte mich »Ellie« zu nennen. Wahrscheinlich würde ich jetzt doch bis ans Ende meiner Tage Eleanor bleiben.

Dot verschwieg, dass Mr Starling die Nacht bei ihr verbracht hatte, aber eigentlich hatte ich auch nicht erwartet, dass sie mit meinen Eltern über S-E-X reden wollte. Bestimmt fand Dot – genau wie ich –, eine Aufregung am Tag sei für die beiden genug.

»Tatsache ist«, meinte Dot abschließend, »dass er von alledem keine Ahnung hatte und dass er … bald sterben wird, Adam.«

Meine Beine sackten weg. Dann wurde es schwarz um mich herum.

KAPITEL 29

Mum strich mir über die Stirn und Dad saß neben mir und hielt meine Hand. Es war ein Traum.

Es war kein Traum. Ich richtete mich auf. Ich saß wieder in Dots Lehnstuhl.

»Ellie, leg dich hin. Leg dich hin, Schätzchen.« Dad! Dad nannte mich »Schätzchen«. »Schätzchen« und »Ellie«, hintereinander! Dann kehrte meine Erinnerung zurück. Ich suchte Dots Gesicht. Sie lehnte an der Tür.

»Du hast es mir nicht gesagt ...«, flüsterte ich.

Sie schüttelte den Kopf. »Es tut mir Leid, Ellie. Aber es ist wahr. Wir müssen alle damit fertig werden. Niemand hat behauptet, das sei fair.« Sie sprach mit leiser und ruhiger Stimme und ich wusste, dass sie die Wahrheit sagte. Sie hatte mich noch nie angelogen. Kein einziges Mal.

»Dad?«

»Ich weiß nicht, Ellie. Es ist alles ... ein bisschen viel im Moment. Wir brauchen Zeit ...«

Wir hatten Zeit. Wir konnten ihn von zu Hause aus anrufen, meinen Opa. Wenn wir erst einmal zu Hause waren, war Dad sicher bereit ihn anzurufen. Wir hatten Zeit. Ich schlang die Arme um seinen Hals. »Wir können ihn anrufen. Wir haben doch ein Telefon.«

Er drückte mich fest an sich, aber ich spürte, dass er den Kopf abwandte. Ich musste ihn überzeugen. Ich wusste, es würde mir gelingen.

Mum war aufgestanden und hatte den Arm um Dot gelegt. Sie sah aus wie Rita ... oder wie Mrs Bryce. Wie eine Freundin. Wie Dots Freundin. Sie sah ganz normal aus.

Ich stand auf. Mein Kopf tat weh und meine Knie zitterten, aber ich musste es ihnen zeigen. »Kommt ihr mit mir nach draußen?«

Mum und Dad folgten mir. Dot blieb im Haus. Sie saß auf ihrem Stuhl, vor sich ihren Whisky und ihre Zigaretten.

Ich zeigte ihnen Hooligans Grab und erzählte ihnen alles über ihn. Mum schluchzte kurz auf, aber es war gleich wieder vorbei. Sie hatte Mitleid mit mir, mit mir und Hooligan – nicht mit sich selbst. Ich war sehr stolz auf sie, aber ich konnte es weder ausdrücken noch erklären.

Als wir wieder ins Haus zurückkamen, standen mein Koffer und mein Krimskramsköfferchen neben Dot auf dem Tisch. Sie lächelte mich an und ihre Augen waren so blau wie der Himmel. »Es ist Zeit«, meinte sie.

Ich ließ ihre Hand nicht los, bis wir am Auto waren.

»Du lässt von dir hören, Adam?«, fragte sie und sah Dad an. »Egal, wie du dich entscheidest?«

»Ja«, sagte er, »ich rufe dich an ... und sobald ich zu Hause bin, kümmere ich mich darum, dass du ein Telefon bekommst.«

»Das brauchst du nicht.«

Er sah sie eindringlich an und umarmte sie dann flüchtig. »Ich möchte es aber«, meinte er und stieg ins Auto. Mum und Dot umarmten sich länger.

»Pass auf dich auf, Mädchen«, sagte Dot.

»Und du auf dich«, antwortete Mum und lächelte.

»Und pass mir auf das Kind auf«, fügte Dot hinzu.

Ich krabbelte über den Sitz und griff noch einmal nach ihrer Hand. Sie beugte sich vor und küsste mich auf die Wange. Sie hatte Tränen in den Augen.

»Im Oktober gibt es Herbstferien«, erinnerte ich sie. »Dad? Die Herbstferien ...«

»Ja, Ellie, ich hab's gehört.« Er lächelte und sah Dot an. »Warum nicht? Es ist ja nicht so weit weg.«

Sie drückte seinen Arm und er sah sie wieder an. »Ich weiß nicht ...«, sagte er.

»Ist schon in Ordnung, mein Sohn, wirklich.«

Dad wendete das Auto und ich winkte aus dem Fenster, bis wir die Hauptstraße erreicht hatten. Ich winkte noch, als ich Dot längst nicht mehr sehen konnte.

Ich lehnte mich zurück und sah Inchbrae hinter uns immer kleiner werden. Mir schwirrte der Kopf. Ich konnte es kaum erwarten, Janet alles zu erzählen. Ich strengte mich an mir alles noch mal in Erinnerung zu rufen, schön der Reihe nach, aber es gelang mir nicht, immer wieder purzelten meine Gedanken durcheinander. Ich nahm mir vor alles in meinem Tagebuch niederzuschreiben. Dann würde es einen Sinn ergeben. Dann konnte ich es Janet erzählen.

Dad fuhr so gesittet wie immer. Und Mum saß neben ihm, als wäre es ein ganz normaler Tag.

»Mum, Dad ...« Ich schluckte. »Schenkt ihr mir einen Hund zum Geburtstag?«

Dad sah mich im Rückspiegel an. Er schüttelte den Kopf. »Ein neues Fahrrad wäre eher angebracht, Ellie. Darauf hatten wir uns doch geeinigt.«

»Ein Hund wäre mir aber lieber.« Aus Angst, er könnte mir den Mund verbieten, beeilte ich mich fortzufahren: »Ein Hund wäre nützlich. Ich könnte ihn selber erziehen und er könnte das Haus bewachen, wenn ...« Fast wäre mir herausgerutscht »wenn Mum wieder arbeiten geht«, aber Dad hatte an diesem Tag schon genug Aufregung gehabt und Mum würde vielleicht noch gar nicht arbeiten gehen wollen. Na ja, es war auch noch lange hin bis zu den Herbstferien. Ich würde nicht locker lassen.

»Sie machen Lärm und sind schmutzig«, sagte Dad.

»Man kann ihnen beibringen leise zu sein. Und du, Mum, würdest doch nie und nimmer zulassen, dass es bei uns schmutzig ist«, flehte ich.

Die Bemerkung brachte beide zum Lachen. Es war schön, wenn Mum und Dad lachten, vor allem, wenn man bedachte, was sie in den letzten Stunden durchgemacht hatten. Was wir *alle* durchgemacht hatten. Eine Familie zu haben war eine tolle Sache.

Gerade als ich zu dem Schluss kam, wie wichtig es war, sie davon überzeugen, dass wir mit einem Hund noch mehr eine Familie wären, spürte ich, dass ich auf die Toilette musste. Wir waren mitten in der Natur.

»Können wir anhalten, Dad? Ich muss mal.«

Es gab nichts, worüber mein Vater sich mehr ärgerte. Stets bestand er vor der Abfahrt darauf, dass man noch mal auf die Toilette ging, selbst wenn man gar nicht musste.

»Muss das sein, Eleanor?«, fragte er, »kannst du nicht noch warten?« Er klang eher müde als ärgerlich.

»Nein, ich glaube nicht.«

Mum machte sich an ihrer Handtasche zu schaffen. »Also, Adam, ich habe auch nicht rechtzeitig daran gedacht, aber ich ... na ja, wenn du vielleicht ein passendes Plätzchen zum Anhalten finden könntest ...«

Dad fuhr ein Stück weiter und hielt dann neben ein paar Feldern an. »Ich bin überstimmt«, seufzte er.

Mum und ich stiegen aus. Dad scheuchte uns, damit wir schneller machten.

»Beeilt euch. Ich will keinen Ärger kriegen«, drängte er.

Mum und ich rannten lachend durch das hohe sommerliche Gras. Als es hinter uns raschelte, meinte ich auf einmal seinen warmen Atem an den Beinen zu spüren. Und da wusste ich, dass er irgendwo bei mir war und grinsend und mit großen Sprüngen neben mir herlief – mein geliebter Hooligan.

MAEVE
BINCHY

Der grüne See

Kit MacMahon ist die Tochter des allseits geschätzten und beliebten Apothekers Martin MacMahon in dem kleinen irischen Ort Lough Glass – ein glückliches junges Mädchen, das von seinen Eltern zärtlich geliebt wird. Doch eines Tages verschwindet Helen, Kits schöne Mutter, die im Dorf immer eine Außenseiterin war, spurlos.

Ist sie im See ertrunken, jenem See, der immer wieder zu einsamen nächtlichen Spaziergängen verleitete? Oder gab es Gründe für sie, die Familie zu verlassen und der Stimme ihres Herzens zu folgen? Welches Geheimnis umgab die einsame Frau, von dem offenbar nur die kluge Einsiedlerin Schwester Madeleine etwas ahnte?

Ein Roman, über dem der ganze Zauber der Grünen Insel liegt.

»Irlands Rosamunde Pilcher.« *Der Spiegel*

Knaur